Inhaltsverzeichnis

W0245304

Vorwort

Den Inhalt der vorliegenden Betrachtung könnte man unter dem Thema ›Selbsterkenntnis‹ zusammenfassen. Sie handelt von der menschlichen Seele und insbesondere von einer Reihe typischer Erscheinungsformen des Seelenlebens.

Der menschenkundliche Ausgangspunkt für die in der folgenden Betrachtung durchgeführte Typengliederung[1] ist der Zusammenhang zwischen menschlicher Seele und Planeten. Dabei soll die Wechselbeziehung zwischen kosmischen Wirkungen und Seelenmerkmalen in einen großen Zusammenhang gebracht werden. Das bedeutet, daß auch Beziehungen zu anderen Phänomenen, zu den Metallen, den Pflanzen und den menschlichen Organen, berücksichtigt werden. Die Betrachtungsweise, deren wir uns bedienen, ist phänomenologisch[2] und nicht astrologisch[3] im gängigen Sinne. Alle Erkenntnisse über die Korrespondenzen zwischen Planetenwelt und seelischen Strukturen beruhen auf Ergebnissen der anthroposophisch-geisteswissenschaftlichen Forschung.

Die vorliegende Arbeit will nicht nur eine Hilfe für Pädagogen, Psychologen und Therapeuten sein, die in der Praxis mit dieser Typologie arbeiten wollen. Sie richtet sich auch an den allgemein interessierten Leser, der sich selbst und seine Mitmenschen besser kennen- und begreifenlernen will. Ihr liegt aber auch ein noch tieferes Bedürfnis zugrunde, dessen ich mir erst während der Niederschrift vollständig bewußt wurde. Es findet in der Ehrung vier genialer und überaus origineller Persönlichkeiten seinen Ausdruck, von denen ich besonders starke Anregungen für mein

Leben und meine Arbeit empfangen durfte: Willem Zeylmans van Emmichoven, Max Stibbe, Frits Julius und Henri Zagwijn. Sie alle waren engagierte Schüler von Rudolf Steiner, und jeder von ihnen hat sich auf seine Weise mit dem Thema der menschlichen Seele beschäftigt.

Willem Zeylmans van Emmichoven, ein großer Kenner der menschlichen Seele und meisterhafter Redner, hat, so weit mir bekannt, niemals über Planetentypologie gesprochen. Sein wichtigstes Werk, *Die menschliche Seele*,[4] könnte aber ohne weiteres die Grundlage für jede psychologische Betrachtung der menschlichen Seelenwelt bilden. Max Stibbe, Pädagoge mit Leib und Seele, hat in seinem Buch *Mensentypen*[5] ein ausgezeichnetes Fundament für eine Typologie gelegt, wie ich sie vor Augen habe. In seinem Werk *Metamorphose*[6] hat der Naturforscher Frits Julius eine äußerst wertvolle Methodik geschaffen, um von der sichtbaren Natur in die unsichtbare Welt der Seele vorzudringen. Der Musiker und Komponist Henri Zagwijn schließlich hat seine Entdeckung des Zusammenhangs zwischen den großen klassischen Komponisten des 18. und des beginnenden 19. Jahrhunderts und den sieben Planeten leider nie schriftlich dargestellt. An der Freien Waldorfschule in Den Haag, an der auch Zagwijn jahrelang als Musiklehrer tätig war, habe ich in Musikgeschichte sowie in speziellen Kursen über die Planetentypologie Zagwijns großartiges Gedankengut immer wieder aufgegriffen und behandelt.

Der oft geäußerten Bitte, diese Inhalte einmal niederzuschreiben, möchte ich mit dem vorliegenden Buch nachkommen. Es soll jedoch nicht allein als Ausdruck meines Respektes für jene vier Persönlichkeiten verstanden werden; es geht dabei um etwas noch Wichtigeres. Der phänomenologische Beitrag, den sie zu einer spirituellen Seelenkunde geleistet haben, ist in den Niederlanden wie auch in anderen Ländern kaum bekannt, geschweige denn angenommen worden. Ich vermute, daß dies weniger einer bösen Absicht als vielmehr der Unkenntnis zuzuschreiben ist. Daher empfinde ich es als meine Pflicht, zur Verbreitung ihrer Erkenntnisse beizutragen, sofern es mir möglich ist.

Dieses Buch ist so aufgebaut, daß zunächst die grundsätzlichen

Fragen nach dem Wesen der Seele und der Wirkung der Planeten auf verschiedenen Gebieten betrachtet werden. Dazu wird ein kompakter Abriß einer Seelenkunde gegeben. Dann erfolgt die praktische Anwendung der im ersten Teil entwickelten Gesichtspunkte.

1. Über die menschliche Seele

Wenn wir von der menschlichen Seele sprechen, so meinen wir damit etwas Wesenhaftes, etwas, das eine unzweifelhafte Realität besitzt. Versuchen wir aber, diese Realität zu definieren und in deutliche Begriffe zu fassen, droht uns dieses Wesenhafte fortwährend zu entschlüpfen. Auf der einen Seite erscheint uns die Seele so weit und allumfassend, daß wir Heraklit, dem griechischen Weisen aus Ephesos, zustimmen müssen, wenn er sagt: »Der Seele Grenzen kannst du nicht ausfindig machen, wenn du auch alle Wege absuchtest; so unergründlich ist ihr Wesen.«[7]

Auf der anderen Seite scheint die Seele aber so eng mit dem Leib verbunden zu sein und mit ihm eine Einheit zu bilden, daß man annehmen sollte, ihre Begrenzung falle mit den Grenzen der Leibesgestalt zusammen. Gehen wir aber tatsächlich von einem solch engen Verhältnis von Seele und Körper beziehungsweise Nervensystem aus, läßt sie sich nicht mehr als Entität, als Wesenheit an sich, begreifen.

Könnten wir sie doch nur unmittelbar wahrnehmen! Wäre es uns doch nur möglich, ihr durch unsere Vorstellungskraft Gestalt zu verleihen!

In den großen Kulturepochen des Altertums war diese Fähigkeit in gewissem Maße noch vorhanden. Der Ägypter, der die menschliche Seele als Vogel Ba auf seinen Grabreliefs und auf den heiligen Papyrusrollen des Totenbuchs[8] abbildete, besaß noch ein solches Bewußtsein, das von den heutigen logischen Denkformen weit entfernt war. Er war mit einer magisch-mythischen Welt von Bildern vertraut; er stand den abstrakt-rationalen Begriffen noch fern, mit denen wir uns – vielfach auf unbefriedigende Weise – behelfen müssen, die Welt und uns selbst zu begreifen.

Schon viel näher am heutigen Bewußtsein, aber noch vollkommen in die Bildhaftigkeit des Mythos gehüllt, erscheint uns die Geschichte von Amor und Psyche, die uns durch den aus Nordafrika stammenden römischen Eingeweihten Apuleius überliefert ist: Die liebliche Tochter Psyche (die Seele), die der Göttin Venus in ihrer Schönheit gleichkommt, sie sogar noch übertrifft, wird vom Liebesgott Amor umworben. Er macht sie zu seiner Braut, nähert sich ihr aber nur in der vollkommenen Finsternis der Nacht, so daß seine äußere Gestalt für sie unsichtbar bleibt. Von ihren boshaften Schwestern angestiftet, kann Psyche jedoch der Versuchung nicht widerstehen, ihrem Geliebten ins Antlitz zu schauen. In einer der dunklen Liebesnächte beleuchtet sie mit einer Öllampe den neben ihr schlummernden Amor und erkennt in ihm einen wunderschönen Jüngling. Ein Tropfen des glühenden Öls fällt jedoch auf seine nackte Schulter, und der heftige Schmerz läßt ihn erwachen. Nun, da sie ihn erblickt hat, muß er sie verlassen. Von nun an ist Psyche der Rache ihrer eifersüchtigen und tyrannischen Schwiegermutter Venus ausgeliefert, die sie den schrecklichsten Prüfungen und Qualen aussetzt.

Schließlich kommt doch noch eine Versöhnung zustande. Amor findet seine Geliebte wieder und befreit sie aus der Düsternis der Unterwelt, wo sie in einen Todesschlaf gesunken war. Sie wird in himmlische Gefilde hinaufgeführt und erlangt Unsterblichkeit. Die Vermählung wird mit Einwilligung der Venus durch die Götter bekräftigt und glanzvoll gefeiert.

Die vermittelnde Rolle der Seele

So unterschiedlich die Bilder vom Seelenvogel Ba und vom anmutigen griechischen Mädchen auch sein mögen – das erste Bild hat mit dem Tod, das zweite mit dem Leben zu tun –, es besteht zwischen beiden dennoch eine Übereinstimmung, die für unsere eher wissenschaftliche Betrachtung der Seele eine wirkliche Hilfe sein kann.

Aus den Sprüchen des Ägyptischen Totenbuchs kann man ersehen, daß der Seelenvogel eine *vermittelnde* Rolle bei der ›Selig-Werdung‹ des Verstorbenen spielt. Der geflügelte Ba kann sich überall hinbewegen, auch in das Totenreich der Sonnensphäre. Um aber den Verstorbenen in seiner Ganzheit zu einem ›verjüngten‹ geistigen Dasein emporzuführen, muß Ba die Mumie, d.h. die erstarrte physisch-stoffliche Hülle des Toten, aufsuchen. Dieser häufig dargestellte Besuch ist Voraussetzung dafür, daß der geistig wiedergeborene Mensch in den himmlischen Gefilden auch Herz, Arme, Beine, Augen und Mund besitzt. Man kann die Symbolik dieser Bilder in einem erweiterten Sinne folgendermaßen deuten: Die Früchte des irdischen Daseins, die der Mensch in seinem physischen Körper erworben hat, werden durch die Seele ins Reich des Geistes hinübergeführt.

In der Geschichte von der griechischen Königstochter Psyche handelt es sich ebenfalls um die Verbindung der Leiblichkeit mit einem höheren geistigen Seinszustand. In seiner bedeutenden Abhandlung über den Mythos von Psyche schreibt der große Schweizer Altertumsforscher Bachofen: »Wie der Mond der reinste der irdischen, der unreinste der himmlischen Körper, so nimmt auch Psyche dieselbe Mittelstellung auf der Grenze zweier Welten ein. Sie verbindet die Stofflichkeit der einen mit der Reinheit und ruhigen Klarheit der anderen, zwingt den Körper zur Teilnahme an dem Licht, das Licht zur Verbindung mit dem Körper, und hält sich so gleich fern von der Unstofflichkeit der einen, wie von der Unreinheit der anderen. *Soma* [Körper] und *Nous* [reiner Geist] kommen in Psyche zur unlösbaren Verbindung, und geben so einem Wesen Entstehung, das den Stoff bis zu der äußersten Grenze der Veredlung, deren er fähig ist, erhebt.«[9]

Wir können diese vermittelnde Rolle der Seele, ihre zentrale Stellung zwischen stofflichem Leib und Geist, ganz deutlich durch eine einfache Wahrnehmung aus dem Alltagsleben bestätigt finden: Wenn wir einen Blumenstrauß betrachten, sehen wir die Farbe und die Form der Blumen und Blätter, riechen den Duft und können auch die Blumen berühren, kurz: wir nehmen sie wahr. Während dieser Wahrnehmung spielen sich allerlei Prozesse in unserem Körper ab, die wir aber kaum beachten. Daneben ereignet sich jedoch noch etwas anderes: wir betrachten diesen Strauß mit Freude, wir genießen den Anblick der Blumen. Durch diese Gefühle der Freude und des Genusses stellen wir eine Verbindung zwischen den Blumen und unserem eigenem Dasein her. Nach einiger Zeit welkt unser Strauß und wird weggeworfen. Wenn wir eine Woche später wieder einen Strauß mit denselben Blumen erhalten, freuen wir uns erneut und vergegenwärtigen uns die Freude vom letzten Mal. Die Exemplare von damals sind verschwunden, aber die Erinnerung daran ist uns geblieben.

Nun kann man zu diesen Wahrnehmungen folgende Gedanken entwickeln: Die Blumen von letzter Woche sind verblüht, auch die jetzigen werden welken, aber die Pflanzenart, die sie hervorgebracht hat, bleibt die gleiche. Alle Exemplare dieser besonderen Art haben dieselben spezifischen Eigenschaften, die unvergänglich sind, für sich stehen und vom Betrachter oder von seinen Gefühlen, die er bei ihrem Anblick entwickelt, unabhängig sind. Ebenso unabhängig sind diese Eigenschaften auch von allen Exemplaren, die irgendwann geblüht haben, die gerade blühen und die in Zukunft noch blühen werden.

Vergängliche Erscheinungen werden von uns wahrgenommen, solange sie gegenwärtig sind und wir unsere Sinne darauf richten. Das Gefühl, das wir bei der Sinneswahrnehmung empfunden haben, die Vorstellungen, die wir uns von den wahrgenommenen Dingen gebildet haben, und unsere Erinnerung daran bleiben uns auch dann erhalten, wenn wir uns von den wahrgenommenen Objekten abgewendet haben oder wenn sie aus anderen Gründen aus unserem Blickfeld verschwunden sind. Was wir an den Dingen erlebt haben, ist zu unserer persönlichen Angelegenheit geworden. Die bleibenden Eigenschaften hingegen, die mit der betreffenden Pflanzenart zusammenhängen, sind weder vergänglich noch an unsere Person gebunden. Sie gehören uns nicht, wenngleich wir sie mit unseren Gedanken erfassen können.

Der Mensch ist auf dreifache Weise mit den Dingen der Welt verbunden. Das hängt mit der Dreigliederung seines Wesens in

Leib, Seele und Geist zusammen. Der *Körper* gibt uns durch die Sinne die Möglichkeit, die Welt in ihrem augenblicklichen Zustand, die Dinge, wie sie im *Raum* anwesend sind, zu erfahren. Durch seine *Seele* verbindet der Mensch die wahrgenommenen Dinge mit seinem eigenen Leben, er empfindet Begierde und Abneigung, Lust und Unlust, Freude und Schmerz. Die Seele lebt in der *Zeit*; sie bewahrt im Zeitverlauf die Erinnerung an das Empfundene. Der *Geist* ermöglicht es dem Menschen, das Unvergängliche, das zeit- und raumlose Wesen der Dinge, kennenzulernen. Am menschlichen Geist offenbart sich, was als ewige Gesetzmäßigkeit in den Dingen lebt und wirkt.

Aus den vorangegangenen Betrachtungen kann man bereits ersehen, daß die Seele tatsächlich eine vermittelnde Funktion zwischen Körper und Geist innehat. In dieser Rolle wollen wir sie noch näher betrachten. Man könnte die Seele auch eine individualisierte Erlebniswelt nennen. Der Mensch tritt mit den Dingen, die sich außerhalb seiner selbst befinden, in Kontakt. Er nimmt sie wahr, und zugleich geschieht etwas mit ihnen. Sie werden in gewisser Weise in sein Inneres hineingenommen. Dies entspricht der Tätigkeit des menschlichen Ich, was sich unmittelbar in der Sprache widerspiegelt: Wir sagen »ich sehe«, »ich höre«, »ich fühle«, und wir wissen auch, daß wir selbst beim Sehen, Hören und Fühlen bewußt tätig sind.

Die Seelenwelt bei Mensch und Tier

Die Seele ist die durch das Ich und im Dienste des Ich ins Innere geholte, eingestülpte Welt. Dieser Einstülpungsprozeß, der bei der Bildung der Seele nicht räumlich verläuft – denn die Seele befindet sich zwar *in* uns, sie umfaßt aber zugleich die ganze Welt – findet im physischen Körper auch seinen räumlichen Ausdruck, und zwar in der Embryonalentwicklung. Das Gastrula- oder Becherstadium, das schon früh in der Entwicklung des menschlichen Keimes auftritt und mit dem allmählich die differenzierten Leibeshöhlungen entstehen, zeigt diesen Einstülpungsprozeß im physischen Bereich. Man kann auch sagen: Ein Wesen, das vorbestimmt ist, eine Seele zu tragen, schafft dafür die Voraussetzungen, indem es einen Innenraum bildet.

Auch im Tierorganismus tritt eine physische Einstülpung auf. Findet auch darin die Anwesenheit einer ›Seele‹ ihren Ausdruck?

Diese Vermutung erscheint durchaus richtig, doch die Seele des Tieres verinnerlicht die Welt um sich herum nicht auf dieselbe Weise wie der Mensch. Auf die ›Signale‹, die ihm seine Sinne geben, kann das Tier lediglich mit Lust- und Unlustgefühlen auf unmittelbare Weise reagieren, wobei seine Instinkt- und Triebmechanismen als physiologisch-psychische Automatismen in Kraft treten: Es flüchtet oder kämpft, es ißt, schläft oder was auch immer; nie wird aber das Tier ›Überlegung‹ zwischen Wahrnehmen und Handeln einschieben. Es schafft keinen Abstand zwischen sich und den Dingen; es ist mittels Empfindung, Trieb und Instinkt mit seiner Umgebung verbunden. Von einer Erlebniswelt im eigentlichen Sinne kann beim Tier keine Rede sein, und was man das tierische Gedächtnis zu nennen pflegt, ist nichts anders als ein Reflexmechanismus. Die Reaktion eines Tieres wird in keiner Weise von einem in die Vorstellung heraufgeholten, erinnerten Erlebnis begleitet.

Viele Menschen wehren sich gegen eine solche Auffassung, weil sie darin eine herablassende und das Tier diskriminierende Sichtweise erkennen wollen. Sie glauben auch, daß man sich darüber kein Urteil erlauben könne – man sei ja schließlich selbst kein Tier! Diese Argumentation ist aber nicht stichhaltig. Die unterschiedliche Wesensart von Tier und Mensch wird durch einfühlsame Wahrnehmung, die für jeden Verhaltensforscher eine Selbstverständlichkeit ist, ohne weiteres deutlich. Die bloße Feststellung, daß sich das Tier vom Menschen unterscheidet, beinhaltet keinerlei Werturteil. Das Tier verfügt über spezialisierte Fähigkeiten und Möglichkeiten, die der Mensch nicht besitzt. Die menschliche Seele ist durch den ihr innewohnenden individuellen Geist bzw. das Ich anders beschaffen und dadurch in bestimmter Hinsicht schwächer und unbeholfener als die des Tieres, das absolut sicher innerhalb eines vorgegebenen Musters reagiert. Der Mensch dagegen kann sich in seinem selbstbewußten Denken und Handeln gewaltig irren. Auf der anderen Seite ist die menschliche Seele viel mächtiger als die des Tieres, weil in ihr Geistiges zum Bewußtsein kommt. Sie kann sich dadurch einer höheren moralischen Weltordnung öffnen und diese durch ihre Taten mit Hilfe ihres Körpers als Instrument auf der Erde verwirklichen.

Die zweifache Ausrichtung der Seele

Mit dem Wort *Seelenleben* soll auf solche Erscheinungen hingedeutet werden, die als Inhalt unserer Innenwelt aufzufassen sind. Dieser Seeleninhalt ist nicht statisch, sondern befindet sich in stetiger Bewegung: Empfindungen, Begierden, Gefühle, Urteile, Vorstellungen und Willensimpulse spielen fortwährend ineinander. Seelenregungen entstehen und verschwinden wieder. Sie können heftig und deutlich in unser Bewußtsein drängen; sie können aber auch eher träumerisch und verschwommen als ›Hintergrundmusik‹ vorhanden sein.

Wenn wir es wollen und die nötige Geduld aufbringen, sind wir imstande, eigene Seeleninhalte zu beobachten und darüber nachzudenken, so daß Ordnung in das verworrene Ganze einkehren kann. Auch die Seele eines anderen Menschen kann zum Wahrnehmungsobjekt werden, denn eine ihrer Eigenarten besteht darin, daß sie sich durch Gebärde, Mimik, Klang und Wort ausdrücken kann und damit Gedanken, Gefühle oder Begierden erkennbar macht.

Eine direkte Begegnung mit einer anderen Seele wird durch die Unmittelbarkeit möglich, durch die sich diese ausdrückt und ihr inneres Befinden sowie ihren Charakter offenbart. Natürlich kennt die Seele auch eine Ausdrucksweise, hinter der sie ihre wirklichen Regungen und Gedanken zu verbergen sucht. Dieser künstlichen Haltung begegnet man oft im sozialen Leben, wenn man mit gespielter Höflichkeit und sogenannten Anstandsformen konfrontiert wird. In der Politik wird diese Verstellungskunst mit besonderem Geschick betrieben und sogar als Tugend gepriesen. Der gute Psychologe, oder besser gesagt der gute Menschenkenner, wird gewöhnlich durch eine solche aus Konventionen bestehende Fassade hindurchschauen.

Im Strom immerfort wechselnder Seeleninhalte läßt sich deutlich eine zweifache Ausrichtung bemerken. Die Seele wendet sich entweder der Welt außerhalb des Menschen zu oder aber seiner eigenen Innenwelt, denn kennzeichnend für alle seelischen Phänomene ist, daß sie immer auf etwas anderes bezogen sind. Ihr Gegenstand kann jedoch nicht außerhalb der psychischen Aktivität verbleiben; stets verbindet sie sich mit ihm. Man spricht dabei von *intentionalen Beziehungen*. Der Mensch ist in jeder Hinsicht ein Wesen, das Bindungen sucht. Seine Seele sucht eine Verbindung mit der umgebenden Welt und bedient sich dabei physisch-stofflicher Organe, nämlich der Sinne und der Nerven.

Was die Sinne liefern, besitzt jedoch keine stoffliche Realität. Eine Fliege zum Beispiel, die man sieht und hört, gelangt nicht wirklich ins Auge (würde das geschehen, würde man erst recht nichts sehen); nur ihre Gestalt und ihre Farbe werden wahrgenommen. Sie gelangt auch nicht wirklich ins Ohr (denn dadurch würde jegliche Klangwahrnehmung verhindert werden), nur ihr Geräusch, das sie verursacht, dringt hinein. Die äußere Welt teilt sich der Seele durch ihre Qualitäten bzw. Eigenschaften mit.

Das Ich holt durch die Sinne die unstofflichen Qualitäten der Dinge – zu denen auch der eigene Körper gehört – nach innen. Dadurch entsteht eine Beziehung, in bestimmter Hinsicht auch eine Identifizierung mit der *äußeren Welt*.

Nach der anderen Seite hin will die Seele auch eine Verbindung mit der sich *innerlich* offenbarenden Welt herstellen. Diese ist nicht stofflich-physischer Natur, daher sind zu ihrer Wahrnehmung auch keine physischen Organe notwendig. Wir nennen sie die *geistige* oder auch *moralische Welt*. Sie hat im Gegensatz zur subjektiven Innerlichkeit der Seele eigentlich objektiven Charakter, denn sie erscheint uns genau wie die Außenwelt als etwas Vorgegebenes, für das wir einen eigenen Sinn bzw. ein Wahrnehmungsinstrument besitzen. Mit Hilfe dieser Wahrnehmungsfähigkeit registriert das Ich auch in der geistigen Wirklichkeit Qualitäten, mit denen es sich als seelisches Zentrum genauso verbinden kann wie mit den Qualitäten der sinnlichen Welt.

Diese seelischen Eigenschaften haben mit Qualitäten wie *gut* oder *böse*, *schön* oder *häßlich*, *wahr* oder *unwahr* zu tun. Wenn man sieht, wie sich in jedem Zeitalter und auch in jeder Kultur die angelegten Maßstäbe für Moralität, Schönheit und Wahrheit unterscheiden, kann man sich natürlich fragen, ob hier noch von objektiven Eigenschaften die Rede sein kann. Tatsächlich geht daraus aber nur hervor, daß es Unterschiede bei der Festlegung bestimmter Normen gibt. Die Qualitäten *gut*, *schön* und *wahr* besitzen jedoch eine objektive und absolute Gültigkeit, und sie sind vollkommen unabhängig davon, was jemand in einem bestimmten Augenblick als gut, schön oder wahr erlebt.

Über dieses Erleben des Wahren, Guten und Schönen sagt Zeylmans van Emmichoven in seinem Buch *Die menschliche Seele*: »Auch was in der Seele aus der verborgenen Welt, die wir eine geistig-moralische nannten, aufsteigt, gehört als solches nicht zur Seele. Die Seele hat die Möglichkeit, die Wahrheit in Bezug auf etwas zu erleben. Diese Wahrheit selbst ist keine Angelegenheit der Seele, jedoch ist es eine Angelegenheit der Seele, was sie daran erlebt. Daß zwei mal zwei vier ist, ist kein Problem, an dem die Seele beteiligt ist. Es ist eine gegebene Tatsache, eine Tatsache, die in derselben Weise innerlich gegeben ist, wie Steine, Pflanzen, Tiere usw. äußerlich gegeben sind. Aber die Seele erlebt etwas an dieser Wahrheit, zum Beispiel Befriedigung oder sogar Freude, oder im umgekehrten Fall, bei einer Unwahrheit, Ärger oder Schmerz. Es besteht also in der Seele keine Gleichgültigkeit hinsichtlich dessen, ob etwas wahr oder unwahr ist.

Neben dem Wahrheitserleben steht unmittelbar das moralische Erleben. Auch hier kann man bemerken, daß die Tatsache, ob etwas gut oder schlecht ist, keine Angelegenheit der Seele selbst ist, sondern auch hier ist das Erleben derselben und das Interessiertsein daran jeder Seele eigen. Etwas Ähnliches können wir auch vom Erleben des Schönen sagen.«[10]

Die Seele lebt also zwischen zwei Welten: der äußeren, sinnlich wahrnehmbaren und der inneren, geistigen Welt. Sie verbindet diese beiden Welten, die sich innerhalb ihrer Wirkungssphäre begegnen. Der innere Sinn oder das Wahrnehmungsvermögen für die geistig-moralische Welt ist nicht bei jedem Menschen gleich stark entwickelt. Doch auch die körperlichen Sinne und das damit verbundene Wahrnehmungsvermögen sind bei den verschiedenen Menschen sehr unterschiedlich ausgebildet.

Die Seele verbindet nicht nur beide Welten, sie orientiert sich auch an ihnen. Die sinnliche Welt zeichnet sich durch ihre rigorose Unnachgiebigkeit aus. Wer dies nicht beachtet, wird sich an ihr buchstäblich ›den Kopf anstoßen‹. Das kleine Kind lernt, indem es sich an den in der Welt vorhandenen Dingen stößt und daraus seine Konsequenzen zieht.

Die innere Welt scheint auf den ersten Blick eine unverbindlichere Haltung zuzulassen – schließlich kann man Wahrheit und Güte ignorieren! Das stimmt aber nur dem Anschein nach. Wer die Objektivität von Wahrheit und Moralität nicht anerkennen will, stößt sich im übertragenen Sinne ebenso den Kopf an, denn er schadet dadurch seiner Seele.

Fehler im Verhalten gegenüber der äußeren Welt ziehen eine Korrektur meist ungewollt und schnell nach sich. Seelische Schäden sind dagegen nur schwer und nicht unmittelbar zu korrigieren. Sie können bei Kindern durch Erziehung verhindert oder im nachhinein repariert werden. Erwachsene können durch Selbsterkenntnis und Selbsterziehung daran arbeiten, aber dies erfordert Zeit und eine bewußte und starke Willensanstrengung. Auf jeden Fall müssen wir die geistige Weltordnung, mit der die Seele in Beziehung tritt, ebenfalls als verbindlich betrachten.

Wir haben immer wieder die vermittelnde Rolle der Seele betont. Im Zusammenhang damit muß nun auf etwas Wichtiges hingewiesen werden. Wir treffen eine Zweiheit nicht nur in der Beziehung zwischen innen und außen bzw. in der Wechselwirkung zwischen sinnlich-stofflicher und moralisch-geistiger Welt an. Grundsätzlich hat jedes Erlebnis der Seele mit Zweiheiten zu tun, die das Merkmal einer Polarität tragen.

Mit ›Polarität‹ ist hier keineswegs die Art von Gegensätzlichkeit gemeint, die man ›Dualismus‹ nennt. Polarität setzt immer eine

Dreigliederung voraus. Die beiden Pole bilden eine Gegensätzlichkeit und sind voneinander abhängig. Kein Pol kann ohne seinen Gegenpol existieren – er wird ihn notwendigerweise hervorrufen. Außerdem ist bei wirklicher Polarität immer noch ein Drittes beteiligt, das in der Spannung zwischen den zwei Extremen so wirksam ist, daß es an beiden Polen Anteil haben kann und zugleich eine selbständige Tätigkeit, eine verbindende Funktion entfaltet.

Bewegung und Beständigkeit

Wer das Seelenleben aufmerksam beobachtet, wird feststellen, daß es einer fortwährenden Pendelbewegung zwischen den sich gegenseitig bestimmenden Polen gleicht. Das gilt für *alle* Erlebnisse der Seele, gleichgültig ob sie mit der äußeren oder der inneren Welt zu tun haben. Unser Raumerleben zum Beispiel wird durch die Gegensätze vorn und hinten, links und rechts, oben und unten bestimmt. Immer aber handelt es sich beim Erleben um einen bestimmten Prozeß, um den Übergang von einer Qualität zur anderen. Etwas Vergleichbares gilt auch für unser Zeiterleben.

Die Qualitäten, die wir mittels unserer Sinne erfahren, verhalten sich immer komplementär zueinander, so zum Beispiel hell und dunkel, leicht und schwer, hart und weich usw. Auch geistige Werte erleben wir immer als Gegensätze in einer polaren Spannung: wahr und unwahr, gut und böse, schön und häßlich.

Da sich die Seele ständig im Spannungsfeld polarer Gegensätze befindet, bleibt sie unablässig in Bewegung. Sie geht nie völlig im Guten oder im Bösen auf. Sie lebt niemals im reinen Licht, aber auch nie in vollkommener Finsternis. Entspricht eine Stimmung zum Beispiel der Farbe ›Blau‹, so sucht sie einen Ausgleich durch die Stimmung ›Gelb‹. Sie muß immer im Wechselspiel zwischen außen und innen leben, sonst würde sie zugrunde gehn.

Neben dem Element der Bewegung kennt die Seele aber auch eine Art Beständigkeit, weil sie trotz ihrer Hinneigung zu dieser oder jener Seite niemals ein gewisses Zentrum in ihrem Wesen preisgibt. Diesen Gleichgewichtskünstler in der Seele haben wir schon kennengelernt: es ist das geisttragende Ich des Menschen.

So erscheint es einleuchtend, daß in bestimmten Sprachen das Wort für ›Seele‹ mit dem für ›Atem‹ übereinstimmt: *anima* (Latein), *âme* (französisch) und *alma* (spanisch). Auch das Sanskritwort *atman* drückt diese Beziehung aus, obwohl es im wörtlichen Sinne mit ›höherem Selbst‹ zu übersetzen wäre.

Die Atmung mit ihrem Wechsel zwischen Luft ›hereinholen‹ und ›herausströmen lassen‹ gibt uns nicht nur ein Bild der Seelenwirksamkeit, sie ist auch im physiologisch-körperlichen Bereich der deutlichste Ausdruck der Seele überhaupt. Die Seele öffnet sich nach außen hin; sie schläft sozusagen bei ihrer Verschmelzung mit der Umgebung ein. Wenn sie sich anschließend wieder in ihr Inneres zurückzieht und sich von der Außenwelt abschließt, entspricht dies einem Aufwacherlebnis.

Zusammenziehen und Ausbreiten, Wachen und Schlafen, Einatmen und Ausatmen sind rhythmische Prozesse, in denen sich das seelische Geschehen ausdrückt. Das gesamte menschliche Seelenleben besteht aus einem Wechsel von Systole und Diastole. Mit dem ersten Atemzug des Neugeborenen zieht die Seele in den Leib ein; mit dem letzten Ausatmen des Sterbenden verläßt sie die körperliche Hülle und breitet sich aus. Woher die Seele bei der Geburt kommt und wohin sie beim Sterben geht, soll später noch betrachtet werden.

Goethes Gedicht aus dem *West-östlichen Diwan* mit dem Titel ›Talismane‹ beschreibt diesen Wechsel von Ein- und Ausatmen als Bild der Seelenwirksamkeit:

> Im Atemholen sind zweierlei Gnaden:
> Die Luft einziehn, sich ihrer entladen.
> Jenes bedrängt, dieses erfrischt;
> So wunderbar ist das Leben gemischt.
> Du danke Gott, wenn er dich preßt,
> Und dank ihm, wenn er dich wieder entläßt.

Der östliche Mensch – Goethe versetzte sich als Dichter des *Diwans* gerne in dessen Seelenverfassung – vermochte in der Luft, die während des Einatmens nach innen drängt und während des Ausatmens wieder herausströmt, noch etwas Göttliches zu erfahren: Ein geflügeltes Gotteswesen ›bedrängt‹ den Menschen, die Seele zieht nach innen – ein geflügeltes Gotteswesen ›erfrischt‹ den Menschen, die Seele entlädt sich nach außen. Goethe verwendet in seinem Gedicht *Bei Betrachtung von Schillers Schädel*[11] den Ausdruck ›Gott-Natur‹, mit dem er zu erkennen gibt, daß er Gott und Natur als eine Einheit erlebt. Vielleicht hätte er auch ›Gott-Seele‹ als geeigneten Ausdruck angesehen, um hervorzuheben, daß Ursprung und Bestimmung der Seele nur in der Einheit mit Gott zu suchen sind.

Für die meisten Menschen unserer heutigen Zeit ist das Wissen von der göttlichen Herkunft der Seele nicht mehr vorhanden. Gewöhnlich sind wir uns aber darüber im klaren, daß die Seele imstande ist, sich zum Göttlichen hinzuwenden. Der Drang, sich mit einer höheren Welt zu verbinden, gehört zum Wesen der ›Psyche‹. Die Sinnbilder des Mythos sowie der Märchen- und Sagenwelt zeigen uns aber, daß eine bleibende Verbindung mit dem göttlichen ›Bräutigam‹ nur nach einem langen, mühsamen Weg voller Prüfungen und Schmerzen zustande kommen kann.

Wenn wir die Bilder des Mythos in Begriffe umsetzen, wird uns deutlich, daß der Seele ein angeborener Drang zur *Entwicklung* innewohnt. Dieser Drang manifestiert sich in seiner einfachsten Form in der Entwicklung des Kindes. Im Leben der Erwachsenen zeigt sich dieser Entwicklungsimpuls in vielen Abstufungen bis hin zu den edelsten Zielsetzungen.

Dieser Wille zur seelischen Entwicklung trifft aber auf Widerstände in der Seele selbst. Erneut haben wir es hier mit einem Aspekt der Zweiheit zu tun, der in diesem Zusammenhang nicht so sehr auf dem Prinzip von Vermittlung und Verbindung beruht als vielmehr auf dem von Kampf und Sieg oder Niederlage. Es handelt sich hier nicht nur um die Polarität von innen und außen, sondern auch um die von ›nieder‹ und ›erhaben‹. Ebenso, wie wir durch eine bestimmte Macht von außen beherrscht oder dirigiert werden können, sei es durch unsere Umgebung, durch eine vorgegebene Situation oder durch bestimmte Sinneseindrücke und die daraus gewonnenen Erfahrungen, werden wir auch durch eine Macht in uns selbst angetrieben, werden angeregt, Neues aufzugreifen und unserem Leben eine andere Richtung zu geben.

Das gesunde Seelenleben, das durch ständige Regsamkeit ge-kennzeichnet ist, kann manchmal durch ein Aufeinanderprallen von trivial-gebundenen und ideal-höherstrebenden Neigungen in uns eine dramatische Entwicklung durchlaufen. Dieser innere Le-benskampf bleibt oft nicht auf das Seelengebiet beschränkt, son-dern wirkt bis ins Leibliche hinein und kann sich dabei in verschie-denen Krankheitsformen äußern. Diese Tatsachen rühren an die Frage des menschlichen Schicksals, die wir in unsere Betrachtun-gen vorläufig noch nicht einbeziehen wollen.

Seelenfunktionen

Unsere flüchtige Skizze der menschlichen Seele, die bloß als ein anfänglicher Erkundungszug gedacht ist, soll mit einigen Bemer-kungen über jene Kräfte beschlossen werden, die in der Seele wirk-sam sind und meist als ›Seelenfunktionen‹ bezeichnet werden.

Wenn wir bei der Anschauung dieser Seelenfunktionen von der herkömmlichen Dreiheit von Denken, Fühlen und Wollen ausge-hen, stoßen wir, ebenso wie bei der allgemeinen Betrachtung der Seele, schon bald auf die Frage nach der Abgrenzung. Ist ›Denken‹ nicht schon eine Tätigkeit des Geistes? Entspringt das ›Wollen‹ nicht leiblichen Prozessen, die aus Instinkten und Trieben resultie-ren und die erst dann, wenn sie zu ›Begierden‹ werden, auch einen psychischen Aspekt bekommen? Diese Schwierigkeiten bei der Abgrenzung, die unserer Neigung zur Schematisierung der Wirk-lichkeit im Wege stehen, können wir auch als Herausforderung begreifen, das Wesen der Seele als eine lebendige, dynamische Rea-lität zu betrachten.

Wenn wir versuchen, die ureigensten Aktivitäten der Seele zu erforschen, stoßen wir wiederum auf zwei polare Kräfte: ›Fühlen‹ und ›Urteilen‹. Das Fühlen seinerseits hat wiederum zwei Aspekte, denn immer geht es in der Gefühlswelt um die Gegensatzpaare ›Lust und Unlust‹, ›Sympathie und Antipathie‹ sowie ›Liebe und Haß‹. Auch beim Urteilen erfolgt eine Verbindung zweier Elemen-te, Subjekt und Prädikat, wie zum Beispiel in folgender Aussage: ›Die Katze ist lieb‹ oder ›Die Sonne scheint‹. Bei den Gefühlen kann man nach ihrer Herkunft forschen, und man wird finden, daß sie sich immer auf das ›Begehren‹ zurückführen lassen. Der Ursprung des Urteils fällt dagegen immer mit dem Akt des Urteilens zusammen. Die Frage, die uns hierbei interessiert, lautet daher nicht: ›Woher kommt das Urteil?‹, sondern: ›Wohin führt es? In was mündet es ein?‹ Das Urteil ›Die Katze ist lieb‹ führt zum Beispiel zur *Vorstellung* der ›lieben Katze‹.

Urteile führen also zu Vorstellungen. Der dynamische *Prozeß* der Urteilsfindung endet in einem statischen *Bild*, das der Vorstellung angehört. Bei den zum Bild gewordenen Vorstellungen haben wir den Bereich der Seele eigentlich schon verlassen. Auch die Begierde entstammt einem Gebiet jenseits des Seelischen, und erst wenn sie zum Gefühl wird, kann sie als eine wirkliche Angelegenheit der Seele betrachtet werden.

Die Frage nach den Seelenfunktionen und damit nach der Abgrenzung des eigentlichen Seelengebietes wird noch komplexer, wenn man neben den *Vorstellungen* und *Begierden*[12] (die zu *Gefühlen* werden), wie sie gewissermaßen von links und rechts in die Seele einströmen und sich dort begegnen, auch noch die äußeren *Wahrnehmungen* und die von innen kommende geistige *Ich-Vorstellung* in die Betrachtung einbezieht. Es würde jedoch zu weit führen, dieses komplexe Seelengefüge hier noch weiter auszuarbeiten. Die Wissenschaft, die sich auf diese Weise mit der Seele beschäftigt, nennt Rudolf Steiner *Psychosophie*.[13] Es ist das große Verdienst des niederländischen Psychiaters Willem Zeylmans von Emmichoven, daß er Steiners Psychosophie in seiner Schrift *Die menschliche Seele*[14] auf allgemein verständliche Weise ausgearbeitet hat. Diese Arbeit, die für Wissenschaftler sowie für in der Praxis tätige Menschen und interessierte Laien in einfachen Worten die Subtilität und die unerhörte Komplexität der menschlichen Seele in ihren einzelnen Aspekten beschreibt, hat aus unbegreiflichen Gründen kaum Verbreitung gefunden. Sie befaßt sich auch mit den Erkenntnissen über die Seelenfunktionen, wie sie Rudolf Steiner 1917 erstmals in seinem Buch *Von Seelenrätseln*[15] veröffentlicht hat.

In den folgenden Jahren nach Erscheinen der *Seelenrätsel* hat Steiner die darin wiedergegebenen Erkenntnisse ausführlich erläutert, vertieft und erweitert und damit den Schlußstein zu einer spirituellen Seelenkunde gesetzt. Das methodische Prinzip der Abgrenzung und Beschränkung wurde hier ganz und gar aufgegeben und hat der Erkenntnis Platz gemacht, daß die drei Wesensglieder des Menschen, seine leibliche, seelische und geistige Natur, miteinander verwoben sind und wiederum einer Dreigliederung unterliegen.

Zeylmans van Emmichoven faßt diese Anschauung in dem vorletzten Kapitel seines Buches wie folgt zusammen: Die Dreigliedrigkeit der Seele in ihren Funktionen, bestehend aus (1) Vorstellen, (2) Urteilen und Fühlen sowie aus (3) Begehren, hängt mit den drei Organsystemen des Leibes zusammen: Vorstellen und Denken mit dem Nervensystem, Urteilen und Fühlen mit dem rhythmischen System und Begehren oder Wollen mit dem Stoffwechsel-Gliedmaßensystem. Den Ursprung dieser Funktionen muß man aber im Geist suchen, dem Zentrum der Persönlichkeit oder des Ich, der sich mittels seiner drei ›Urkräfte‹, Denken, Fühlen und Wollen, in der Seele offenbart. Nur durch das Wirken des Ich in der Seele und im Leib verwandeln sich die einströmenden Vorstellungen in Gedanken; durch die Wirksamkeit des Ich wird das Urteilen und Begehren zu einem wirklichen Fühlen und das Begehren zum Wollen. Wenn wir im folgenden Denken, Fühlen und Wollen als Seelenfunktionen betrachten wollen, müssen wir stets von dieser dreifachen Dreigliederung ausgehen.

2. Seelenmerkmale und Typenlehre

Die menschliche Seele kennt keinen Stillstand. Sie lebt in ständiger Bewegung. Dennoch hat auch sie das Bedürfnis, ihrer Beziehung zur Außenwelt eine gewisse Beständigkeit zu geben, so daß die ›Verinnerlichung‹ der sinnlichen Umgebung wiederum zu einer ›Veräußerlichung‹ in Form von Vorstellungen, Begriffen und Erinnerungen führt. Worin besteht dieser Prozeß?

In die Seele strömen sowohl von innen als auch von außen zweierlei Wirklichkeiten hinein, wie es im vorangegangenen Kapitel skizziert wurde. Einerseits werden wir mit den Erscheinungen der äußeren Welt konfrontiert, andererseits steigt aus unbekannten Tiefen die Wirklichkeit des Geistes empor. Diese Wirklichkeit offenbart sich als das Ich mit seinen drei unterschiedlichen Aspekten, Denken, Fühlen und Wollen, die wir auch als ›Urkräfte‹ bezeichnet haben und durch die der Mensch mit der höheren, göttlichen Welt verbunden ist.

Nun kann man sich fragen, ob die beiden Wirklichkeiten der inneren und äußeren Welt ihrem Wesen nach nicht ein und dasselbe sind. Wie die Antwort auch lauten mag, beide präsentieren sich jedenfalls auf unterschiedliche Weise. Die äußere Welt erfahren wir in Form von *Bildern*, während die geistige Wirklichkeit meist unbewußt zunächst als *Kräftestrom mit Seinscharakter* in uns wirksam wird.

Es liegt dabei weniger an der äußeren Welt selbst, daß sie uns in bildhafter Form entgegentritt. Auch sie hat natürlich einen Seinscharakter, doch die eigentliche bildgestaltende Kraft ist in unserer

Seele angesiedelt. Die Seele kann sich mit der Welt verbinden, wenn sie die Möglichkeit hat, diese zu erkennen. Aber dieses Erkennen kann im Bewußtsein nur entstehen, wenn ein dynamischer Strom von Seinskräften zum Bild ›abgelähmt‹ wird. Dieser Vorgang vollzieht sich, wenn sich die Seele nach außen wendet.

Es scheint, als ob die Seele in einem fort das Strömen der Wirklichkeit aufzuhalten versuche, nicht um sie abzuwehren, sondern gerade um sie *sichtbar* zu machen. Dieser bewußte, ›erkennende‹ Verbindung steht dem unbewußten Leben der Seele, das unmittelbar im Seinsstrom verläuft, polar entgegen. Die Seele lebt mit ihren Trieben und Begierden, also auch mit ihren Sympathiegefühlen, d.h. mit dem Willens- und Gefühlspol, in diesem Seinsstrom. Hierin wirkt das Ich unbewußt und unmittelbar. Beim Urteilen und Vorstellen wird dagegen das erkennende Element wirksam, welches das Strömen der Eindrücke aufhalten will, was zur Distanzierung durch Bildwerdung führt. Das Ich erlebt sich dabei außerhalb der Dinge; aber nur dadurch kann es die Dinge erkennen.

Wenn wir den oben geschilderten Ablauf innerhalb des Seelenlebens näher betrachten, kommen wir zum Schluß, daß die gesamte Fähigkeit der Seele, sich auszudrücken, auf der Verwandlung des *Seins* zum *Bild* beruht. Ein Erlebnis drückt sich aus, d.h. es *ver-äußerlicht* sich. Was zuvor noch in strömender Bewegung und im *Jetzt* unmittelbar erlebt wurde, wird nun als Vorstellung sichtbar und verfestigt sich.

Dieser Ausdruck des Seelischen kann sogar zum ›Abdruck‹, zum Abbild werden – abhängig davon, wie sehr sich der Wahrnehmende der Welt zuwendet. Je stärker dies geschieht, desto deutlicher wird ihm das Wahrgenommene, desto weiter wird aber auch dieses seelische Abbild der Wirklichkeit von der Unmittelbarkeit des Erlebens entfernt sein. Was dabei entsteht, deutet in die *Vergangenheit* zurück, in der das Entstandene noch im Werden begriffen war.

Unter diesem Blickwinkel können wir auch den physischen Leib des Menschen als ›Abbild‹ des Seelischen betrachten, in dem das Ich wirksam ist. Die Beständigkeit oder Verfestigung sowie der Abstand zu dem unmittelbaren Erlebnis sind dabei so groß geworden, daß wir den Körper wie ›außerhalb‹ der Seele, als Teil der Außenwelt, betrachten. Der physische Körper ist das verfestigte Bild des menschlichen Ich im allgemeinen wie auch auch im konkreten Sinne als Ausdruck der Persönlichkeit. In den physischen Organen, aber auch in der Leibesgestalt sowie in den feineren Strukturen und Lebensprozessen, findet all das seinen Ausdruck, was das Ich aus der Welt des Geistes mitbringt. Dazu gehören auch all die Facetten, die als das ›Typusartige‹ am Menschen wahrgenommen werden.

Typologien

Diese Erkenntnisse sind von grundlegender Bedeutung für unsere weiteren Betrachtungen. Das ›eigene‹ Temperament und der ›eigene‹ Persönlichkeitstyp werden nicht durch Vererbung bestimmt. Sie werden vom Ich bei der Geburt des Menschen aus seiner geistigen Präexistenz mitgebracht und gehören somit zu seinem individuellen Schicksal. Im ›Abbild‹ des menschlichen Leibes zeigt sich jedoch nicht jeder Aspekt des Ich gleichermaßen stark. Gestalt und Antlitz, Haare und Augen und vor allem die Körperhaltung werden beispielsweise deutlicher durch das Temperament geprägt als durch den Persönlichkeits- oder Seelentypus. Letzterer offenbart sich eher im Verhalten und im Lebensstil.

Im Laufe dieses Jahrhunderts wurden die unterschiedlichsten Typologien entworfen, mit denen in der psychiatrischen Praxis gearbeitet werden konnte. Die bekanntesten stammen daher von praktizierenden Psychiatern wie Lombroso, Kretschmer, Künkel und Jung. So unterschiedlich ihr jeweiliger Ausgangspunkt auch war, nahezu jeder von ihnen stieß, sobald es um das rein psychische Wirkungsfeld ging, begreiflicherweise auf das Prinzip der Zweiheit bzw. Polarität von innen und außen, wie zum Beispiel Künkel mit seinem Begriffspaar ›Ichhaftigkeit‹ und ›Sachlichkeit‹ oder Jung mit den Eigenschaften ›introvertiert‹ und ›extravertiert‹.

Handelt es sich dagegen um eine eher an körperlichen Merkmalen orientierte Gliederung, treffen wir überwiegend das Prinzip der Dreigliederung an – wie zum Beispiel bei Claude Sigaud mit ›type cérébral‹, ›type respiratoire‹ und ›type digestif‹ (Kopftyp, Atmungstyp und Verdauungstyp) oder bei Ernst Kretschmer mit dem ›asthenisch-leptosomen‹, dem ›athletischen‹ sowie dem ›py-knischen‹ Menschentyp.

Die klassische Einteilung in vier Temperamente findet vor den modernen Psychologen nur wenig oder überhaupt keine Gnade mehr, vermutlich deshalb, weil die antike hippokratische Lehre[16] von den vier Körpersäften, auf der die Klassifizierung der Temperamente beruht, als völlig überholt angesehen wird.

Bei Gerard Heymans begegnen wir allerdings diesen klassischen Temperamenten wieder, zum größten Teil sogar mit ihren alten Bezeichnungen. Interessanterweise entsteht Heymans ›Charakter-kubus‹ mit seiner achtfachen Typengliederung dadurch, daß er von einer Dreigliederung ausgeht, bei der jedes einzelne Glied eine Polarität aufweist. Er stellt zunächst ›emotionell‹ und ›nicht-emotionell‹ gegenüber, untergliedert dann weiter in ›aktiv‹ und ›nicht-aktiv‹ und schließlich wiederum in ›sekundär‹ und ›nicht-sekundär‹, so daß schließlich acht Charaktertypen entstehen:

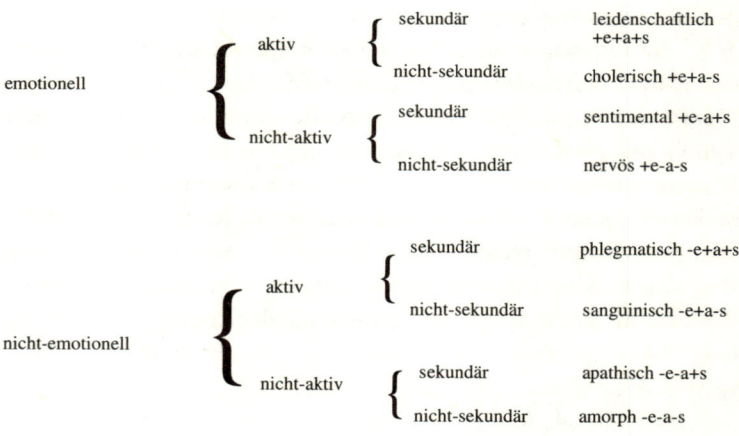

e = emotionell; a = aktiv; s = sekundäre Funktion (Schaubild nach H. van Praag, *Psychologie in theorie en praktijk*, Zeist ²1958)

In Heymans drei Kriterien der Charaktereinteilung – Emotionalität, Aktivität und sekundäre Funktion – kann man ohne weiteres die drei unterschiedlichen Seelenfunktionen erkennen: Emotionalität steht für Fühlen, Aktivität für Wollen und sekundäre Funktion für Denken. Letztere Gleichsetzung ist vielleicht nicht sofort nachvollziehbar, sie ist aber durchaus begründet. Der echte Denker ist meist ein Nach-Denker; er reagiert nicht sofort mit der Tat, er wägt sein Handeln zuerst ab. Seine Reaktion zeigt daher eindeutig sekundäre Merkmale.

Obgleich sich Heymans Charaktereinteilung als weniger konstruiert und schematisch erweist, als man auf den ersten Blick vermuten würde, hat sich sein Modell der Seelenfunktionen als unhaltbar erwiesen – womit es das Schicksal vieler wissenschaftlicher Systeme teilt. Vielleicht wäre es auch zuviel erwartet, daß eine Typologie allgemeine Anerkennung findet, solange keine Eindeutigkeit bei Bezeichnungen wie Temperament, Persönlichkeit, Charakter usw. besteht. Oft gewinnt man den Eindruck, daß diese Begriffe nicht deutlich genug unterschieden werden und daß eine gewisse Willkür in ihrem Gebrauch vorherrscht.

Es soll nun keineswegs den zahllosen interessanten und äußerst wertvollen Typologien von wirklichen Kennern der Seele ein weiteres System zur Seite gestellt werden. Ich möchte im folgenden von einem Menschenbild ausgehen, das mir besonders wirklichkeitsgetreu erscheint. Davon ausgehend läßt sich eine differenzierte Typologie entwickeln, deren Elemente sich auch in anderen Typologien wiederfinden. Die markanten Unterschiede zwischen der hier dargestellten Typologie und anderen Klassifizierungen werden sich im Laufe der Betrachtung von selbst ergeben.

Der viergliedrige Mensch

Betrachten wir einen Menschen, der uns gegenübersteht, und fragen wir uns, was uns dieses Phänomen ›Mensch‹ zu sagen hat, so nehmen wir zunächst mit unseren Sinnen seine Anwesenheit wahr. Da, wo sich dieser Mensch in einem bestimmten Augenblick befindet, wo er steht, sitzt oder liegt, kann sich gleichzeitig nie etwas anderes befinden, sofern es von derselben sinnlich wahrnehmbaren Art ist. Wir haben es mit etwas zu tun, das Raum einnimmt, einen bestimmten Umfang hat, den man messen kann, und das ein Gewicht besitzt, denn es ist der Schwerkraft unterworfen. Wenn wir diese Eigenschaften wahrnehmen, wissen wir, daß es sich um einen *Körper* handelt.

Damit sind wir mit unseren Beobachtungen aber noch nicht am Ende. Beim Phänomen ›Mensch‹ finden Merkmale ihren Ausdruck, die über Eigenschaften wie Räumlichkeit, Maß und Gewicht hinausweisen. Wir sehen zum Beispiel, daß es atmet, daß es ißt oder daß Augen und Haut Flüssigkeit absondern. Wie das Wahrgenommene zustande kommt, sehen wir zwar nicht, aber wir haben ein Wort für dieses Phänomen: es *lebt*.

Wir bemerken aber noch weitere ›Ausdrucksmöglichkeiten‹: wir sehen, daß es nicht nur lebt, sondern auch *erlebt*: Es hat ein Inneres, das zwar nicht unmittelbar wahrnehmbar ist, das sich aber durch Mimik, Gebärde und Körperhaltung deutlich zu erkennen gibt. Seine Innerlichkeit kann sich zum Beispiel in Freude, Kummer, Wut, Verlegenheit, Begierde oder Staunen äußern; sie wird von uns als *Seele* bezeichnet.

Aber wir können nochmals einen Schritt weitergehen. Bei näherer Betrachtung stellt sich heraus, daß sich dieses Phänomen noch deutlicher ausdrücken kann: Es spricht, und in seinen Worten liegt Sinn und Zusammenhang. Allmählich ist es für uns mehr als nur ein Phänomen; wir erkennen in ihm einen Mitmenschen. Er kann uns etwas über sich selbst erzählen. Wir erfahren, daß er eine Biographie, eine Lebensgeschichte hat, in der sich das vollkommen Einmalige seiner Individualität ausdrückt. Wir sind auf das *Ich* dieses Menschen gestoßen.

Aus diesen Beobachtungen ergibt sich ein viergliederiges Menschenbild:

1. der physische Körper
2. das Lebendige in ihm
3. seine Seele

4. der Kern des Ganzen, die Individualität, die von den drei anderen Gliedern umhüllt wird und sich in ihnen auf differenzierte Weise ausdrückt.

Von diesen vier Gliedern ist der physische Leib der einzige, der mit den gewöhnlichen Sinnen wahrnehmbar ist. Die anderen drei sind nur indirekt wahrnehmbar. Sie lassen sich zwar an ihrer Wirkung erkennen; als eigentliches Wesensglied bleiben sie aber unsichtbar. Alle vier ›Teile‹ zusammen bilden eine Einheit, oder besser gesagt, sie bestehen aus einer Kombination zweier Einheiten: Leib und Leben sowie Seele und Ich bzw. Geist.

Die Einheit von Leib und Leben setzt sich aus zwei Bestandteilen zusammen, ähnlich wie die Einheit ›Wasser‹ aus den Komponenten ›Wasserstoff‹ und ›Sauerstoff‹ besteht. Das Leben mit seinen Vorgängen und Tätigkeiten läßt sich nicht aus der Räumlichkeit und Stofflichkeit des Körpers erklären, denn sobald es sich aus dem menschlichen Leib zurückzieht, zerfällt dieser, und die Stoffe, aus denen er sich zusammensetzt, gehen in einen gestaltlosen Zustand über. Die räumliche Gestalt löst sich auf.

Leben ist keine ›Nebenerscheinung‹ der Materie. Es ist ein eigenständiges Prinzip. In der Gestalt einer Pflanze, eines Tieres und in der des Menschen wirkt dieses Lebensprinzip als gestaltender Kräftekomplex, den wir *Bildekräfte-* oder *Lebensleib* nennen können. Das Wort ›Leib‹ wird hier im übertragenen Sinne gebraucht, denn hier handelt es sich um ein unstoffliches Gebilde, das aus vitalen Kräften besteht.

Auf ähnliche Weise können wir auch in der Einheit von Seele und Geist (Ich) zwei Komponenten unterscheiden: einerseits das eigentliche Seelengebiet, das bewegliche Feld der Spannung von innen und außen, von suchen und finden, irren und triumphieren, und andererseits der ›Funke des Ewigen‹, den wir das ›Selbst‹, die geistige Individualität oder das ›Ich‹ bezeichnen. Aristoteles nannte dies ›Entelechie‹, worin das griechische Wort *telos*, d.h. ›Ziel‹, enthalten ist.

Zur Verdeutlichung soll hier schematisch nebeneinandergestellt werden, was in Wirklichkeit ineinanderwirkt und sich gegenseitig durchdringt:

1. physischer Leib
2. Lebensleib
3. Seele
4. Ich (Geist)

Das Ich (4) drückt sich in den anderen Teilen des menschlichen Wesens (1, 2, 3) auf dreierlei Weise aus. Zunächst hat jeder physische Leib, jeder Lebensleib und jede Seele spezifisch-menschlichen Charakter; daneben drückt sich das Ich auf sehr individuelle Weise aus – ein Fingerabdruck beispielsweise, der bei jedem Menschen unterschiedliche Linien zeigt, läßt diese individuelle Wirksamkeit deutlich hervortreten. Weiterhin macht sich das Ich darin bemerkbar, daß bei einer bestimmten Gruppe von Menschen etwas gemeinsames, etwas von der gleichen Art wirksam ist. In diesem Fall sprechen wir von einem *Typus*.

Für jedes der vier oben genannten Wesensglieder läßt sich nach meiner Auffassung eine eigene Typologie erstellen, deren Merkmale natürlich ineinandergreifen oder sich überschneiden können:

- drei körperliche Typen – entsprechend der Einteilung von Sigaud und Kretschmer (vgl. S. 29f.)
- vier ›klassische‹ Temperamentstypen, die mit dem Lebensleib zusammenhängen
- sieben Seelen- oder Persönlichkeitstypen
- zwölf Geistes- bzw. Ich-Typen

Obwohl in diesem Buch nur die einzelnen Seelentypen im Zusammenhang mit den sieben ›klassischen‹ Planeten behandelt werden, wollen wir zur Verdeutlichung auch einen kurzen Blick auf die übrigen Typologien werfen.

Wenn wir von den körperlichen Typen sprechen, beziehen wir uns auf die äußere Erscheinungsform des menschlichen Körpers, deren Hauptmerkmal die Dreigliederung von Kopf, Rumpf und Gliedmaßen ist. Diese Dreiheit hängt mit den drei verschiedenen Organsystemen zusammen, die natürlich nicht nur in den entsprechenden Körperregionen anzutreffen sind, dort aber ihren wichtigsten Ausdruck finden: im Kopf das Nerven- und Sinnessystem, im Rumpf bzw. im Brustkorb die Organe mit rhythmischem Charakter, Lunge und Herz, und im Unterleib und in den Gliedmaßen das Stoffwechselsystem und der Bewegungsapparat. Wir erkennen in Sigauds Dreiheit von ›type cérébral‹ (Kopftyp), ›type respiratoire‹ (Atmungstyp) und ›type digestif‹ (Verdauungstyp) mühelos diese drei Organsysteme wieder, wobei bei jedem Typus eine gewisse Dominanz eines Systems gegenüber den anderen beiden erkennbar ist. Sigaud unterscheidet darüber hinaus noch einen vierten Typus, den ›type musculaire‹ (Muskeltyp), bei dem die drei Organsysteme im Gleichgewicht sind.

Vor allem bei Kindern unter sieben Jahren kann man diese drei Typen deutlich unterscheiden: (1) der mehr sinnesbetont-nervöse Typus; (2) jener, der mehr von den rhythmischen Prozessen der Atmung und des Kreislaufs bestimmt wird, und (3) der Stoffwechseltyp. Nach dem sechsten oder siebten Lebensjahr tritt dann mehr das Temperament in den Vordergrund.

Die *vier Temperamente* sind auch heute noch allgemein bekannt, doch leider hat sich die Wissenschaft zu Unrecht davon distanziert. Man braucht nicht einmal die vielgeschmähte Lehre von den vier Körpersäften, Blut, Galle, Schleim und schwarzer Galle, heranzuziehen, um den Sinn dieser Unterscheidung von vier Temperamenten zu begreifen. Rudolf Steiner hat diese alte Lehre im Zusammenhang mit dem oben dargestellten viergliederigen Menschenbild[17] wieder aufgegriffen und erneuert. Er weist darauf hin, daß ein Temperament dadurch entsteht, daß eines der vier Glieder des Menschen die anderen drei gewissermaßen beherrscht.

Beim cholerischen Temperament haben wir es mit der Dominanz des Ichs zu tun; beim sanguinischen ist der seelische Aspekt vorherrschend; beim Phlegmatiker dominieren die vitalen Kräfte des Lebensleibes und beim Melancholiker der physische Körper. Die für die einzelnen Temperamente charakteristischen Merkmale lassen sich wie folgt zusammenfassen:

Dominanz	Temperament	Charakteristik
Ich	cholerisch	tritt gerne in den Vordergrund; übernimmt die Führung, neigt zur Agressivität; aufbrausend; schreitet ohne langes Überlegen zur Tat. Gedrungene Gestalt, kurzer Hals, durchdringender Blick; läuft auf den Fersen, energischer Schritt.
Seele	sanguinisch	richtet seine Aufmerksamkeit nicht lange auf einen einzigen Gegenstand; luftig, munter, verspielt, rasch interessiert, läßt sich aber aber ebenso schnell ablenken; neigt zur Oberflächlichkeit. Harmonischer Körperbau, leichter Gang, freundlicher Blick; oft gelocktes Haar.
Lebensleib	phlegmatisch,	zeigt zunächst wenig Interesse, außer an Essen und Geselligkeit; kommt nur langsam in Bewegung; lebt in vegetativen Prozessen; liebt die Wiederholung; ausgeglichenes Wesen. Blick etwas matt; schleppender Gang; neigt zur Leibesfülle
Physischer Leib	melancholisch	spürt die Schwere des physischen Körpers; ist rasch deprimiert, aber auch gründlich im Nachdenken; Eigenbrötler und notorischer Pechvogel. Mager und meist ziemlich hochgewachsen; läuft auf den Zehen; Blick ist nach innen gekehrt; glatte, häufig dunkle Haare.

Bei all dem ist von Bedeutung, daß sich das Temperament, vor allem wenn es extrem einseitig auftritt, sowohl im körperlichen als auch im psychischen Bereich ausdrückt, daß es aber seinen eigentlichen Sitz, oder besser gesagt sein Wirkungsfeld, im Lebensleib hat. Es wirkt in der gleichen Sphäre des menschlichen Wesens, in der die Gewohnheiten angesiedelt sind, also eine Stufe unterhalb des eigentlichen Seelenlebens. Deshalb hat das Temperament seine ›Blütezeit‹ im Alter zwischen sieben und vierzehn Jahren, in einer Lebensphase, in der die Seelenkräfte noch zum größten Teil in die Lebenskräfte eingebettet sind.

Die alte Lehre von den Körpersäften läßt darauf schließen, daß man das Temperament einst mit den Lebenskräften in Verbindung brachte, die sich im flüssigen Element manifestieren.

Oft beobachtet man, wie bei einem Kind um das vierzehnte Lebensjahr herum ein völlig anderes Temperament zum Vorschein kommt. Im nun beginnenden Lebensabschnitt tritt nämlich eine Veränderung im Verhältnis zwischen dem Temperament und dem dominanten Wesensglied des Menschen auf. Im folgenden Schema wird diese Verschiebung des Temperaments dargestellt:

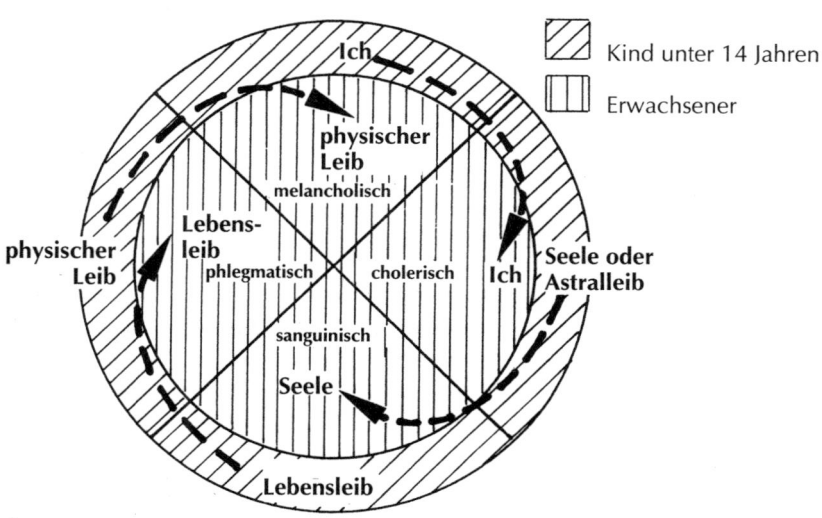

37

Mit dem Beginn der Pubertät liegt der Schwerpunkt weniger stark auf dem Temperament, dennoch spielt es auch im späteren Leben eine nicht unbedeutende Rolle.

Zwischen dem vierzehnten und dem einundzwanzigsten Jahr entfaltet der junge Mensch seine Seelenqualitäten. Die Seele befreit sich zunehmend vom Einfluß vitaler Prozesse, und das Ich beginnt, sich stärker als zuvor in den Seelenäußerungen zu offenbaren. In dieser Lebensphase kommen nun die Seelenkräfte in einer siebenfachen Differenzierung zum Vorschein, die man als *Planetentypologie* bezeichnen kann. Diese ›Seelenfärbung‹ der Persönlichkeit bleibt das ganze Leben über mehr oder weniger gleich, es sei denn, daß es dem Menschen durch strenge Selbsterziehung gelingt, eine Veränderung zuwegezubringen.

Nun zeigt die menschliche Individualität, wenn sie sich im irdischen Leben zu offenbaren beginnt, noch eine vierte Wesensveranlagung, so daß man auch von einer *Ich-Typologie* sprechen kann. Der menschliche Geist kann zwölf verschiedene Weltanschauungen entwickeln, die mit den zwölf Zeichen des Tierkreises zusammenhängen. Jedes menschliche Ich steht unter der Wirkung aller Tierkreiszeichen; eines davon dominiert jedoch. In der Persönlichkeitsstruktur der Menschen bestehen markante Unterschiede, die mit dieser zodiakalen Dominanz in Zusammenhang gebracht werden können. Oft spricht man dabei auch von astrologischen Typen; sie werden aus dem Stand der Sterne bei der Geburt abgeleitet.

Auch die Unterscheidung von Planetentypen wird gewöhnlich mit der Astrologie in Verbindung gebracht. In unserer Betrachtung wollen wir uns jedoch auf andere Weise mit ihnen beschäftigen, als dies in der herkömmlichen Astrologie geschieht, und einen Weg einschlagen, der zur Erneuerung der Psychologie durch eine kosmische Orientierung führen kann.[18] Die Bedeutung einer ernsthaft betriebenen Astrologie soll dabei keineswegs herabgesetzt oder bestritten werden.

Schließlich soll auch der Begriff des Charakters im Zusammenhang mit unseren typologischen Betrachtungen eine genauere Bestimmung erfahren. Zweifelsohne drückt er mehr aus als nur die mitgebrachte Veranlagung, die sich in Körpergestalt, Temperament und Seelentypus widerspiegelt. Man könnte dasjenige als Charakter bezeichnen, was sich aufgrund der verschiedenen Ausdrucksformen der Persönlichkeit, die wir hier als ›Typen‹ bezeichnet haben, im Laufe des Lebens gebildet hat. Der Mensch wird nicht mit einem bestimmten Charakter geboren, sondern er entwickelt durch die Konfrontation seiner typologischen Veranlagung mit all dem, was ihm im Leben widerfährt, eine gewisse individuelle Prägung des Verhaltens und des Lebensstils. ›Charakter‹ ist somit ein deutlicher Ausdruck der Persönlichkeit. Sie ist aber nicht von vornherein gegeben, sondern gewinnt erst im Laufe des Lebens ihre klaren Konturen.

3. Das Seelengebiet oder die astrale Welt

Bisher haben wir die Seele ausschließlich in ihrer Eigenschaft als Bewohnerin des menschlichen Leibes betrachtet. Sie selbst bildet wiederum die Behausung für den Geist bzw. das Ich. So wie der physische Leib aus denselben Stoffen aufgebaut ist, die man auch in seiner irdischen Umgebung vorfindet, und den gleichen Kräftewirkungen ausgesetzt ist, die in der räumlich-physischen Welt wirksam sind, müssen auch Seele und Geist eine Seelen- bzw. Geisteswelt als Umgebung haben, aus der sie ihre entsprechenden ›Stoffe‹ und ›Kräfte‹ beziehen.

Die Wahrnehmung des Übersinnlichen

Wir haben bereits gesehen, daß der Mensch auf dreifache Weise mit der Welt verbunden ist. Jetzt wollen wir diese Anschauung erweitern und aufzeigen, daß er auch mit drei verschiedenen Welten verbunden ist: sein Leib mit der *physisch-stofflichen Welt*, seine Seele mit der *Seelenwelt* und sein Geist mit der *geistigen Welt*.

Von den letzten beiden Welten hat das gewöhnliche Bewußtsein keinerlei unmittelbare Erfahrung, weil jede direkte Wahrnehmung dieser Bereiche zu fehlen scheint. Zwar verfügen wir über ein inneres Wahrnehmungsvermögen, durch das wir uns sowohl eigener Seelenregungen als auch bestimmter geistiger (moralischer) Qualitäten bewußt werden können. Aber das gilt nur für die Seele als Bewohnerin des Leibes sowie für ihre Funktion als Hülle des Geistes. Unter normalen Bedingungen gelingt es uns nicht, die ›außermenschliche‹ Seelen- und Geisteswelt wahrzunehmen, weil wir dafür – zumindest scheinbar – kein geeignetes ›Auge‹ oder ›Ohr‹ besitzen. In Wirklichkeit sind aber solche Sinne vorhanden, nur haben wir sie meist noch nicht erweckt und zu gebrauchen gelernt. Den übersinnlichen seelischen und geistigen Welten stehen wir mit unserem gewöhnlichen Bewußtsein wie blind und taub gegenüber. Daher neigen viele Menschen dazu, die Existenz solcher Welten zu bestreiten.

Bisweilen gelingt es, daß ein Blindgeborener durch einen operativen Eingriff das Augenlicht zurückgewinnt. Die Welt, die ihm vorher noch vollkommen finster erschien, wird nach einer solchen gelungenen Operation sichtbar. Als Sehender entdeckt er nun eine Vielfalt von Farben und Formen, die es für ihn bisher nicht gab.

In ähnlicher Weise schlummern in den höheren Wesensgliedern eines jeden Menschen ›Sinnesorgane‹, die noch verschlossen sind. Der östliche Weise kennt diese Organe und nennt sie Chakras.[19] Auch im Westen gibt es Menschen, die die Existenz höherer Wahrnehmungsorgane nicht nur ahnen oder kennen, sondern sie auch zur Entwicklung gebracht haben. Goethe bemerkt im Vorwort seiner Farbenlehre: »So spricht die Natur hinabwärts zu andern Sinnen, zu bekannten, verkannten, unbekannten Sinnen; so spricht sie mit sich selbst und zu uns durch tausend Erscheinungen.«[20] Der Begriff ›Natur‹ umfaßt bei Goethe allerdings mehr als nur die stoffliche Seite der uns umgebenden Welt.

Durch eine methodische Schulung dieser ›unbekannten Sinne‹ konnte Rudolf Steiner eine ›Wissenschaft des Unsichtbaren‹ entwickeln. Die anthroposophische Geisteswissenschaft hat die Erfahrungen aus höheren Daseinsbereichen für das gewöhnliche Bewußtsein erfahrbar und für das praktische Leben fruchtbar gemacht.[21]

Wenn wir im folgenden Ergebnisse aus Steiners geisteswissenschaftlicher Forschung heranziehen, so geschieht dies nicht, um den Leser mit einer Reihe unkontrollierbarer Mitteilungen zu belasten und daraus Schlüsse zu ziehen, die wegen ihres ›unbewiesenen Ausgangspunktes‹ als völlig aus der Luft gegriffen erscheinen. Diese ›übersinnlichen‹ Erkenntnisse können durchaus als wissenschaftliche Hypothesen dienen. Wenn nämlich kontrollierbare Tatsachen (d.h. Tatsachen, zu denen das gewöhnliche Bewußtsein über die herkömmlichen Sinne und mit Hilfe des rationalen Denkens Zugang hat) durch die Beleuchtung von Seiten der Geisteswissenschaft in einen größeren Zusammenhang gestellt werden, können sie auf eine besonders fruchtbare Weise in ein weltanschauliches Ganzes aufgenommen werden, das alle Aspekte der menschlichen Existenz umfaßt.

Die Begriffe und manchmal auch die Bilder, die verwendet werden müssen, um diese anderen Welten zu beschreiben, sind der ›normalen‹ Erfahrungswelt entlehnt und aus der Beziehung zur stofflich-räumlichen Welt entstanden, denn wir verfügen zunächst über keine anderen. Bei den folgenden Betrachtungen der Seelen- und Geisteswelt muß daher stets bedacht werden, daß sie – um Mißverständnisse zu vermeiden – im übertragenen Sinne verstanden sein wollen.

Beide Welten, die sich unserer alltäglichen Erfahrung entziehen, sind nicht räumlich vorhanden. Sie durchdringen aber das Räumliche in derselben Weise, wie im Menschen die Seele und das Ich den physisch-räumlichen Leib durchdringen. Darüber hinaus müssen wir uns alles, was sich auf diese höheren Daseinsgebiete bezieht, in fortwährender Bewegung vorstellen. Es bilden sich daher niemals scharfe Abgrenzungen. Ebenso wie die Stoffe, aus denen unsere körperlichen Organe aufgebaut sind, und die darin wirkenden Kräfte, die aus der stofflichen Welt stammen, rührt alles, was in unserer seelischen Innenwelt lebt, Begierden, Gefühle, Wünsche, Leidenschaften usw., von der uns umgebenden psychischen Welt her. In der geisteswissenschaftlichen Literatur wird diese Welt gewöhnlich ›Astralwelt‹ genannt. Das Wort ›astral‹ deutet auf einen Zusammenhang mit den Sternen hin. Dabei sollte man aber weniger an die Fixsterne als an die Wandelsterne bzw. Planeten denken.

Hier erhebt sich sogleich die Schwierigkeit, diese an sich unräumliche und nicht materiell vorhandene psychische Welt trotzdem irgendwo im physischen Weltall zu lokalisieren. Man muß dabei die seelischen und geistigen Welten mit ihren verschiedenen

Regionen als immaterielle Sphären auffassen, die sich nicht nur gegenseitig, sondern die zugleich auch die Materie durchdringen. Diese Sphären sind nicht durch räumliche Grenzen, sondern durch Bewußtseinsstufen voneinander getrennt. Man gelangt von einem Gebiet zum anderen, indem man von einem Bewußtseinszustand in einen anderen wechselt. Stets ist ein solcher Schritt mit bestimmten Begegnungen verbunden, denn jede Sphäre wird von einer anderen Art geistiger Wesen bewohnt.

Auch die ›Stoffe‹ und ›Kräfte‹, die den einzelnen Gebieten der seelisch-geistigen Welten angehören, sind von unterschiedlicher Art. In seiner *Göttlichen Komödie* schildert Dante die verschiedenartigen höheren Sphären, in denen der Dichter nicht nur den Seelen der Verstorbenen begegnet, sondern auch genau angibt, durch welche moralischen Qualitäten sich eine bestimmte Sphäre auszeichnet. Dantes Beschreibung dieser Welten ist keineswegs nur seiner dichterischen Phantasie entsprungen, sondern er folgt alten Mysterientraditionen, zu denen auch das Wissen um den Zusammenhang zwischen Planetensphären und den Hierarchien der Engel gehörte. Selbstverständlich gab diesen Schilderungen erst der Genius eines Dichters ihre Lebendigkeit, Farbe und Tiefe.

In der esoterischen Schule von Athen,[22] die im ersten christlichen Jahrhundert unter Leitung von Dionysius Areopagita stand, dem Freund und Schüler des Apostels Paulus, waren die Beziehungen der Engelsstufen oder himmlischen Hierarchien mit den psychischen und geistigen Sphären noch in ihrem ganzen Umfang bekannt. Später ist dieses Wissen verlorengegangen und wurde von der Berechenbarkeit des kopernikanischen ›engellosen‹ Weltbildes abgelöst.

Rudolf Steiners Geistesforschung ermöglicht es uns, diese alte Weisheit in einer erneuerten Form wiederzuentdecken. Mit Recht mußten die Erkenntnisse der Eingeweihten früherer Zeiten dem materialistischen Denken weichen, das den Menschen zum Selbstbewußtsein erziehen sollte. Doch es stellt sich die Frage, ob es heute nicht an der Zeit ist, den Weg zu einem erneuerten geistigen Bewußtsein zu beschreiten.

Rudolf Steiner gibt in seiner Schrift *Theosophie,*[23] seinem ersten grundlegenden Werk über das anthroposophische Weltbild, eine kurze Beschreibung der ›Seelenwelt‹. Anschließend betrachtet er ›die Seele in der Seelenwelt nach dem Tode‹, denn die astrale Region, die als Seelenwelt das Irdische durchdringt, wird nach dem irdischen Tod, wenn die Seele den Körper verlassen hat, für geraume Zeit ihr Aufenthaltsort sein. In einem seiner vielen Vorträge über das Leben nach dem Tod[24] deutet Steiner auf die Übereinstimmung zwischen den in der *Theosophie* behandelten sieben Seelenregionen und den Planetensphären hin. Im folgenden soll eine kurze Zusammenfassung dieser Darstellungen gegeben werden.

›Topographie‹ der Seelenwelt

Ähnlich wie sich die materielle Welt aus bestimmten Stoffen und Elementen zusammensetzt, werden die Grundelemente der Seelenwelt durch die Kräfte von *Sympathie* und *Antipathie* gebildet: Anziehung und Abstoßung. Das unterschiedliche Verhalten dieser Grundelemente zueinander bestimmt die Verschiedenheit der Regionen, denen wir in der Seelenwelt begegnen. Von diesen ›Seelengebilden‹, von denen die anthroposophische Geisteswissenschaft spricht, kann man sich nur schwer eine konkrete Vorstellung bilden. Ihre Eigenart läßt sich nur andeutungsweise beschreiben, und am ehesten könnte man sie mit den Darstellungen auf abstrakten oder psychedelischen[25] Gemälden vergleichen. So gibt es gewiß auch ›Seelengebilde‹, die eine Ähnlichkeit mit Tierformen aufweisen.

Zunächst müssen wir drei Arten von ›Seelengebilden‹ unterscheiden, in denen die beiden Grundkräfte wirksam sind, jede aber auf andere Weise. Bei der ersten Art sind die Kräfte der Sympathie denen der Antipathie untergeordnet. Durch die ›sympathischen‹ Kräfte ziehen die Seelengebilde andere an sich heran, zugleich wirken sie aber durch Antipathie abstoßend auf ihre Umgebung. Von außen betrachtet scheinen sie vollständig aus Antipathie zu bestehen – doch dies täuscht. Zwar werden von ihnen die meisten Erscheinungen tatsächlich abgestoßen, um so heftiger werden jedoch andere durch die Kräfte der Sympathie angezogen. Solche Wesen oder Gebilde verhalten sich äußerst selbstsüchtig. Ihre Form bleibt nahezu unveränderlich. Sie erscheinen als von heftiger Begierde erfüllt, die aber nicht zu sättigen ist. Ihre abstoßende Wirkung läßt keine Befriedigung zu.

Das erste Seelengebiet, in dem diese Begierdewesen heimisch sind, wird *Region der Begierdenglut* genannt. Was aus diesem Seelenbereich heraus wirksam ist, schlägt sich in den sogenannten niederen Trieben sinnlicher Art in Tier und Mensch nieder: Lüsternheit und Gier – Triebe von primärer, instinktiver Selbstsucht.

Bei der zweiten Art von Seelengebilden herrscht ein Gleichgewicht zwischen beiden Grundelementen. Sympathie und Antipathie sind gleich stark, daher findet keine heftige Anziehung oder Abstoßung statt. Es ist wie eine ständig fließende Bewegung zwischen und entlang anderen Seelengebilden. Es herrscht keine Spur von Begierde; der Reiz bzw. die Anziehungskraft der Seelengebilde bleibt neutral. Diese Art von Wirkung erfahren wir im normalen Leben bei der Wahrnehmung der Farben. Zunächst verursacht der Sinnesreiz, den wir bei ihrer Wahrnehmung empfangen, keine deutliche Gemütsbewegung. Wir bleiben in unserer Empfindung neutral. Das ändert sich, wenn wir diesem Reiz mit besonderem Wohlbehagen oder mit Abneigung begegnen. Diese Fähigkeit zur fließenden Bewegung inmitten der Erscheinungen ist das Merkmal eines Seelengebietes, das als *Region der fließenden Reizbarkeit* bezeichnet wird.

Im dritten Seelenbereich, der *Region der Wünsche*, hat die Sympathie die Oberhand. Sie will sich mit allen Dingen der Umgebung verbinden, aber die noch verbliebenen Antipathiekräfte wirken sich auf eine solche Weise aus, daß diese Suche nach Verbindung eine selbstsüchtige Beimischung erhält. Das ist beim *Wünschen* der Fall. Seelengebilde dieser Art haben keine deutliche, bleibende Gestalt; man kann sie mit den gasförmigen Stoffen der physischen Welt vergleichen, die sich in ihre Umgebung ausbreiten.

Weiterhin gibt es noch *vier höhere Regionen des Seelenlandes*, die dadurch gekennzeichnet sind, daß die Antipathiekraft hier völlig zurücktritt.

Das Gebiet von *Lust und Unlust* zeigt die Eigentümlichkeit, daß die Sympathie noch innerhalb des eigenen Seelengebildes wirksam ist. Lustgefühl offenbart sich, und ein vermindertes Maß an Lust wird als Unlust erlebt. Wir befinden uns hier in einem Gebiet, in dem das eigentliche Fühlen zu Hause ist. Steiner charakterisiert das Fühlen als »Weben des Seelischen in sich selbst«.[26]

Beginnen nun die Sympathiekräfte, in die Umgebung zu strömen und auszustrahlen, und öffnen sich die Erscheinungen füreinander, so ist dies mit der Wirkung des *Lichts* in der physischen Welt vergleichbar. Dabei werden die selbstsüchtigen Kräfte überwunden – es gibt keine Antipathiekraft mehr, die zur Abschnürung oder Begrenzung führt –, und aus den höchsten Seelenregionen strömt das wahre *Seelenleben* als eine alles durchdringende *Aktivität*. Erst dadurch wird es zu einem geschlossenen Ganzen.

So ergibt sich eine siebenfache Einteilung:

1. Region der Begierdenglut
2. Region der fließenden Reizbarkeit
3. Region der Wünsche
4. Region von Lust und Unlust
5. Region des Seelenlichtes
6. Region der tätigen Seelenkraft
7. Region des eigentlichen Seelenlebens

Wenngleich wir uns im Seelischen eine noch viel stärkere gegenseitige Durchdringung als bei den irdischen Elementen (in festen, flüssigen und gasförmigen Stoffen) vorstellen müssen, können wir, wie schon erwähnt, die sieben Seelenregionen mit den kosmischen Räumen, die wir *Planetensphären* nennen, in einen Zusammenhang bringen. Wir wollen die Seelenregionen und die Planetensphären zunächst schematisch gegenüberstellen und später ausführlicher darauf eingehen (siehe Kapitel 4).

Die ersten vier Bereiche der Seelenwelt bzw. der astralen Welt korrespondieren mit der Sphäre des *Mondes*. Das ›Gebiet von Lust und Unlust‹ bildet den Übergang zur *Merkursphäre,* die mit der ›Region des Seelenlichts‹ übereinstimmt. Die Sphäre des Planeten *Venus* ist das ›Gebiet der tätigen Seelenkraft‹, und die *Sonnensphäre* korrespondiert mit dem eigentlichen ›Seelenleben‹.

Mit dem Eintritt in die Sonnensphäre öffnet sich ein höheres Gebiet der unsichtbaren Welt, das als *Geisterland* bezeichnet werden kann. Die obersonnigen Planeten Mars, Jupiter und Saturn korrespondieren mit den untersten ›Territorien‹ dieses Gebietes. Wenn man aber in Betracht zieht, daß deren Sphären in bestimmter Hinsicht zur Sonnenwelt gehören, ist es durchaus gerechtfertigt, beim Sonnenreich bereits vom ›Geisterland‹ zu sprechen.

Begierdenglut fließende Reizbarkeit Wünsche	Mond
Lust und Unlust Seelenlicht	Merkur
tätige Seelenkraft	Venus
Seelenleben	Sonne

Wenn das Ich und die Seele den physischen Leib nach dem Tod verlassen haben, begeben sie sich auf eine lange Reise durch die astralen und geistigen Welten.[27] Auf diesem Weg durchschreiten sie die verschiedenen Planetensphären, um über das zurückliegende Leben auf der Erde Rechenschaft abzulegen. Dann, nach der ›mitternächtlichen Stunde‹ des nachtodlichen Lebens kehrt der geistige Mensch auf dem Weg zu einer neuen Geburt wieder auf die Erde zurück. Unterwegs durchquert er in umgekehrter Reihenfolge erneut die höheren und niederen Planetenzonen. Dabei nimmt er aus den kosmischen Welten dasjenige auf, was als die Früchte des vorangegangenen Lebens (und der weiter zurückliegenden Erdenleben) betrachtet werden kann. Diese Früchte mit all ihren bitteren wie auch süßen Teilen bringt der Mensch als sein Schicksal bei seiner neuen Inkarnation mit auf die Erde. Das menschliche Schicksal besteht aus verschiedenen Aspekten: einer davon ist die typologische Veranlagung, das eigentliche Thema dieses Buches.

Um jenen Anteil am Schicksal, durch den der Seelentypus herausgebildet wird, richtig erfassen zu können, wollen wir nun versuchen, die Besonderheiten dieser kosmischen Stationen oder Aufenthaltsorte, die das Seelisch-Geistige des Menschen auf seinem Weg durch die Sphären durchwandert, kennen und begreifen zu lernen.

4. Planeten als Himmelskörper und Himmelssphären

Das kopernikanische Weltbild, von Isaac Newton durch seine ›Himmelsmechanik‹ erweitert, hat die Verbundenheit des Menschen mit den geistigen Welten endgültig zerstört. Newtons These, die Schwerkraft verursache die Bewegungen der Himmelskörper, entspricht dem Versuch, mittels eines irdisch-rationalen Gedankengangs den Kosmos zu begreifen, der ursprünglich als eine lebendige, von göttlichen Wesen erschaffene Ordnung erfahren wurde. Dieses Weltbild, das auf den Gesetzen der Schwere beruht, erlaubt ein rein mathematisches Verständnis der Himmelserscheinungen. Durch diese quantitativ-mathematische Betrachtungsweise bekam der Himmel plötzlich gigantische Ausmaße, die ihn fortan dem Menschen fern und ungreifbar erscheinen ließen. Wenn man heutzutage von ›astronomischen‹ Zahlen spricht, will man damit die unvorstellbare Größe einer bestimmten Mengenangabe verdeutlichen.

Die Bewegungen der Planeten am Himmel

Je näher man die Himmelskörper durch das Teleskop heranholen konnte, desto mehr ging das Wissen über die Planetensphären als Wirkungsbereich und Begegnungsstätte göttlicher Wesen verloren. Zugleich schwand die Fähigkeit, den Zusammenhang, die geistigen Beziehungen der Dinge untereinander, zu erleben.

Das Himmelsmodell des Ptolemäus, wie es auch von der Kirche gelehrt wurde und das noch während des Mittelalters unumstritten

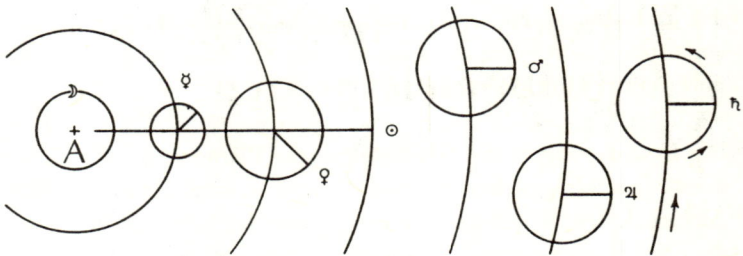

Das ptolemäische System:
A ist die Erde. Die konzentrischen Kreise stellen die sogenannten Deferenten dar.
Sonne und Mond bewegen sich unmittelbar auf der Bahn ihres entsprechenden
Deferenten um die Erde. Die übrigen Planeten bewegen sich in kleinen Kreisen
(Epizykel) entlang ihrer Deferentenbahn; sie vollziehen also eine doppelt rotieren-
de Bewegung. Die Mittelpunkte der Merkur- und Venusepizykel liegen, wie auf
der Zeichnung angedeutet, stets auf jener gedachten Linie, die Sonne und Erde
verbindet (nach Elisabeth Vreede, *Anthroposophie und Astronomie*, Dornach
1980).

war, beruht auf der Weisheit vorchristlicher Mysterien (Pythagoras). Die Erde wurde dabei als Mittelpunkt betrachtet, um den sich
die Sonne als einer der Planeten bewegt. In diesem geozentrischen
System erschien die Sonne einerseits der Erde ›untergeordnet‹, andererseits aber wurde das ptolemäische Weltbild durchaus ihrer
zentralen Bedeutung gerecht, indem es ihrem großen Deferenten
um die Erde eine Mittelposition zwischen inneren und äußeren
Planeten zuwies. (Als ›Deferenten‹ bezeichnet man die konzentrischen Kreise der Planeten um die Erde als Mittelpunkt; siehe Abbildung oben) Letzteres ist von wesentlicher Bedeutung für die
spirituelle Betrachtung der gesamten planetarischen und sideri-
schen Welt, der Sphären der Planeten und Fixsterne. Merkwürdigerweise ging gerade dieser wichtige Aspekt im *heliozentrischen*
Weltbild des Kopernikus verloren.

Das ptolemäische Modell stimmt in vielerlei Hinsicht noch mit
dem Wissen der Mysterienpriester vom nachtodlichen Gang der
Seele durch die Planetensphären überein. Diese Planetensphären
stellte man sich als Kugel vor, deren Umfang von der Ausdehnung
der Deferenten bestimmt wurde. Wir werden im folgenden sehen,

daß im Rahmen einer erneuerten spirituellen Kosmologie die ptolemäische Anordnung der Planeten mit der Erde als Mittelpunkt noch immer Gültigkeit besitzt.

Die Erscheinungen und Bewegungen der Planeten, so wie sie von der Erde aus beobachtet werden können, wurden ursprünglich als Ausdruck des Charakters und des Wesens der Gottheit angesehen, die über den jeweiligen Himmelskörper herrschte und nach der er benannt wurde. Bereits in griechischer Zeit versuchte man jedoch, auch eine rationale Erklärung für die unregelmäßigen Bewegungen der ›Wandelsterne‹ zu finden. Schon Platon sprach davon, daß es möglich sein müßte, die vorwärts und rückwärts verlaufenden Schleifenbewegungen auf kreisförmige Bahnen zurückzuführen, weil nur die gleichförmige, d.h. stets mit derselben Geschwindigkeit erfolgende Kreisbewegung der Planeten mit der Vollkommenheit der göttlichen Wesenheiten, die sie beherrschen, übereinstimmen könne.

Ptolemäus konnte diese Hypothese Platons durch seine Entdekkung der sogenannten Epizykel bestätigen, der untergeordneten Kreisbewegungen, die die Planeten auf ihrem Deferenten beschreiben. Mit Ausnahme von Sonne und Mond, deren Bahn um die Erde direkt auf ihrem Deferenten verläuft, vollziehen die Planeten eine zusätzliche Kreisbewegung, deren Mittelpunkt auf ihrem jeweiligen Deferenten liegt (siehe Abbildung S. 50). Sie beschreiben also kleinere Kreise auf einer großen kreisförmigen Bahn um die Erde. Daraus lassen sich die vor- und rückwärtsgerichteten Bewegungen der Planeten erklären.

Spätere Astronomen haben andere Erklärungen für die Schleifen und Umlaufbewegungen der Planeten gefunden. Der heutige Mensch begegnet dieser Problematik nur noch auf mathematischem Weg; er kümmert sich dabei kaum noch um das *Bild*, das die Planetenbahn ans Himmelsgewölbe zeichnet und das sich dabei dem Auge des Betrachters darbietet.

Für den Phänomenologen, der die Sprache der Erscheinungen zu verstehen versucht und Goethes Überzeugung teilt, daß die Sinne nicht trügen, daß nur das Urteil trügt,[28] für den sind die sichtbaren Formen der Planetenbewegungen auch heute noch von großer Wichtigkeit. Für das gewöhnliche Bewußtsein können sie Ausgangspunkt für einen tieferen Einblick in die Wirklichkeit der kosmischen Welten und in ihr Zusammenspiel mit der irdischen Natur und dem Menschen sein.

Will man sich ein deutliches Bild von den Umlaufbewegungen der Planeten machen, muß man üben, sich die Beschleunigung dieser Bewegungen vorzustellen. In seinem Buch *Metamorphose* empfiehlt Frits Julius eine solche Vergegenwärtigung der beschleunigten Planetenbewegung als äußerst fruchtbare Übung, um zu wesentlichen Bildern und wertvollen Anschauungen zu gelangen. Natürlich kann jedes Planetarium beschleunigte Planetenumläufe simulieren, aber sehr gewinnbringend ist das nicht. Was die eigene Vorstellungskraft bewirkt, kann durch keine äußere Projektion im Zeitraffer erreicht werden. Gerade durch die Anstrengung, die man aufbringen muß, um sich die Bewegungen vor dem inneren Auge in erhöhter Geschwindigkeit vorzustellen, wird man wacher und offener für Inspirationen, die aus diesem Gebiet kommen können. Man entfernt sich dabei keineswegs von der Wirklichkeit – ganz im Gegenteil, man dringt tiefer in sie hinein.[29] Julius beschreibt die Ergebnisse einer solchen Übung, die ihm folgende ›Bilder‹ vermittelt:

Sonne: eine mächtig leuchtende Scheibe mit kräftiger Bewegung, die ihre Bahn durch alle Tierkreisbilder nimmt. Diese Jahresbewegung ist der Tagesbewegung entgegengesetzt und verläuft von West nach Ost.

Mond: rasche, fortgleitende Bewegung. Immer wieder holt er die Sonne ein und zieht an ihr vorbei. Steht er ihr gegenüber, so leuchtet er als Vollmond. Während des Überholens und Vorüberziehens entstehen die sogenannten Mondphasen, wobei der Mond in wachsender oder abnehmender Gestalt erscheint. Er schreitet zwölfmal im Jahr durch den Tierkreis.

Saturn: Von den sieben Planeten bewegt sich Saturn am langsamsten. Für seine Bahn durch den Tierkreis benötigt er knapp dreißig Jahre. Wenn die Sonne an ihm vorüberzieht, folgt er ihr eine Zeitlang in langsamem Tempo, um dann allmählich, wenn sich die Sonne der ihm entgegengesetzten Position nähert, in eine rückwärts verlaufende Bewegung zu verfallen. Für das bloße Auge erscheint Saturn, weil seine Position am Himmel scheinbar unverändert bleibt, wie ein ziemlich heller Fixstern. Der Bewegungsrhythmus bei seiner Schleifenbildung scheint von der Sonne beeinflußt zu werden; seine große durchgehende Bahn beschreibt er aber völlig unabhängig.

Merkur: Dieser Planet ist ganz und gar mit der Sonne verbunden. Er tollt munter um die ruhig fortschreitende Sonne herum, das eine Mal ihr vorauseilend, das andere Mal zurückbleibend. Seine Leuchtkraft ist nur gering. Wenn die Entfernung zur Sonne am größten ist, wird er am Abend oder am Morgen für kurze Zeit sichtbar. Im Vergleich zu anderen Planetenbahnen zeigen seine Bewegungen die meisten Richtungswechsel.

Jupiter: Er ist zwar dem Saturn in seinem Bewegungsbild ziemlich ähnlich, folgt aber viel stärker der Sonne in seiner vor- und rückwärtsgerichteten Bewegung. Auf seiner Bahn durch den Tierkreis, den er in zwölf Jahren durchwandert, bewegt er sich zwar nicht gerade langsam, aber doch majestätisch ruhig. Er besitzt einen erhabenen Glanz, der während der Rücklaufbewegung am stärksten ist.

Venus: Sie ist – ebenso wie Merkur – sehr eng mit der Sonne verbunden, aber ihre weit ausholende, von der Sonne fortstrebende Bewegung ist viel kräftiger als beim Merkur. Jedesmal, wenn sie der Sonne vorauseilt, nimmt ihre Helligkeit zu. Sie leuchtet bei ihrer größten Entfernung zur Sonne als Abend- und Morgenstern mit einem grünlichen, wunderbaren Glanz, der mächtiger als der des Jupiter sein kann. Ihre Leuchtkraft ändert sich aber wesentlich häufiger und heftiger als beim Jupiter.

Mars: Er zeigt in gewisser Hinsicht dieselbe großartige Geste wie Saturn und Jupiter, aber sein Gang ist stürmischer und gewaltsamer. Seine vorauseilende Bewegung umspannt mehr als die Hälfte des Himmelsgewölbes. Mit jedem Rücklauf zieht er eine deutliche Schleife, die die vorherige teilweise überschneidet. Jedesmal, wenn die Sonne in seine Nähe kommt, beschleunigt er seine Geschwindigkeit, als wolle er mit ihr Schritt halten. Sobald sie ihn überholt hat, verlangsamt er mit dem wachsenden Abstand zur Sonne seinen Gang. Steht sie ihm schließlich gegenüber, also in sogenannter Opposition, wirkt seine zurückhaltende Bewegung wie eine Art Ehrbezeugung gegenüber dem Sonnenwesen. Sein Licht ist kräftig und hat einen rötlichen Schimmer. Wie alle anderen Planeten leuchtet er in Opposition zur Sonne am hellsten.

Jupiter zieht jedes Jahr seine Schleife in einem anderen Tierkreiszeichen, und zwar streng der Reihe nach. Saturn zieht drei Schleifen in jedem Tierkreiszeichen; er wandert fast dreimal so langsam. Venus beschreibt mit ihren Schleifen ein Fünfeck, wobei sie jedes Mal einige Sternzeichen im Tierkreis überspringt. Merkur zeichnet nahezu ein Dreieck an den Himmel.

Wir haben uns bei dieser Darstellung auf die sieben ›klassischen‹ Planeten beschränkt, zu denen auch die Sonne gerechnet wird. Die Planeten Uranus, Neptun, Pluto und verschiedene Planetoiden, deren mythologische Namen von ihren Entdeckern ziemlich willkürlich gewählt wurden und in kaum einer oder gar keiner Beziehung zu den gleichnamigen antiken Göttern stehen, gehören nicht in den Rahmen dieser Betrachtung. Sie scheinen beim Gang der Seele durch die seelisch-geistigen Welten zwischen Tod und neuer Geburt keine Rolle zu spielen. Weder in der überlieferten noch in der modernen okkulten Wissenschaft wird auf eine entsprechende Bedeutung hingewiesen.

Planetenwirkungen in der menschlichen Biographie

Nun wollen wir von der äußeren Anschauung und der damit verbundenen Vorstellung der Bewegungsformen zu einem inneren Schauen übergehen. Dabei wenden wir uns nicht länger dem äußeren Erscheinungsbild der Himmelskörper zu, sondern richten un-

54

sere Aufmerksamkeit auf die Eigenschaften ihrer ›Sphären‹, die einer unsichtbaren Welt angehören. Die Bilder aber, die wir durch die oben dargestellte Übung gewonnen haben, werden sich als hilfreich erweisen, wenn wir jetzt versuchen, ein in sich geschlossenes Bild der einzelnen Planetenqualitäten zu gewinnen.

Der geschulte Geistesforscher ist imstande, im Rückblick auf sein irdisches Leben als Ganzes die verschiedenen Planetensphären zu unterscheiden.[30] In einem bestimmten Stadium seiner geistigen Entwicklung übersieht er, daß sich sein Leben in Perioden zu ungefähr sieben Jahren gliedert. Betrachtet er zum Beispiel die Phase der ersten sieben Jahre seiner Kindheit, zeigen sich darin die Zustände und Wirkungen der Mondensphäre.

In der folgenden Phase, vom siebten bis zum vierzehnten Lebensjahr, steht er unter dem Einfluß der Merkursphäre. Das Geheimnis der Venus wird bei der Betrachtung der Jahre zwischen dem Beginn der Geschlechtsreife und dem einundzwanzigsten Lebensjahr offenbar. Die Sonnensphäre korrespondiert mit einer dreimal siebenjährigen Phase, die vom einundzwanzigsten bis zum zweiundvierzigsten Lebensjahr währt. Darauf folgt die Marsphase vom zweiundvierzigsten bis zum neunundvierzigsten Jahr. Die Jupitersphäre offenbart sich dem geistig Geschulten beim Rückblick auf den Lebensabschnitt zwischen neunundvierzig und sechsundfünfzig. Schließlich folgt die Saturnphase vom sechsundfünfzigsten bis zum dreiundsechzigsten Lebensjahr. Ein Forscher, der alle sieben Planetensphären geistig ergründen will, muß daher notwendigerweise das dreiundsechzigste Lebensjahr überschritten haben.

Im menschlichen Werdegang offenbaren sich nacheinander – natürlich unbewußt – alle sieben Planetensphären. Der Mensch durchläuft dabei in umgekehrter Reihenfolge dieselben Sphären, die er vor seiner Geburt durchschritten hat. Die siebenjährigen Perioden sind also etwas wie Fenster, durch die er Einblick in die Planetensphären gewinnen kann, ohne ›hellsichtig‹ zu sein.

Sicher werden diese Zusammenhänge zwischen menschlicher Biographie und Planetensphären vielen zunächst als recht willkürlich erscheinen. Die Erfahrung hat aber gezeigt, daß sich aus einer solchen Betrachtung viele neue und interessante Gesichtspunkte ergeben, die unsere bisherigen Untersuchungen ergänzen und untermauern können.

Die wissenschaftliche Methode, die wir unserer Betrachtung über den Zusammenhang von Seelentypus und Planetensphäre zugrunde legen, ist mit der ›Lehre von den Korrespondenzen‹ verwandt, die noch zu Beginn des siebzehnten Jahrhunderts, also zu Zeiten Shakespeares, maßgebend war. Sie beruht auf dem Grundsatz, daß – vereinfachend ausgedrückt – alles auf irgendeine Weise mit allem zusammenhängt. So banal dieser Gedanke so allgemein formuliert zunächst auch erscheinen mag – er beruhte auf einem uralten spirituellen Wissen über den Zusammenhang zwischen Makrokosmos (Himmelswelt) und Mikrokosmos (Mensch) wie auch über die Verwandtschaft von Sternen und irdischen Stoffen. Wir begegnen diesem Wissen zum Beispiel in der alchimistischen Lehre von der Korrespondenz von Metallen und Planeten, zum Beispiel von Gold und Sonne oder Silber und Mond. Die anthroposophische Geisteswissenschaft hat die alte Weisheit von solchen Wechselbeziehungen wieder aufgegriffen, durch zahllose neue Einsichten ergänzt und die Ursachen und den tieferen Sinn dieser merkwürdigen, dem logischen Denken nicht unmittelbar zugänglichen Zusammenhänge verständlich gemacht.

Die Methode, mit der man die Geheimnisse solcher Korrespondenzen zu ergründen vermag, beruht auf einer unbefangenen Wahrnehmung der Welt und ihrer Erscheinungen, die sich auf ihre qualitativen Aspekte richtet und sie dabei stets als Ganzheit begreift. Man bezeichnet einen solchen Ansatz gewöhnlich als ›holistisch‹. Anschließend werden geisteswissenschaftliche Ergebnisse herangezogen, die auf Wahrnehmungen der übersinnlichen Welt beruhen. Erst dieses Wissen macht die tieferen Zusammenhänge sichtbar.

Bereits bei der Betrachtung der ersten sieben Jahre der menschlichen Entwicklung werden wir mit einer überwältigenden Anzahl von Erscheinungen konfrontiert. Wir wollen zwei Phänomene herausgreifen, um die Wechselwirkung zwischen dieser Lebensphase und der Mondensphäre darzustellen, nämlich *Wachstum* und *Wiederholung* – man könnte auch sagen *Reproduktion* und *Imitation*. Die auffallendsten Eigenschaften des kleinen Kindes sind sein Wachstum und seine Fähigkeit zur Nachahmung, die Fähigkeit also, zu ›spiegeln‹, was ihm von außen her als stark und nachahmenswert entgegentritt.

Die nächste Phase ist durch *Beweglichkeit* und – was vielleicht weniger deutlich hervortritt – durch *Gesundheit* charakterisiert. Das Schulkind vom siebten bis zum vierzehnten Jahr ist noch für Autorität empfänglich; es besitzt noch keine eigene richtungsweisende Ich-Kraft. Diese sucht es beim Erwachsenen. Die merkuriale Art dieses Lebensalters äußert sich in der Lust am Spielen und Herumspringen und im Interesse an der Welt, das zwar noch nicht tiefer reicht, aber von einer hellen und meist reinen Innerlichkeit getragen ist.

Pubertät und angehende Adoleszenz offenbaren ihre Venusnatur auf vielfältigste Weise. In dieser Lebensphase erwacht nicht nur die Fähigkeit zur *Liebe* im Zusammenhang mit der Geschlechtlichkeit, sondern auch die *Hingabe* an Ideale. Dabei dominiert das Gefühl; leidenschaftliches Interesse und Schwärmereien treten ebenso hervor wie tiefste Abscheu und erbarmungslosen Kritik.

Die Sonnenphase dauert dreimal so lange wie die der anderen Planeten. Dies ist ein Charakteristikum der Sonne: sie läßt das dreigliederige Prinzip des gesamten Weltalls am deutlichsten in Erscheinung treten. *Entfaltung* und *Selbstverwirklichung* gehören in diesen Lebensabschnitt. Der Mensch lernt als Seelenwesen, sich auf der Erde zurechtzufinden, d.h. er muß Innen- und Außenwelt in ein *Gleichgewicht* bringen. An erster Stelle geht es dabei um die sozialen Fähigkeiten in Ausbildung, Beruf, Ehe, Freundschaft wie auch im gesellschaftlichen Leben.

Die Lebensphase, die mit zweiundvierzig Jahren beginnt, hat oft stark *expansive* Merkmale. Früher galt das besonders für Männer, in der Gegenwart ohne weiteres aber auch für Frauen. Während dieser Zeitspanne ereignet sich oft eine Lebenskrise als Einschnitt in der menschlichen Entwicklung. Zwei Marsgebärden sind charakteristisch für diese Epoche: kraftvolles Vorwärtsdrängen, aber auch schmachvoller Rückzug.

Die *Weisheit* Jupiters kündigt sich um das fünfzigste Lebensjahr an. *Überblick* tritt an die Stelle des ungestümen Vorwärtsstrebens.

Schließlich beginnt die Phase der Saturnwirksamkeit, der *Distanzierung* (Abstandnehmen) und *Erinnerung*. In diesem Lebensabschnitt besinnt sich der Mensch auf sein ursprüngliches Ziel, das er im Trubel des Lebens zu verlieren drohte. Außerdem wird diese Periode durch abnehmende körperliche Leistungsfähigkeit und durch mahnende Gedanken an den Tod gekennzeichnet.

Natürlich bedeutet das dreiundsechzigste Lebensjahr noch nicht das Ende des Lebens. Die geistige Entwicklung kann weiter voranschreiten, ebenso der körperliche Niedergang. In diesem Alter verläßt der Mensch jedoch die Einflußsphäre der Planeten und tritt damit sozusagen aus dem Rahmen unseres Themas heraus.

Das Durchschreiten der Planetensphären nach dem Tode

Wir wollen nun die verschiedenen Planetensphären mit den Augen des Geistesforschers betrachten. Der ewig-geistige Kern im Menschen (das Ich) durchschreitet sie nach dem Tod zweimal: zunächst auf dem Weg in die geistige Welt, und ein weiteres Mal bei der Rückkehr zu einer neuen Geburt auf der Erde.

Während dieser kosmischen Reise werden die Früchte des gerade zu Ende gegangenen Lebens gesammelt; daraus wird die Saat, das Karma für das nächste Leben gebildet. Der menschliche Geist ist auf einer höheren Bewußtseinsstufe daran beteiligt; die himmlischen Mächte aber, die Wesen der Engelhierarchien, sind die entscheidenden Führer bei diesem Prozeß der Schicksalsgestaltung.

Jene Komponente des Schicksals, die wir als *Seelentypus* bezeichnet haben, wird auf dem Rückweg zur Erde geprägt. Einflüsse, die von den Planetensphären ausgehen, können nur dann eine gewisse Dominanz in der seelischen Veranlagung hervorrufen, wenn das vorangegangene Leben auf der Erden dazu Anlaß gegeben hat und wenn das persönliche Schicksal des kommenden Lebens diese Seelenqualität benötigt. Die Individualität *Voltaires* hätte beispielsweise den aggressiven Wesenszug ihrer Inkarnation im 18. Jahrhundert mit der damit verbundenen weitreichenden Wirkung ihrer Persönlichkeit ohne die unverwechselbaren Marszüge in der Seelenstruktur niemals verwirklichen können. Rudolf Steiner bemerkt dazu, daß der menschliche Geist nur dann für längere Zeit in einer bestimmten Planetensphäre verweilt, wenn sein zukünftiges Erdenschicksal diese spezielle Färbung tragen soll.[31]

Beim Sterbevorgang, der oft mit dem Durchschreiten einer Pforte zu einer anderen Welt verglichen wird, hat das Geistige und Seelische im Menschen, das den physischen Leib verläßt und ihn dem Wirken der irdischen Elemente preisgibt, als erstes Erlebnis einen Rückblick auf das soeben beendete Erdenleben. Der gesamte Besitz an Vorstellungen, die wir uns in unserem Erdenleben gebildet haben, steht dann wie ein mächtiges Panorama oder Erinnerungstableau vor uns.

Im Laufe von drei bis vier Tagen verwischt sich dieses Bild allmählich, weil sich nun das Ich vom sogenannten Lebens- oder Ätherleib, in dem unsere Erinnerungen ›gespeichert‹ waren, losgelöst hat. Ein geistiger Extrakt des Ätherleibes bleibt aber weiterhin mit dem Ich verbunden. Der Verstorbene betritt nun die astrale Welt, deren unterste Region von der *Mondensphäre* gebildet wird. Dort erfährt er die *Spiegelung* seines moralischen Wesens. Was ihm auf der Erde als das Wichtigste erschien, nämlich sein intellektuelles Wissen, seine Vernunft und seine Urteilskraft, werden ihm nun genommen. Als Verstorbener ›verliert‹ man sozusagen zuerst ›den Kopf‹. Dadurch tritt nun aber unsere moralische Physiognomie mit aller Deutlichkeit zum Vorschein. Jetzt wird das unerbittlichste Urteil über unser Tun und Lassen gefällt. Alles Egoistische und Negative in unserem einstigen Handeln muß in der Mondensphäre zurückbleiben. Dadurch tritt eine Art Zerstückelung unseres Wesens auf, denn auch unser Egoismus und unsere negativen Eigenschaften sind ein Teil von uns. Wird dieser Teil abgezogen, dann bleibt ein ›unvollständiger‹ Mensch übrig, der zwar ausschließlich aus unseren guten Seiten besteht, aber von der starken Empfindung beherrscht wird, geringeren Wert als bei einer weniger selbstsüchtigen Lebensführung zu besitzen. Diese Empfindung bildet den Keim für das zukünftige Schicksal. Der allesbeherrschende Drang, zu korrigieren und auszugleichen, was minderwertig war, nachzuholen, was versäumt wurde, wird gewissermaßen dem Willen eingeprägt.

Von der moralischen Verfassung des Menschen, die sich als Ergebnis guter und schlechter Taten gebildet hat, hängt es nun ab, mit welcher Art von Wesenheiten er in der Mondensphäre in Berührung kommt. Wie schon angedeutet, wird jede geistige Sphäre durch Wesenheiten von sowohl höherer als auch niederer Ordnung bevölkert – von Seelen anderer Verstorbener, von guten hierarchischen Wesen, aber auch von solchen, die im Sinne des Bösen wirken. Letztere haben Macht über jene Seelen, die sich während ihres Lebens nur der materiellen Seite des irdischen Daseins zugewandt haben. Die großen Helfer der Verstorbenen sind die weisen »Urlehrer der Menschheit«,[32] hochentwickelte geistige Führer, die in den Urzeiten der Erdenentwicklung den Menschen die göttliche Weisheit brachten, nach der sie ihr Dasein gestalten sollten. Diese ›Lehrer‹ haben damals in ›ätherischen‹, also unstofflichen Leibern auf der Erde gelebt, die ebenso wie die menschlichen Wesen noch nicht in die stoffliche Verdichtung getreten waren.

Nachdem sich der Mond von der Erde, mit der er ursprünglich eine Einheit bildete, losgelöst hatte, verließen auch diese Urlehrer den irdischen Schauplatz. Sie siedelten sich in der geistigen Sphäre des Mondes an. Zusammen mit dem höheren Ich eines jedes Menschen, das noch gänzlich mit dem individuellen Schutzengel verbunden ist, fällen sie nun ein Urteil, das die Grundlage für das Schicksal oder Karma des kommenden Lebens auf der Erde bildet.

Die Mondensphäre ist damit nur äußerst flüchtig beschrieben; viele Aspekte mußten hier unerwähnt bleiben. Bei der Rückkehr zur Erde auf dem Weg zu einer neuen Inkarnation muß der Mensch sein ›Päckchen‹ an Unvollkommenheiten – man könnte es auch sein ›Päckchen Schlechtigkeit‹ nennen – wieder aufnehmen. Die höheren Mächte der Planeten- und Sternensphären haben dort bereits Weisung gegeben, wie ein Ausgleich im zukünftigen Lebensplan veranlagt werden soll. Die Engelwesen der niederen Planetensphären verwandeln diese Weisungen zu einem Bestandteil des menschlichen Schicksals.

Die Mondensphäre muß man sich als äußerst komplex vorstellen. Daher ist auch der sogenannte Mondentypus psychologisch betrachtet am schwierigsten zu ergründen. Deutliche Charakterelemente sind bei ihm die Spiegelungsfähigkeit wie auch das Thema des Abwägens von Gut und Böse. Weisheit und Urteilskraft auf der einen Seite, ein lauerndes Ungeheuer auf der anderen – so haben es bereits die alten Ägypter in ihren Gräbern und in ihrem *Totenbuch* dargestellt.

Die *Merkursphäre* übt – ebenso wie die Mondensphäre – eine läuternde Wirkung aus. Hier soll der Verstorbene von allem befreit werden, was noch als *Krankheit*, als Nachwirkung einer irdischen Erkrankung, an ihm haftet. Im Altertum waren die Ärzte eingeweihte Priester, die ihre Inspirationen zum Heilen aus der Merkursphäre empfingen. Mit diesen inspirierenden Geistwesen kommt der Mensch in Berührung, wenn er nach dem Tod in die Merkursphäre aufgenommen wird. Sie stehen auf einer höheren Entwicklungsstufe als die Mondwesen. Es sind die Erzengel, die im Gegensatz zu den ›Urlehrern‹ nie auf der Erde geweilt haben. Sie empfangen die geistigen ›Früchte‹ des Krankseins und lassen sie in die kosmische Umgebung hinausströmen – als Zeichen der Versöhnung der Götter mit den Menschen, die ihre bösen, unmoralischen Taten durch das Erleiden von Krankheit beglichen haben.

Im darauffolgenden Stadium durchschreitet der Mensch das Wirkungsfeld des Planeten *Venus*. Hier muß ein neues Element aufgenommen werden, von dem wir auf der Erde nur den Abglanz kennen: die *Liebe*. Bis ins Gebiet Merkurs haben Gedanken, Ideen und Begriffe, wie sie auf der Erde vorherrschen, noch eine Rolle gespielt. Die Beurteilung von Gut und Böse in der Mondensphäre war noch stark mit dem Gedanklichen verbunden, weil böse Taten im Denken wurzeln. Auch die Krankheiten und ihre geistigen Wirkungen wurden von den Merkurwesen nach den ihnen zugrunde liegenden Gedanken beurteilt. In der *Venussphäre* erscheint das Gedankenelement ganz in Liebe aufgelöst, in völliger Hingabe des Gefühls. Allein durch diese kosmische Liebeskraft kann der Mensch in das höhere geistige Reich aufgenommen werden. Die Venussphäre ist zugleich das Tor zur Sonne.

Die Wesenheiten, denen der Mensch hier begegnet, sind wiederum von höherer Ordnung als die der vorangegangenen Sphäre. Ihr griechischer Name lautet *Archai*, was sowohl ›Urbeginn‹ als auch ›Herrschaft‹ bedeuten kann. Rudolf Steiner nennt sie ›Zeitgeister‹

oder ›Geister der Persönlichkeit‹. Sie entstammen einem sehr frühen kosmischen Stadium, in dem der erste Keim des Menschenwesens gebildet wurde, und sind aus der Aktivität der höchsten Hierarchien hervorgegangen. Die Archai, die mit dieser Urschöpfung in engem Zusammenhang stehen, sind Beherrscher einer Sphäre, die im Alter von vierzehn bis einundzwanzig Jahren wirksam ist, einer Lebensphase, in der der Mensch reif wird, sich physisch fortzupflanzen.

Nun betritt der Mensch das *Sonnenreich*. Er tritt, befreit von allem Irdischem, das noch an ihm haftete, in einen höheren Daseinsbereich ein. Aus der astralen Welt kommend gelangt er nun ins ›Geisterland‹, das meist mit dem Sanskritwort *Devachan* bezeichnet wird. Die gewaltige Metamorphose seines bisherigen Lebens in ein künftiges Erdendasein nimmt hier ihren Anfang. Aus seiner geistig-moralischen Gestalt, die, vom Bösen befreit, nun zwar ein Bild der Unvollkommenheit bietet, bildet sich nun die Anlage seines Kopfes für die kommende Inkarnation. Dies beginnt damit, daß der Mensch selbst zu einem Sphärenwesen wird und sich mit der *klingenden Harmonie* des Weltalls vereinigt. Diese Harmonie der Sphären, von der der griechische Eingeweihte Pythagoras spricht, besteht aus der Harmonie der Taten aller göttlich-geistigen (hierarchischen) Wesen der Sonnensphäre. Hier ist das Herz der Welt, es herrscht eine *Allgegenwart* von Licht und moralischer Kraft, in der kein Platz ist für Böses, sich Isolierendes und Trennendes. Der Mensch erfährt diese All-Güte, diese Weltenmusik, als kosmische Quelle, aus der er seine wahre Menschlichkeit schöpft. Er fühlt sich eins mit dem Universum; die Wesen der Hierarchien treten ihm nicht gegenüber, er erlebt sie unmittelbar in sich selbst. Dreifach offenbaren sich die höheren Sonnenmächte: als Geister der Form (Exusiai), als Geister der Bewegung (Dynameis) und als Geister der Weisheit (Kyriotetes).

In den Zeiten vor den Ereignissen in Palästina, die zu Beginn unserer Zeitrechnung stattfanden, war die Sonnensphäre der Wohnsitz des Christuswesens. Es war der höchste Führer der oben erwähnten schöpferischen Mächte, die über Erde und Menschheit walteten. Als solcher war er den Eingeweihten der Mysterien bekannt. Die ›Sonnengötter‹, die in den verschiedenen Völkern angebetet wurden, waren Repräsentanten dieses höchsten Wesens, dessen Name nicht genannt werden durfte. Er allein ermöglichte es dem Menschen, während des nachtodlichen Sonnendaseins das Idealbild des Menschenwesens zu schauen. Dieser Anblick gab dem Menschen die Kraft, aufs neue den Weg zur Erde anzutreten. Wie eine unbewußte, aber wirksame Erinnerung begleitete ihn diese Erfahrung während seines ganzen irdischen Daseins.

Christus verließ die Sonnensphäre und verband sich durch sein Opfer mit der Erde. Seitdem kann der Mensch in der Sonnenwelt zwischen Tod und neuer Geburt nur noch dann zur Schau des wahren, vollkommenen Menschenwesens gelangen, wenn er bereits auf der Erde ein wirkliches Christus-Verständnis entwickelt hat.

In den nun folgenden Planetenregionen, die nicht mehr scharf von der Sonnensphäre getrennt sind, sondern mehr oder weniger einen Teil von ihr bilden, werden dem Menschen noch drei weitere kosmische Erfahrungen zuteil, die für seine zukünftige Inkarnation von entscheidender Bedeutung sind.

In der *Marssphäre* gerät er unter den Einfluß von Wesenheiten, die Schöpfer und Träger des *Weltenworts* sind. Dort erfährt er nicht nur, daß die menschliche Sprache Abbild einer kosmischen Wirklichkeit ist, in dieser Sphäre wird er in das Wogen und Strömen des schöpferischen Urelements der Sprache aufgenommen. Wenn er bei seiner Rückkehr zur Erde diesen Bereich erneut durchschreitet, hängt es von seiner Verbindung mit der Marswelt ab, ob er in seiner nächsten Inkarnation besondere sprachliche Begabungen entwickelt.

Der Gang durch die kosmischen Welten setzt sich mit dem Eintritt in die *Sphäre des Jupiter* fort. Dort sind die *Weltgedanken* beheimatet, die nun vom Menschen erfahren werden.

In diesen Phasen seines Daseins in der geistigen Welt wird der Mensch vollkommen von den höchsten Kräften, die im Universum wirken, durchdrungen. Auch wenn es oft den Anschein hat, das wiederverkörperte Ich habe in der Absonderung seiner irdischen Existenz jede Verbindung mit seiner kosmischen Herkunft verloren, beruht auch das primitivste Erdendasein noch auf seinem Anteil an dieser Erhabenheit des Himmels. Allein schon die Tatsache, daß jeder Mensch mit der Sprach- und Denkfähigkeit begabt ist, deutet auf seine ›kosmische Vergangenheit‹ hin, in der er noch ›Genosse‹ der schaffenden Weltenmächte war.

Nach der Jupitersphäre folgt der *Bereich des Saturn*. Hier hat der Mensch Anteil an den Kräften der *Welterinnerung*. Die hierarchischen Wesen, die in dieser Sphäre machtvoll ihre Wirksamkeit entfalten, sind die ›Hüter‹ all dessen, was sich jemals innerhalb unseres Sonnensystems ereignet hat. Hier ist der Gang durch die Planetensphären zunächst beendet. Anschließend weitet sich das menschliche Wesen in die Urfernen der Fixsterne aus. Hier wird der kosmische Keim des physischen Körpers für die folgende Inkarnation angelegt.

Der Rückweg zur Erde führt wiederum durch die Planetensphären. Er beginnt beim Saturn und endet in der Mondenregion. Das kosmisch gewordene Wesen des Menschen muß dabei auf das irdische Dasein vorbereitet werden, damit es den Faden seiner Entwicklung wieder aufnehmen und weiterspinnen kann. In den verschiedenen Planetenregionen eignet es sich die dort wirksamen Kräfte als Bestandteil seines zukünftigen Karmas an, darunter auch solche Veranlagungen, die seinen Seelentypus bestimmen.

Bei der ausführlichen Darstellung der sieben unterschiedlichen Seelentypen sollen noch andere Aspekte genannt werden, die in dieser Übersicht vernachlässigt wurden. Aus den bisher zusammengetragenen Gesichtspunkten lassen sich aber bereits bestimmte Merkmale herauskristallisieren, die für die einzelnen Planeten charakteristisch sind:

Mond	*Spiegelung*
Merkur	*Beweglichkeit*
Venus	*Liebe*
Sonne	*Harmonie*
Mars	*Sprache*
Jupiter	*Gedanken*
Saturn	*Gedächtnis*

5. Planetenwirkungen in der Natur und beim Menschen

Sowohl beim Verlassen der Erde nach dem Tod wie auch auf dem Weg zu einer neuen Geburt ist der Mensch der Wirkung der Planetensphären ausgesetzt. Wir können dabei von einem ›aufsteigenden‹ und einem ›absteigenden‹ Einfluß sprechen, der im allgemeinen mit der seelisch-moralischen Seite des Menschen verbunden ist. Die Wechselbeziehungen zwischen höherer und niederer Welt beschränken sich aber nicht nur auf das Gebiet der menschlichen Seele. Sie betreffen auch die Erscheinungen des Lebendigen und das Reich der mineralischen Stoffe.

Auch der Zusammenhang zwischen den sieben Planeten und der *Metalle* kann das bisherige Bild von den einzelnen Planeten durch wichtige Einzelheiten ergänzen und uns auf einige weitere Eigenschaften aufmerksam machen. Aufgrund der bestehenden Analogien und Wechselbeziehungen sind korrespondierende Eigenschaften auch beim entsprechenden Seelentypus anzutreffen. Dasselbe gilt im Hinblick auf die Planetenwirkungen im *Pflanzenreich*.

Um eine deutlicheres Bild von der Wesensart der einzelnen Planeten und ihrer Beziehungen untereinander zu gewinnen, erscheint es sinnvoll, ihre Siebenheit in drei Paare zu je zwei Planeten mit der Sonne als Mittelpunkt zu gruppieren. Wir sind bereits bei der Darstellung der beschleunigten Planetenbewegungen zu einem vergleichbaren Ordnungsschema gelangt, bei dem wir zwischen ›inneren‹ und ›äußeren‹ Planeten unterschieden haben. Nehmen wir nun eine paarweise, die Sonne ›umarmende‹ Zuordnung von einem ›inneren‹ und einem ›äußeren‹ Planeten vor, dann erhalten wir die folgenden drei Polaritäten:

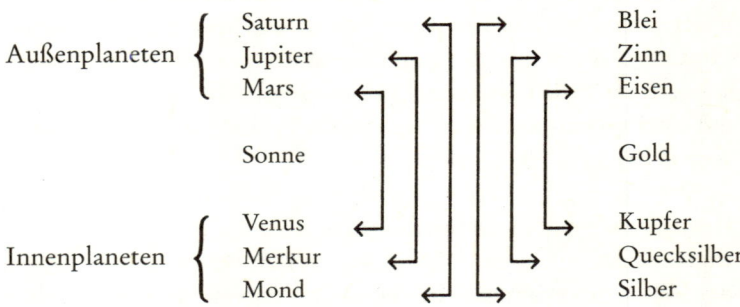

Außenplaneten	Saturn		Blei
	Jupiter		Zinn
	Mars		Eisen
	Sonne		Gold
Innenplaneten	Venus		Kupfer
	Merkur		Quecksilber
	Mond		Silber

Die Paare Saturn-Mond, Jupiter-Merkur und Mars-Venus korrespondieren mit den Metallen Blei-Silber, Zinn-Quecksilber und Eisen-Kupfer. Die Sonne ist dem Gold zugeordnet.

Wie wir bereits bei der Betrachtung der menschlichen Seele festgestellt haben (vgl. Kapitel 1), handelt es sich bei einer Polarität immer um einen komplementären Gegensatz. Der eine Pol besitzt stets diejenigen Eigenschaften, die dem anderen fehlen. Betrachten wir beispielsweise das Planetenpaar Saturn-Mond: Unter den sieben klassischen Planeten bewegt sich der Saturn am langsamsten. Ein Durchgang durch den Tierkreis dauert bei ihm etwas weniger als dreißig Jahre. Der Mond, sein Gegenpol, ist nicht nur schneller als der Saturn; mit einem Umlauf von nur knapp dreißig Tagen übertrifft er auch alle anderen Planeten.

Metalle und Planeten

Jede Polarität ist mehr als nur eine Zweiheit. Sie umfaßt eigentlich eine Dreiheit, wobei der dritte, mittlere Bereich das Wesentliche ausmacht – so wie ein Intervall zwischen zwei Tönen. Bei den Planetenpaaren erfüllt die Sonne immer diese Funktion der wesensbestimmenden Mitte. Im Sonnenwesen vereinigen sich die beiden Pole eines Paares.

Die Frage, weshalb ein Stoff, der mit einem der Planeten in Verbindung steht, auf der Erde in einer bestimmten Form auftritt, ist im Zusammenhang mit dem Prinzip der Korrespondenz von großer Bedeutung. Sie gründlich zu erörtern würde uns aber zu weit von unserem eigentlichen Thema wegführen und ließe sich nur vor dem Hintergrund der Entwicklung unseres Sonnensystems und insbesondere der Erde hinreichend beantworten. Wie wollen uns daher mit einer verkürzten Darstellung dieser Problematik aus anthroposophischer Sicht begnügen.

Fast alle der genannten Metalle – mit Ausnahme des Quecksilbers – sind auf der Erde in fester Form anzutreffen. In weit zurückliegenden Zeiten gab es auf der Erde keine festen Stoffe. Damals war alles noch flüssig. Zuvor, in einem noch älteren Stadium, war alles in gasförmigem Zustand. Geht man in die frühesten Anfänge der Erdentwicklung zurück, gab es überhaupt keine Stoffesverdichtung, sondern nur einen Wärmezustand. Diese ›dünnste‹, noch ›unstoffliche‹ Stofflichkeit umfaßte damals den heutigen Bereich der äußeren Planetensphären und ihrer geistigen Bewohner. Während des allmählichen Prozesses der Verdichtung trennten sich verschiedene ›Wohnstätten‹ von der Erde ab, ließen aber eine Art ›Reminiszenz‹ in Form verschiedener Substanzen auf der Erde zurück. Das Vorhandensein von Gold auf der Erde deutet darauf hin, daß Sonne und Erde irgendwann in der Vergangenheit eine Einheit bildeten. Damals, als sich die Sonne von der Erde absonderte, ließ sie eine ›Erinnerung‹ an diesen Zustand in Form des Goldes zurück, das sich zu diesem Zeitpunkt allerdings noch in einem sehr flüchtigen Aggregatzustand befand. Erst durch die fortschreitende Verdichtung entstand das uns bekannte feste Metall.[33]

Heute machen wir uns die besonderen Eigenschaften der Metalle in unterschiedlicher Weise zunutze. Wir können drei verschiedene Verwendungsformen unterscheiden.[34] Am umfangreichsten ist ihr Einsatz im Bereich der *Technik*. Obwohl man gerade bei ihrer technischen Verwendung zunächst nur ihre äußeren, physikalischen Eigenschaften nutzbar macht, enthüllt sich dabei ein außergewöhnlich charakteristisches Bild ihrer Wesensmerkmale. Frits Julius verwendet für dieses typische Erscheinungsbild den Begriff ›Stil‹: Jedes Metall wird durch einen ganz eigenen Stil und durch eigene Motive gekennzeichnet: »In diesen Stilen, in diesen Metallmotiven, offenbaren sich die umfassenden Prinzipien, deren Repräsentanten die Metalle auf Erden und die Planeten am Himmel sind.«[35]

Die zweite wichtige Bedeutung der sieben Metalle liegt in ihrer Verwendung als *Heilmittel*. Damit sie ihre Wirksamkeit entfalten können, muß man gerade ihre Festigkeit, also ihren materiell-physikalischen Aspekt, ausschalten. Mittels Verdünnung werden in einem rhythmischen Prozeß Wirkungsmöglichkeiten geschaffen und Kräfte freigesetzt, worin sich ebenfalls die Qualitäten des Stoffes äußern, nur auf eine viel subtilere Weise. Erst in dieser Form können sie auf Lebensprozesse im menschlichen Leib und sogar auf seelischem Gebiet einwirken.

Die dritte Verwendungsform wird durch die *chemischen* Eigenschaften der Metalle bestimmt. In der Natur treten sie meist in Verbindung mit anderen Stoffen als Salze auf. Auch hier lassen sich interessante Phänomene beobachten, die die Wechselwirkung zwischen Metallen und Planeten offenbaren.

Lili Kolisko hat in den chemischen Reaktionen solcher Metallverbindungen einen eindeutigen Nachweis für die Beziehung zwischen Planeten und Metallen gefunden.[36] Bei ihren Untersuchungen löste sie Metallsalze in Wasser, um sie dadurch von einem Teil ihrer irdischen Festigkeit zu befreien. Die dabei erhaltenen Lösungen ließ sie in Streifen aus Filterpapier aufsteigen. An den oberen Rändern des Papiers bildeten sich unter dem Einfluß bestimmter Planetenkonstellationen charakteristische Muster. So konnte am Verhalten eines Metalls die Bewegung des korrespondierenden Planeten verfolgt werden, nachdem es ebenfalls in einem gewissen Sinne beweglich gemacht worden war. Diese ›Steigbildversuche‹, die jeder selbst durchführen kann, sind seither in vielerlei Formen angewandt worden, vor allem in der medizinisch-pharmazeutischen Praxis, aber auch im biologisch-dynamischen Land- und Gartenbau. In wissenschaftlichen Kreisen hat die Arbeit von Dr. Kolisko, die in vielerlei Hinsicht als bahnbrechend bezeichnet werden kann, nur wenig Beachtung, geschweige denn Anerkennung erhalten.

Betrachten wir nun die Polarität von Silber und Blei in ihrem Zusammenhang mit Mond und Saturn:

Silber hat eine besondere Fähigkeit, Licht zu reflektieren. In der spiegelnden Oberfläche einer Silberkugel oder Silberplatte zeigt sich die Umgebung in deutlichen Konturen. Zu dieser vollkommenen Spiegelkraft gesellt sich noch eine Anzahl weiterer Eigenschaften. Silber besitzt ein großes Leitvermögen für Elektrizität und Wärme. Seine Oberfläche wird an der Luft und beim Kontakt mit den meisten chemischen Stoffen nur geringfügig angegriffen. All dies deutet darauf hin, daß Silber seinen eigenen Charakter verbirgt, indem es seine Umgebung sichtbar macht. Fremde Einflüsse in Form von chemischen Reaktionen, Licht, Wärme oder Elektrizität werden kaum eingelassen. Durch seine innere Struktur wird der stoffliche Zusammenhalt in einer Weise gewahrt, wie er nur noch vom Gold übertroffen wird. Silber kann man zu dünnsten Blättchen auswalzen und in vielerlei Formen treiben, ohne es vorher erhitzen zu müssen. Dabei ist es außergewöhnlich schwer, schwerer noch als Eisen oder Kupfer. Bei Erhitzung strahlt es kaum Licht und Wärme ab. Vor allem in poliertem Zustand beeindruckt es durch seine edle Wirkung; es ist von kühler, lilienhafter Schönheit. In bestimmten Verbindungen kann es aber auch ein Bild von Schmutz und Unreinheit bieten. Es reagiert äußerst empfindlich auf Licht, vor allem auf Sonnenlicht, und wird daher bei der Photographie verwendet. In seinem Innern ist es dagegen lichtlos; dort herrscht die Schwere. Damit demonstriert es ein grundlegendes Merkmal der irdischen Materie, die aus unstofflichem Licht und immaterieller Wärme hervorging, durch Verdichtung jedoch düster und undurchdringlich geworden ist.

Silber verwendet man gerne für die Herstellung von Schalen, Vasen, Löffeln und anderen Gegenständen, die dazu bestimmt sind, einen bestimmten Inhalt in sich aufzunehmen. Das Wesen des Silbers könnte man mit dem Bild eines Bechers oder Kelches beschreiben, der mit seinem Fuß auf festem Untergrund steht und sich nach oben hin öffnet.

Den Gegensatz zum Silber bildet das *Blei*. Wenn man seine Oberfläche poliert, reflektiert es zunächst zwar ebenso die Bilder seiner Umgebung, doch schon nach kurzer Zeit überzieht es sich mit einer stumpfen blaugrauen Schicht und kann nicht mehr auf fremde Einflüsse reagieren. Die Eigenschaften des Silbers besitzt es nur in geringem Maße, – sie fehlen ihm zum Teil gänzlich. Kennzeichnend ist seine schwache Leitfähigkeit für Wärme und Elektrizität und die geringe Beständigkeit seines inneren Strukturzusammenhangs. Blei läßt sich ziemlich leicht auseinanderziehen. Es ist chemisch äußerst reaktionsfreudig, wehrt zugleich aber mittels einer Korrosionsschicht, mit der es sich vollständig umgibt, jeden äußeren Einfluß ab. Dadurch kann das unter diesem schützenden Belag befindliche reine Metall nicht angegriffen werden. Diese hemmende, bewahrende Wirkung ist besonders kennzeichnend und macht es zum idealen Material für Dachbedeckungen, für den Schutzmantel von Unterseekabeln oder zur Ummantelung von Särgen.

Blei ist besonders schwer, schwerer noch als Silber. Dabei ist es außerordentlich weich; man kann es sogar mit dem Fingernagel einritzen. Das Wort ›Bleistift‹ erinnert noch daran, daß es früher wegen dieser Eigenschaft als Schreibstift benutzt wurde. Elastizität fehlt ihm vollständig; jede Veränderung seiner Form, jede Beule, die man ihm zufügt, bleibt erhalten. Während sich Silber neutral verhält, wenn es seine Umgebung spiegelt, verändert sich Blei unter dem (mechanischen) Einfluß von außen und hält das Ergebnis dieser Einwirkung fest. Man kann Blei ziemlich leicht zum Schmelzen bringen; sein Schmelzpunkt liegt bei 324° Celsius. Beim Abkühlen nimmt es sofort wieder eine feste Form an. Man kennt dies vom ›Bleigießen‹ am Silvesterabend. Das flüssige Metall wird in kaltes Wasser gegossen und gerinnt überraschend schnell zu phantastischen Gebilden. Viele glauben, daß ein solches Teilchen mit seiner bizarren Form für denjenigen, der es gegossen hat, eine Prophezeiung für das kommende Jahr enthält.

Wenn wir nun die qualitativen Eigenschaften des Silbers bzw. – mit Julius gesprochen – den ›Silberstil‹ mit dem ›Bleistil‹ vergleichen, zeigen sich folgende charakteristischen Unterschiede:

Silber kann eine Oberfläche bilden, die einerseits eine absolute Scheidung zweier Gebiete bewirkt, für sich selbst aber gar nichts darstellt. Das Metall läßt sich aufs äußerste ausdehnen. Dabei bildet es eine große Oberfläche und zugleich eine scharfe Grenze, die keine Übergänge zuläßt. Auch in der Natur begegnet man häufig solchen scharf gezogenen Grenzen zwischen verschiedenartigen Bereichen, etwa bei einer Wasseroberfläche. Wasser und Luft stoßen unmittelbar aneinander und Spiegelungen – etwa auf der glatten Oberfläche eines Teiches – treten auf. Am deutlichsten tritt aber diese Grenzflächenbildung am Beispiel von Lebewesen in Erscheinung. Bei ihnen liegt nicht nur eine deutliche Abgrenzung ihres Wesens von der Umgebung vor, es besteht auch eine notwendige Trennung zwischen dem Organismus mit seinen eigenen Gesetzmäßigkeiten und der äußeren, anorganischen Natur.

Silber muß als besonderer Repräsentant dieses Grenzbildungsprinzips betrachtet werden. Dadurch ist es mit Kräften verwandt, die in der frühen Kindheit wirksam sind. Während des Heranwachsens tut der junge Mensch nichts anderes, als sich unter Wahrung seiner ›Wesenseinheit‹ in die Umgebung auszubreiten. Dabei erfolgt eine fortwährende Neubildung und Verschiebung seiner körperlich-räumlichen Grenzen, wobei das lebendige Wesen mit seiner vollen Aktivität bis ganz an diese Grenzen reicht. Man denke nur an die herrliche körperliche Vitalität des Kindes und seine runden, von innen her expandierenden Formen.

Ganz anders verhält sich das Blei: Es hat einen geringen inneren stofflichen Zusammenhang und ist für äußere Einflüsse anfällig, bildet jedoch keine spiegelnde Oberfläche als Grenze. Statt dessen wird es von einem undurchlässigen Belag umschlossen, der das darunterliegende Metall schützt. Hier offenbart sich eine Verwandtschaft mit der Phase des Alters im menschlichen Lebenslauf. Im alternden Organismus machen sich bestimmte Teile selbständig. Was sich in kräftigem Wachstum entwickelt hat, ist nun dem langsamen Zerfall preisgegeben. Es bilden sich ›Schichten‹, aus denen sich das Leben zurückzieht, die aber noch über lange Zeit hinweg einen gewissen Schutz bieten. Am deutlichsten kann man dies bei der Rindenbildung, bei der Verholzung oder der Verknöcherung wahrnehmen. In solchen ›toten‹ Schichten wird die Vergangenheit bewahrt: der Baum bewahrt sie in seiner Rinde, der Hirsch in seinem Geweih. So wie das Blei jede äußere Einwirkung festhält, so berichten auch die erstarrenden Teile der Pflanzen und des tierischen wie auch menschlichen Organismus von längst vergangenen Zeiten. Die Jahresringe eines Baumes sind dafür das schönste Beispiel; auch bei den Muscheln kann man ähnliches wahrnehmen.

Nachdem bereits so viele verwandte Merkmale herausgearbeitet wurden, bedarf die Beziehung zwischen Silber und Mond sowie zwischen Blei und Saturn eigentlich kaum noch einer Erläuterung. Neben seiner Spiegelkraft gehört zum ›Silberstil‹ des Mondes auch die Eigentümlichkeit, das eigene Wesen zu verbergen. Der Mond ist deshalb so geheimnisvoll, weil die wunderbare, stille Schönheit seiner reflektierenden Oberfläche die Tiefen seines eigenen Wesens verhüllt. Er steht aber auch mit den Kräften der Schwere und der Finsternis in Beziehung. Dies zeigt sich darin, daß dem Verstorbenen in der Mondensphäre das Böse entgegengehalten wird. Die Verstrickung mit der materiellen Welt muß wieder gelöst werden. Unser ›Paket Schlechtigkeit‹ bleibt in der Mondensphäre zurück.

Blei und Saturn folgen deutlich demselben ›Stil‹. Auch die Saturnwelt schließt sich trotz ihrer Empfindsamkeit für Einflüsse von außen von der Umgebung ab. Es handelt sich hier aber um eine ganz andere Art der ›Selbstverhüllung‹ als beim Mond. Beim Blei korrespondiert die Fähigkeit, Eindrücke zu bewahren, mit der ›Erinnerungskraft‹ der Saturnsphäre. Die hemmende, verlangsamende Eigenschaft der Krustenbildung beim Blei, die im Zusammenhang mit dem Alterungsprozeß gesehen werden kann, ist auch für die Saturnbewegung charakteristisch.

Alterskräfte sind Todeskräfte. Im menschlichen Leib offenbaren sich diese Kräfte in der Knochenbildung. Vor allem beim Schädel tritt die Verwandtschaft mit dem Blei hervor: absterbende Materie bildet einen schützenden Mantel. Deshalb bezeichneten die früheren Alchimisten, die noch mit den Geheimnissen der ›Korrespondenzen‹ vertraut waren, das Metall Blei als ›Gevatter Tod‹ und symbolisierten es durch ein menschliches Skelett mit einer Sense in der Hand.

Einige Merkmale, die uns schon vom Silber bekannt sind, finden wir beim *Gold* in einem noch höheren Grade der Vollkommenheit wieder. Gold besitzt überdies eine Eigenschaft, die dem Silber vollständig fehlt. In poliertem Zustand spiegelt es nicht nur seine Umgebung, es strahlt auch sein ganzes Wesen mit nach außen, indem es den auf seiner Oberfläche gespiegelten Bilder einen sonnig-gelblichen Glanz verleiht. Es ist imstande, Licht und Schwere, diese gegensätzlichen Welten, die das Silber trennt, zu vereinen.

Gold ist einer der schwersten auf der Erde bekannten Stoffe. Sein spezifisches Gewicht beträgt 19 g/cm³ und ist damit doppelt so groß wie das des Silbers mit 10,5 g/cm³. Es zeigt keinerlei Reaktionsbereitschaft mit anderen Stoffen, sofern sie seiner natürlichen Umgebung angehören. Seine Leitfähigkeit für Wärme und Elektrizität ist enorm. So wie es seine Selbständigkeit bewahrt, ohne – wie das Silber – das eigene Wesen zu verbergen, erscheint es, von innen heraus leuchtend und seine eigene Farbe nach außen sendend, mit dem Licht verwandt. So präsentiert es sich zwar auf ›gefühlvolle‹, zugleich aber auf königliche Weise – im ›Stil‹ der Sonne, könnte man sagen.

Seine stoffliche Struktur ist außergewöhnlich stabil. Damit übertrifft es bei weitem das Silber, obwohl dessen Dehnbarkeit schon eindrucksvoll genug ist. Man kann Gold zwanzigmal dünner auswalzen als Silber – bis zu einer Stärke von 0,00014 mm. Golddraht kann bis zu einem Durchmesser von ¹/₅₀₀ mm gezogen werden, so daß ihn das bloße Auge nicht mehr wahrnehmen kann. Von der Sonne beschienen, erkennt man ihn nur noch als unstoffliches Leuchten. Diese außergewöhnlichen Eigenschaften deuten darauf hin, daß Gold einerseits durch seine Schwere und seine Metallnatur vollkommen den Erdkräften zugewandt ist, während ihm andererseits durch seine Leuchtkraft und seine fast unbegrenzte Dehnbarkeit eine starke Verwandtschaft mit dem Licht innewohnt. Bei intensiver Erhitzung beginnt Gold sogar, von selbst zu leuchten. In flüssigem Zustand zeigt es einen hellgrünen, nur im Dunkeln gut erkennbaren Schimmer.

Im Gold ist der große Gegensatz zwischen Licht und Schwere bzw. Materie aufgehoben und in Harmonie gebracht. Die Begegnung dieser polaren Kräfte kann man fortwährend auf der Erdoberfläche wahrnehmen. Das Sonnenlicht zaubert, wenn es die Erde bescheint, die vielfältigsten Farben hervor. Darauf antwortet die Erde mit der Entfaltung des Lebens. Die Sonne verbindet sich liebevoll mit der Erde, die ihre dunkle Materie zum Licht emporhebt. Bei dieser Begegnung entsteht eine strahlende Mitte, nämlich die der blühenden Pflanzenwelt. Die Erde selbst entwickelt Goldcharakter; sie versucht, die Sonne nachzuahmen, indem sie Licht von außen empfängt, es spiegelt und zugleich das eigene Wesen leuchtend offenbart.

Eisen und *Kupfer* bilden aufgrund der Korrespondenzen mit Mars und Venus, die der Sonnensphäre unmittelbar benachbart sind, die innerste Polarität in der Siebenheit der Planeten (vgl. Skizze S. 66).

Auffallend ist beim Eisen, daß es in bestimmten Zuständen eine besondere Eignung für die technische Nutzung im Werkzeug- und Maschinenbau besitzt. Es hat die Eigenschaft, in Verbindung mit bestimmten Stoffen aufgrund der Festigkeit seiner inneren Struktur und einer bestimmten, ihm verliehenen Form mit einer gewissen Gewalt auf seine Umgebung einzuwirken. Beim Gold beruht die unerhörte Kraft seines strukturellen Zusammenhangs auf der Fähigkeit, sich mechanischen Einflüssen – wie hämmern, walzen oder ziehen – zu fügen. Beim Eisen erfolgt dagegen eine Abwehrhaltung, bei der sich die geballte Kraft, die von außen einwirkt, wieder zurück in die Umgebung richtet.

Angesichts dieser Selbsterhaltungskraft ist es auffallend, daß Eisen schneller und vollständiger als jedes andere Schwermetall rostet. Atmosphärische und chemische Einflüsse kann es nicht abwehren, wohl aber mechanische. Vergleichen wir es mit dem Blei, so zeigt sich ein unmittelbarer Gegensatz. Blei schützt sich gegen chemische und atmosphärische Einwirkungen, indem es sich mit einer undurchdringlichen Schicht überzieht. Während es aber jedem mechanischen Druck nachgibt, begegnet ihm das Eisen mit dem größtmöglichen Widerstand.

Die starke Rostbildung des Eisens deutet auf seine enge Verbindung mit der irdischen Stofflichkeit hin. Das stark glänzende und innerlich so kräftige Metall zerfällt zu einer rötlich-braunen amorphen Masse, die bald zerbröckelt und vom Erdboden aufgenommen wird.

Eine Besonderheit des Eisens ist sein Magnetismus. Sobald ein Stück Eisen magnetisiert wird, bildet es zwei Pole und erscheint damit als Abbild der Erde. Die Verwandtschaft mit der Erde zeigt sich auch in seiner Eignung, die irdisch-materielle Welt zu bearbeiten und zu beherrschen. Charakteristisch ist auch seine phänomenale Zug- und Spannkraft. Man nutzt sie bei technischen Konstruktionen, um große Abstände zu überwinden. Die gigantischen Stahlbögen der Brücken mit ihrer weit ausgreifenden, mächtigen Bewegung ähneln dem Bild der eindrucksvoll geschwungenen Bahnen der Meteore am Himmel, die aus kosmischem Eisen bestehen; ebenso erinnern sie an die weit ausholende Gebärde, mit der der Planet Mars sich am Himmel bewegt.

Bei der vorangegangenen Betrachtung der Marssphäre wurde bereits auf die Beziehung dieses Planeten zum Weltenwort verwiesen. Für den Mars ist aber auch die nach außen strebende Kraft und die Gewaltsamkeit in Form von Kampf und Eroberung typisch. Der ›Marsstil‹, der sich im Eisen so deutlich ausspricht, ruft – ähnlich wie die Technik unserer Zeit – den Eindruck von Größe und Allmacht hervor. Wer einmal unter dem Pariser Eiffelturm stand und emporschaute, kann dies nachvollziehen.

Auch im menschlichen Organismus erfüllt Eisen eine besondere Aufgabe. Es ist im Hämoglobin, dem Farbstoff der roten Blutkörperchen, enthalten. Bei der Einatmung wird Sauerstoff ins Blut aufgenommen. Der Sauerstoff wird durch das Eisen gebunden und über die Blutbahn mit großer Geschwindigkeit und Kraft bis in die entlegensten Bereiche des Körpers transportiert. Den Verbrauch von Sauerstoff nennt man gewöhnlich ›Verbrennung‹. Dieser Verbrennungsvorgang, bei dem das Eisen eine zentrale Bedeutung hat, wirkt wie ein sich immerfort erneuernder Jungbrunnen, der Leben und Energie spendet. Ebenso wie in unserem Leib ist Eisen auch in der uns umgebenden Natur allgegenwärtig.

Eisen vermittelt jedoch nicht nur Kraft und Lebensenergie, es kann auch eine heilende Wirkung entfalten. Dabei ist bemerkenswert, daß von ihm im Gegensatz zu anderen Schwermetallen keine Giftwirkung ausgeht. Es kann sogar dazu dienen, giftige Stoffe unschädlich zu machen.

Beim *Kupfer* beeindruckt uns als hervortretendes Merkmal weniger seine Kraft als seine Schönheit. Ähnlich dem Gold, das das von ihm gespiegelte Bild in seinem eigenen farbigen Glanz erstrahlen läßt – was in extremem Widerspruch zum lichtabwehrenden Charakter seiner Metallnatur steht – entfaltet auch Kupfer eine intensive eigene Farbigkeit, die in einem bestimmten Licht zu einem feurigen, gelbroten Glanz aufleuchten kann. Auch in den Verbindungen von Kupfer mit anderen Stoffen treten, insbesondere bei Erhitzung, intensive und vielfältige Farbphänomene auf.

Was seine übrigen Eigenschaften anbelangt, weist Kupfer eine große Ähnlichkeit mit Gold und Silber auf. Es besitzt eine hervorragende Leitfähigkeit und läßt sich auch in kaltem Zustand gut bearbeiten und modellieren. Kupfer wird häufig für elektrische Leitungen verwendet. Es hat den Vorzug, daß es große elektrische Spannungsdifferenzen und Wärmeunterschiede sofort ausgleichen kann. Daher eignet es sich besonders für Leitungen, die extremen Temperaturschwankungen ausgesetzt sind, wie auch für Kochtöpfe und Kessel. In der Technik wird es häufig in Verbindung mit Eisen verwendet. Das schönste Beispiel dafür ist der Elektromagnet, bei dem ein Eisenkern mit isoliertem Kupferdraht umwickelt ist. Leitet man elektrischen Strom durch diesen Draht, wird das Eisen stark magnetisch. Das Kupfer leitet die Spannung, d.h. es bemüht sich darum, sie auszugleichen, während das Eisen in einen inneren magnetischen Spannungzustand versetzt wird. Kupfer und Eisen verhalten sich zwar entgegengesetzt, ergänzen sich aber in gewissem Sinne, wie es bei männlichem und weiblichem Prinzip geschieht.

Kupfer wird mit dem Planeten Venus in Verbindung gebracht.

Zum ›Venusstil‹ des Kupfers gehört nicht nur das Hervortreten seiner Schönheit. Sein Glanz erscheint zwar weniger edel als der des Goldes, dafür tritt er kräftiger und unmittelbarer hervor. Dem Venus-Kupfer wohnt große Kraft und vor allem Zähigkeit inne. Hinter seiner aufdringlichen äußeren Erscheinung verbirgt sich mit der besonderen Leitfähigkeit aber die Möglichkeit, Gegensätze auszugleichen und auszubalancieren. Es erfüllt also auch eine dienende Rolle. Eisen und Kupfer sind beide ›nach außen gekehrt‹. Im Gegensatz zum Silber verbergen sie nicht etwa ihre Natur, vielmehr streben sie eine Entfaltung des eigenen Wesens an: Eisen (Mars) durch Demonstration von Kraft, Kupfer (Venus) dagegen durch seine Schönheit und Farbigkeit.

Zuletzt wenden wir uns nun der Polarität von Quecksilber und Zinn zu. Diese Metalle stehen mit dem Merkur beziehungsweise dem Jupiter in Verbindung.

Eine Eigentümlichkeit des *Quecksilbers* besteht darin, daß es gewöhnlich in flüssiger Form vorliegt, in der es sofort den Eindruck von Beweglichkeit vermittelt, die aber merkwürdigerweise mit einer beträchtlichen Schwere verbunden ist. Quecksilber ist farblos und ebenso wie Silber unempfindlich für atmosphärische oder chemische Einwirkungen. Es besitzt jedoch eine weitaus geringere Spiegelkraft. Seine Oberfläche ist so beschaffen, daß Staub und Schmutz leicht daran haften. Auffallend ist seine Neigung zur Tropfenbildung. Jeder kennt das Verhalten von kleinen Quecksilberkügelchen, die auseinanderspringen und wieder ineinanderfließen. Quecksilber lädt unentwegt zum Spielen ein. Es weicht aus und gibt nach, läßt sich leicht auseinandertreiben, hält nie an einer Form oder an einem Ort fest und reagiert auf alle Einflüsse von außen. Trotz seiner Schwere und seines Metallcharakters zeigt es keinerlei Erdverbundenheit. Es rostet nicht, sondern verdampft.

Aufgrund seiner Ähnlichkeit mit dem Silber würde man vom Quecksilber erwarten, daß es eine geschlossene und undurchlässige Oberfläche bildet. Grundsätzlich trifft dies zwar zu, doch schon bei geringer Erhitzung schlüpft es durch seine eigene Oberfläche, verflüchtigt sich und verschwindet damit aus dem Blick. Bei Abkühlung schlüpft es wieder in seine Tropfenform zurück. Es bringt andere Metalle – mit Ausnahme des Eisens – dazu, sich in ihm aufzulösen. Da es selbst keine starren Grenzen kennt, kann es auch andere Stoffe dazu bewegen, ihre feste Form und Abgeschlossenheit aufzugeben. In der Technik findet Quecksilber die vielfältigste Verwendung, z.B. als Quecksilbersäule im Thermometer und Barometer.

Während Quecksilber eine bestimmte Ähnlichkeit mit Silber aufweist, ist *Zinn* eher mit dem Blei vergleichbar. Zinn besitzt jedoch in poliertem Zustand eine stärkere Reflektionsfähigkeit und behält auch seinen Glanz länger bei. Es ist äußerst widerstandsfähig gegenüber chemischen Einwirkungen, nimmt aber, wenn es längere Zeit der Luft ausgesetzt ist, eine mattgraue Färbung an.

Zinn ist ziemlich weich, jedoch nicht ganz so weich wie Blei. Biegt man einen Stab aus Zinn, wird er zwar nicht zerbrechen, er zeigt aber seinen Protest gegen die Verformung durch ein leises Knacken und Knistern. Bei eingehender Untersuchung zeigt sich, daß es im Gegensatz zum Blei trotz seiner Biegsamkeit eine kristalline Struktur besitzt, in der starke Formkräfte zum Ausdruck kommen. Man kann diese sichtbar machen, indem man die Oberfläche eines verzinnten Blechs (Weißblech) mit Königswasser, einer Mischung aus Salzsäure und Salpetersäure, behandelt. Wenn die äußere Schicht weggeätzt wird, erscheinen zarte, funkelnde Kristalle, die an Eisblumen erinnern. Beim heute verwendeten Weißblech ist die Zinnschicht jedoch meist zu dünn, um dieses Phänomen hervorzurufen. Das äußere Erscheinungsbild des Zinns ist weniger auffällig; im Innern ist es aber besonders fein strukturiert und durch seinen Kristallcharakter dem Licht verwandt. Es läßt aber keinerlei Farben entstehen, wie man es vom Kupfer kennt.

Zinn hat einen noch niedrigeren Schmelzpunkt als Blei und läßt sich leicht in eine Form gießen, wie es beim Herstellen von Zinnsoldaten geschieht. Früher verwendete man viele Gebrauchsgegenstände, die aus diesem Metall hergestellt waren. In Holland wurde kaum ein Stilleben gemalt, auf dem nicht Teller, Kännchen oder Becher aus Zinn zu sehen wären. Es eignet sich vor allem zur Herstellung von

Eßgeschirr, weil es nicht nur völlig ungiftig ist, sondern auch resistent gegenüber flüssigen oder eine Flüssigkeit enthaltenden Stoffen wie etwa Nahrungsmittel. Als Material für Kochtöpfe ist es aber wegen seines niedrigen Schmelzpunktes aber ungeeignet.

Zinn läßt sich zu einer sehr dünnen Schicht ausgießen und verbindet sich leicht mit der Oberfläche anderer Metalle. Der größte Teil der heutigen Zinnproduktion ist für die Fabrikation von Weißblech bestimmt, einem unentbehrlichen Artikel in unserer Konservierungs- und Konsumgesellschaft. Zinn verfügt über die Fähigkeit, die Grenze zwischen Flüssigkeit und festem Stoff (Metall) zu wahren. Es zeigt somit die entgegengesetzte Wirkung des Quecksilbers, das Grenzen aufzulösen und zu verwischen vermag. Unter seiner zähen, glatten Haut verbirgt sich eine feingliedrige Struktur. Alles zeugt hier von Ordnung durch Abgrenzung und Differenzierung.

Es liegt auf der Hand, daß Quecksilber entsprechend seinem beweglichen Charakter mit dem Planeten Merkur in Verbindung steht. In den romanischen Sprachen trägt dieses Metall sogar den Namen des Planeten und heißt dort französisch ›mercure‹ oder italienisch ›mercurio‹. Für die Alchimisten stand dieser Name auch für das Prinzip der Auflösung, bei der eine Verbindung unterschiedlicher Stoffe durch das Überwinden alles Trennenden zustande kommt, um eine Wechselwirkung durch Zirkulation und Vermischung zu ermöglichen. In der Natur wird dieses Merkurprinzip am deutlichsten vom Wasser repräsentiert. Die Einseitigkeit dieses Prinzips, die in seiner Neigung zur Verflachung und Formlosigkeit hervortritt, findet sein Gegengewicht im polar entgegengesetzten Prinzip des Jupiter, dem das Zinn entspricht. Dieses hat mit Ordnung und differenzierter Schichtenbildung zu tun, der wir überall in der Natur begegnen. Wir erkennen darin die allumfassende Weisheit wieder, die als Weltengedanken aus der erhabenen Sphäre des Planeten Jupiter waltet.

Nach diesen Ausführungen über die Korrelation zwischen den sieben Planeten und den sieben Metallen können wir unserem Schema (siehe S. 64) neue Stichworte hinzufügen:

Mond	Spiegelung	*Verhüllung*
Merkur	Beweglichkeit	*Auflösung*
Venus	Liebe	*Schönheit*
Sonne	Harmonie	*verhaltene Königlichkeit*
Mars	Sprache	*Kraft*
Jupiter	Gedanke	*Ordnung, Struktur*
Saturn	Gedächtnis	*Todeskraft*

Die Wirkung der Planeten im menschlichen Organismus

Zur Vervollständigung dieser Betrachtung müssen wir noch einige wichtige Gesichtspunkte ergänzen, die die Wirkung der Planeten im menschlichen Organismus betreffen. Dies ist ein sehr umfassendes Thema, und ein wirkliches Verständnis der dort herrschenden Verhältnisse und Zusammenhänge erfordert ausführliche Kenntnisse des menschlichen Körpers und der sich darin abspielenden physiologischen Prozesse.

Einen Ausgangspunkt für die Erforschung der Planetenprozesse in der menschlichen Organisation findet man in einer Vortragsreihe, die Rudolf Steiner 1911 in Prag gehalten hat und unter dem Titel *Eine okkulte Physiologie*[37] veröffentlicht wurde. Insbesondere im achten Vortrag spricht er von der Beziehung der sieben Planeten mit den Lebensprozessen sowie mit den entsprechenden menschlichen Organen. In diesem Zusammenhang erwähnt er auch die hier in Betracht kommenden Planeten. Er spricht dabei sogar von einem ›inneren menschlichen Weltsystem‹ von sieben Organen, das eine exakte mikrokosmische Übereinstimmung mit unserem Sonnensystem aufweist.

Um dies in der richtigen Weise zu verstehn, muß man weniger die stofflich sichtbaren Organe als vielmehr das ›Kräftesystem‹ oder den organischen Prozeß betrachten, der sich in jedem dieser Organe verwirklicht. Nachdem wir bereits versucht haben, die Planeten als Wirkungssphären zu betrachten, die durch die Umlaufbahn des äußerlich sichtbaren Himmelskörpers begrenzt werden, wollen wir nun das Verhältnis zwischen Prozeß und Organ im menschlichen Organismus in derselben Weise betrachten. Dort, wo das Organ in die Sichtbarkeit tritt, endet die Wirkungssphäre des betreffenden Prozesses.

Das Verhältnis zwischen Planetenwirkung und physiologischen Prozessen in unserem Körper ist wesentlich komplizierter und weniger vordergründig als bei den anderen Korrespondenzen. Wir haben es hier mit einer zweifachen Wirkung zu tun. Lievegoed spricht in seinem Buch *Der Mensch an der Schwelle* vom inkarnierenden und exkarnierenden Aspekt der Planetenwirksamkeit[38] und bringt dies in Verbindung mit der hinabsteigenden Bewegung des menschlichen Seelenwesens (Astralwesen) auf dem Weg zu einer irdischen Inkarnation sowie mit seiner sich von der Erde lösenden Bewegung, wenn es älter wird und schließlich stirbt. Wir wollen die wichtigsten Gesichtspunkte nun in knapper Form zusammenfassen und dabei ebenso wie bei den Metallen eine paarweise Zuordnung vornehmen, bei der die Sonnenwirksamkeit die Mitte bildet.

Die *Saturn*-Wirkung offenbart sich im Menschen als die eigentlich inkarnierende Kraft, die ihn vom Hinterkopf ausgehend nach unten durchstrahlt. Das geistige Ich-Wesen verbindet sich durch die Saturnkraft mit der Materie, was im Skelett, dem toten Endprodukt des inkarnierenden Saturnprozesses, sichtbar wird. Das Ich des Menschen muß sich aus den dynamisch strömenden Welten des Geistes, an denen es vor der Geburt teilhat, zu seiner Reinkarnation auf einen hinabsteigenden Weg begeben und sich eine stoffliche Behausung bilden. Das Ich ›kristallisiert‹ in der räumlich-materiellen Form unseres Knochensystems. Das Skelett ist damit als Abbild des Ich aufzufassen. Durch die Saturnwirkung entsteht die harte, nahezu tote Substanz des Knochengerüsts.

An verschiedenen Stellen im Innern der Knochen finden wir jedoch das sogenannte ›rote Knochenmark‹. Darin kommt die andere Seite des Saturnprozesses zum Ausdruck. Das Knochenmark bildet die roten Blutkörperchen, die ihrer Funktion und Beschaffenheit nach als Träger des Lebens zu betrachten sind. Dieser Prozeß der Blutbildung findet seinen Abschluß in der Milz, wo die roten Blutkörperchen nach einer kurzen Lebensdauer von ungefähr drei Wochen absterben.

Im Unterschied zum Skelett als statisch-räumliches Bild unseres Ich ist das Blut das dynamisch strömende Instrument, durch das sich das Ich im Laufe des irdischen Lebens manifestieren kann und durch das der Mensch sein individuelles Schicksal im Lebenslauf, seine Biographie verwirklichen kann.

Saturn führt einerseits den menschlichen Geist in die Materie, d.h. in den Tod hinein, andererseits aber vermag er den Tod zu überwinden, indem er den Geist aus der starren Hülle des Körpers wie einen Schmetterling aus der Puppe befreit. Saturn ist mit dem Urgrund des Daseins verbunden. Er sorgt dafür, daß der inkarnierende Geist die Verbindung zu seiner geistigen Herkunft nie verliert und daß Leben und Sterben eine unzertrennliche Einheit bilden.

Im Gegensatz zur Saturnwirkung steht die des *Mondes*, die ebenfalls einen doppelten Aspekt aufweist. Der Mondprozeß hat insbesondere mit Wachstum und Fortpflanzung zu tun. In der Zellteilung und bei der Vererbung, also in der ewigen Wiederkehr des Gleichen in einem sich horizontal über die Erde ergießenden Strom, offenbart sich die Wirksamkeit des Mondes. Auch hier ist das sich unaufhörlich ausdehnende Wachstum für den Mondenprozeß kennzeichnend. In unserem Körper findet diese Wirkung ihren Endpunkt in der Haut. So wie die ›vertikale‹ Saturnwirkung dem individuellen Menschenwesen im Innern mit dem Skeletts ein ›Gerüst‹ verschafft, so begrenzt der Mond das ›horizontale‹ erbliche Wesen nach außen durch die ›Hülle‹ seiner Haut.

Die Kraft des Mondes strahlt vom Unterleib her nach innen; sie wirkt auf die Geschlechtsorgane und durchdringt den ganzen Menschen bis in seine Haut hinein. Der anderen Seite des Mondprozesses begegnen wir in der Bildung des Nervensystems und in der dazu gehörenden Funktion, die mit dem Bewußtsein zusammenhängt. Während der Embryonalentwicklung bildet sich das Nervensystem als ein nach innen verlagerter Teil der Haut. In diesem Gewebe, in dem die Lebenskräfte, die zu Wachstum und Gedeihen führen, zurückgedrängt worden sind, findet eine starke Differenzierung statt, die beim Gehirn am ausgeprägtesten hervortritt. Dieses Organ, das die spiegelnden Kräfte des Mondes besitzt, bildet den der Haut entgegengesetzten Endpunkt der Mondenwirkung. Unsere Vorstellungen der uns umgebenden räumlichen Welt kommen uns in Gestalt von Bildern zum Bewußtsein. Diese Spiegelfunktion wird erst durch eine weitgehende Reduzierung der Lebensprozesse möglich. Ähnlich wie das Skelett besteht das Gehirn mit seinen Nervenzellen aus nahezu ›toter‹ Substanz. Das Denken, das in gewissem Sinne an diese toten Nervenzellen gebunden ist, kann zwar sehr klar und präzise sein, vermag aber nicht, sich zur Begeisterung und Kreativität zu erheben. So kommt das intellektuelle abstrakt-logische Denken zustande, das die Grundlage der materialistischen Weltanschauung bildet.

Als nächstes Planetenpaar wollen wir Jupiter und Merkur betrachten. *Jupiter* wirkt genau wie der Saturn von oben herab ins Innere des Menschen, und zwar ausgehend von der plastisch sich wölbenden Stirn. Während Saturn den Geist unmittelbar in die Materie hineinführt und dabei das tote Skelett ausbildet, das zwar starr, aber dennoch erhaben wirkt, modelliert Jupiter als kosmischer Künstler die Form der inneren Organe und vor allem die Muskulatur, die den ganzen Körper überzieht. Das breit dahinströmende Spiel der Formen, Ordnung und Weisheit, die sich in mächtigen Gedankengebäuden kundtun kann, charakterisiert die Jupiterwirkung, in der sich die höchste Offenbarung des Seelenwesens ausspricht. Aber ohne Gegenkräfte würde auch die Jupiterwirkung zu einer gewissen Erstarrung in schönen, harmonischen Formen führen. Der Mensch überwindet diese Erstarrung fortwährend, indem er sich bewegt und seinen Seelenregungen in Gebärden Ausdruck verschafft.

Jupiter modelliert die Muskelsubstanz nicht mit mineralischer Härte wie Saturn das Knochengerüst, sondern auf eine solche Weise, daß ein fester und ein weicherer Zustand abwechselnd auftreten. Zusammenziehen und Entspannen des Muskels werden weniger durch einen mechanischen als durch einen chemischen Prozeß bewirkt, der mit dem Zuckerstoffwechsel zusammenhängt. Dabei wird meist von einem Impuls ausgegangen, der in der Leber seinen Ursprung hat und über das Blut zu den Muskeln gelangt. Richtiger wäre es aber, diesen Vorgang in umgekehrter Weise zu deuten: Durch Muskelbewegung wird der Zucker aus der Leber ›angesaugt‹.

Es handelt sich hier also wiederum um eine doppelte Wirksamkeit, die ihren einen Endpunkt in der plastischen Gestaltung, in der Bildung der Muskeln, findet und den anderen im chemischen Prozeß innerhalb der Leber.

Merkwürdigerweise fehlt der Leber jegliche plastische Durchgestaltung und geordnete Schönheit. Dieses formlos-lappige Organ ist das eigentliche Organ des Jupiter, weil dort seine Wirksamkeit endet.

Auch die Wirkung des *Merkur* äußert sich in der Bewegung, doch ist sie der des Jupiter polar entgegengesetzt. Wo Jupiter wirkt, herrscht Ordnung. Merkur trägt dagegen kein eigenes ordnendes Prinzip in sich. Die von ihm ausgehende Bewegung paßt sich an und wird von den Umständen bestimmt. Im menschlichen Leib drückt sich dieser Prozeß in den Lymphströmen aus, die zwar in die Lymphgefäße münden, die aber ein System bilden, das im Vergleich zum geschlossenen Blutgefäßsystem ein Bild der Offenheit, man könnte fast sagen der Improvisation bietet.

Während unter dem Einfluß des Jupiter Symmetrie als ordnendes Prinzip waltet, liebt Merkur alles Asymmetrische, Komisch-Schiefe; er rettet sich aus jeder Lage, solange alles in Bewegung ist. Die ungeregelten Flüssigkeitsströme im Körpergewebe werden durch die Lymphgefäße schließlich zu einem festen Ziel geführt: zu den Drüsen.

Wie alle anderen Planetenwirkungen enthält auch der Merkurprozeß eine innere Polarität. Seine andere Seite könnte man als Prinzip der Begegnung bezeichnen. Überall, wo verschiedene Bewegungsströme aufeinandertreffen, entsteht etwas Neues. Dies zeigt sich am deutlichsten bei der Verdauung, wenn der Strom gelöster, ›toter‹ chemischer Verdauungsprodukte von den Lymph- und Blutgefäßen durch die Darmzotten aufgesaugt wird und dabei eine Begegnung unterschiedlicher Bewegungsströme stattfindet, aus der neue Substanzen für den menschlichen Organismus entstehen können. Diese Art der Merkurwirkung beinhaltet auch den Aspekt der Heilung, auf den zuvor schon hingewiesen wurde. Die Begegnung entgegengesetzter Kräfte, aus der etwas Neues hervorgeht, hat immer einen heilenden Prozeß zur Folge. Denn Krankheit entsteht dann, wenn ein bestimmter Kräftestrom einen anderen beherrscht. Dann kommt es nicht zu einer Begegnung, sondern zum Kampf.

Wir sehen hier Merkur mit seiner polaren Wirksamkeit in den ungeordneten Flüssigkeitsstrom des Leibes eingreifen, die gerade durch den versöhnenden und erneuernden Charakter jegliche Willkür überwindet. Die Merkurwirkung erreicht dort ihren Endpunkt, wo eine Drüse sozusagen einen ausgesparten Raum im Flüssigkeitskreislauf bildet, nämlich beim eingestülpten doppelten Luftsack der Lunge.

Die *Mars*-Wirksamkeit gibt sich durch ihre nach außen gerichtete Stoßkraft zu erkennen. Sie ist in ihrer Bewegung sehr zielstrebig und unterscheidet sich deutlich von der des Saturn, die ein fixiertes Bild des geistigen Wesens in den Raum hineinprojiziert, und auch von der des Jupiter, die den Muskelapparat in seiner fließend-plastischen Gestalt hervorbringt. Die Marskräfte äußern sich in einem sich ständig wiederholenden Stoßen und Drängen, wie man es beim Aufbrechen der Knospen im Frühjahr beobachten kann. Mars strebt keine Konservierung an. Er neigt viel eher zur Zerstörung, damit etwas Neues entstehen kann.

Die Marskräfte strömen einerseits vom Rücken her in den menschlichen Leib und setzen dort im eisenhaltigen Blut an, dessen Funktionen im menschlichen Organismus wir bereits betrachtet haben. Andererseits dringen sie bis in den Atmungsprozeß vor und finden im menschlichen Sprachvermögen ihren Ausdruck.

Nun ruft die Gewalt der Marskräfte infolge des starken Widerstandes durch das Ich, wenn es sich mit der Erde verbindet, im Körper eine Gegenbewegung hervor. Immer, wenn die zielgerichtete Stoßkraft der Marswirkung gehemmt wird, offenbart sie sich als Klang. Wenn sich ein Pfeil oder ein Speer in die Wand bohrt und seine Kraft dabei abgebremst wird, gibt er einen Ton von sich.

Einer Saite kann man durch Anstreichen oder Anschlagen einen Klang entlocken, wenn ihr die Kraft des Bogens, des Klanghämmerchens oder des zupfenden Fingers Widerstand bietet.

Im Klang wirkt gestaltende Kraft. Dies wird am deutlichsten in den Chladnischen Klangfiguren sichtbar. Sie entstehen, wenn eine Glas- oder Metallplatte, auf der sich trockener Sand befindet, am Rand mit einem Bogen zum Vibrieren gebracht wird und sich die Teilchen auf der Platte zu harmonischen Figuren ordnen.

Dieses substanzordnende Prinzip stammt aus der kosmischen Sphäre des Planeten Mars. Alle chemischen Prozesse folgen kosmischen Klanggesetzen, die sich über die Ätherwelt, in diesem Fall durch den chemischen Äther oder Klangäther, auf der Erde manifestieren. Dieses ordnende Prinzip wird auch bei der Eiweißbildung in der Leber wirksam und hängt mit der ›Stauung‹ zusammen, die der Marsprozeß bei der Bildung der Galle erfährt. Die roten Blutkörperchen bestehen aus eisenhaltigem Hämoglobin. In der Leber wird aus den in der Milz abgestorbenen Blutkörperchen, die durch die Milzader zur Leber geführt werden, die grünlichgelbe Galle gebildet. Die Gallenflüssigkeit, auch Billirubin genannt, kann das Eisen aus dem roten Hämoglobin nicht mehr aufnehmen; es wird zurückgehalten. Durch dieses Zurückhalten und Stauen der Eisen- bzw. Marskräfte sind die eiweißbildenden ›Klangkräfte‹ imstande, als ein zweiter Aspekt der Marswirkung eine wichtige Aufgabe im Körper zu erfüllen. Beim Aufbau lebendiger Organismen ist das Eiweiß von fundamentaler Bedeutung.

Venus entfaltet ihre Qualitäten in Opposition zum Mars und zugleich im Zusammenspiel mit ihm. Um ihre Wirksamkeit zu entdecken, müssen wir in tiefere Schichten der physiologischen Prozesse vordringen. Wo chemische, durch Marskräfte erzeugte Stoffe von den Zellen aufgenommen werden, stoßen wir auf Venuswirksamkeit in der Ernährung und Pflege der Zellen. Venus schafft die Voraussetzungen zur Entfaltung des Lebens. Die Bildung einer Schale oder eines Milieus ist ihre unentbehrliche Aufgabe im Lebenshaushalt des menschlichen Organismus. Man könnte es auch folgendermaßen ausdrücken: Venus hört zu, wenn Mars spricht.

Ein Gespräch zwischen Menschen kann nur fruchtbar sein, wenn alle Gesprächspartner bereit sind, Venus- und Marsqualitäten abwechselnd bei sich selbst wie auch beim anderen zum Zuge kommen zu lassen.

Diese vollkommene Hingabe, die so charakteristisch für die Venuskraft ist, müßte jedoch zu einer störenden Einseitigkeit führen, würde das menschliche Ich nicht auch hier durch Widerstand eine Gegenkraft hervorbringen. Diese manifestiert sich in den Abbau- und Ausscheidungsprozessen, die ihren Endpunkt in den Nieren, dem eigentlichen Venusorgan, finden. In jeder Zelle des Körpers werden die Abfallstoffe aus den aufbauenden Lebensprozessen durch das Nieren-Blasen-System sozusagen abgesaugt und als tote Substanz aus dem Körper entfernt.

Dabei findet etwas Merkwürdiges statt: Durch diese Ausscheidung ›nach unten hin‹ strahlt von den Nieren ausgehend eine Ätherkraft nach oben bis in die Augen und tritt dort als Sehkraft hervor. Der Zusammenhang zwischen Nieren und Augen ist in der Pathologie nicht unbekannt. Bei der späteren Darstellung des seelischen Venustypus wird sich noch zeigen, wie charakteristisch für ihn gerade sein Blick ist.

Zum Abschluß wollen wir auch die *Sonnen*-Wirksamkeit näher betrachten. Die Sonne befindet sich zwischen den äußeren (Saturn, Jupiter und Mars) und den inneren Planeten (Venus, Merkur und Mond) als verbindende und zugleich trennende Mitte. Diese doppelte Funktion hat sie aber auch in bezug auf die einzelnen Planetenpaare. Die Sonne bringt ein Gleichgewicht zustande zwischen der zusammenziehenden Wirkung des Saturn und der ausdehnenden Wirkung des Mondes, zwischen der geordneten Bewegung des Jupiter und dem ungeordneten Gebaren des Merkur. Ähnliches bewirkt sie im Zusammenspiel von Mars und Venus. Dies spiegelt sich im menschlichen Leib im Blutkreislauf mit dem Herzen als Mittelpunkt. Die Sonnenkräfte vermitteln darin ständig zwischen Zentrum und Peripherie: in der Ausstrahlung bis in die entlegensten Bereiche wie auch im Zusammenziehen an einem bestimmten Punkt, der Zusammenfassung und zugleich Keim für etwas Neues ist.

Das Blut tritt an drei verschiedenen Stellen mit der Welt außerhalb des Menschen in Berührung: in den Sinnesorganen mit den Qualitäten der sinnlichen Welt, in der Lunge mit der Luft und in den Stoffwechselorganen mit der Nahrung. Es breitet sich durch ein fein verzweigtes Kapillarsystem bis zur äußersten Peripherie aus, um sich anschließend wieder völlig nach innen zu wenden: Das Blut strömt immer zur Mitte des Herzens und von dort wieder in die Peripherie hinaus. Drei gänzlich verschiedene Bereiche der uns umgebenden Welt nimmt der Mensch dabei in sich auf und verarbeitet sie in seinem Innern, ohne seine Identität zu verlieren.

Über die Bedeutung des Blutes für die irdische Verwirklichung des menschlichen Ich wurde bereits gesprochen. Bei den hier skizzierten Planetenprozessen im menschlichen Körper konnte gezeigt werden, daß das Blut beim Wechsel vom *inkarnierenden* zum *exkarnierenden* Aspekt eine entscheidende Aufgabe erfüllt. Ebenso wurde in jedem einzelnen Fall auf die *Widerstandswirkung* hingewiesen, die das Ich durch seine Verbindung mit der Erde entfalten muß.

Nach diesen Ausführungen über den Zusammenhang zwischen Planeten und körperlichen Prozessen können wir unser Schema durch neue Stichworte ergänzen:

Mond	Spiegelung	Verhüllung	*Reproduktion*
Merkur	Beweglichkeit	Auflösung	*Begegnung*
Venus	Liebe	Schönheit	*›Schale‹-bildend*
Sonne	Harmonie	verhaltene Königlichkeit	*ausbreiten und zusammenziehen*
Mars	Sprache	Kraft	*nach außen stoßend*
Jupiter	Gedanke	Ordnung, Struktur	*plastische Gestaltung*
Saturn	Gedächtnis	Todeskraft	*Urbild*

6. Astrologie und kosmische Psychologie

Nach allem, was wir bisher über den Einfluß der Gestirne auf den Menschen erfahren haben, wäre es naheliegend, unsere ›Planetentypologie‹ als Teilgebiet der Astrologie aufzufassen. Doch trotz einiger Berührungspunkte besteht ein wesentlicher Unterschied zwischen den herkömmlichen Lehren der Astrologie und der hier betrachteten kosmisch orientierten Psychologie. Bevor wir uns genauer mit den sieben Persönlichkeits- oder Seelentypen und ihrer Verbindung mit den Planeten beschäftigen, wollen wir daher die unterschiedlichen Vorgehensweisen gegenüberstellen.

Ursprung und Entwicklung der Astrologie

Die Astrologie hat ihren Ursprung in fernster Vergangenheit, lange vor der Zeitenwende, als sich der Mensch noch besonders eng mit der Sternenwelt verbunden fühlte.[39] Die Sternenkonstellationen am Himmel erschienen ihm als Zeichen einer Schrift, durch die die göttlichen Bewohner der außerirdischen Sphären ihren ordnenden und lenkenden Willen zu erkennen gaben. Alle Bereiche des irdischen Daseins, der Lebenslauf des einzelnen, die menschliche Gemeinschaft wie auch das Geschehen in der Natur, ließen sich durch den Einfluß der Sterne erklären.

Das deutlichste Beispiel dieser innigen Beziehung von Mensch und Kosmos finden wir bei den alten Ägyptern. Jedes Jahr begrüßten sie den Sothisstern (Sirius) bei seinem ersten Erscheinen über dem Horizont und feierten dieses Ereignis. Er kündigte die Nilschwemme an, und die atmosphärischen Zeichen, die seinen Aufgang am Himmel über der Wüste begleiteten, ließen die Priester wissen, wie die kommende Ernte ausfallen würde. Der Sothisstern war der Stern der Göttin Isis, und die Überschwemmung des Nils war eine Göttertat, die sich durch die Zeichen am Himmel kundtat.

Mit der zunehmenden Erdenorientierung des menschlichen Bewußtseins schwand aber die ursprünglich unmittelbare, intuitive Beziehung zu den Sternen. Um 600 v. Chr. entwickelten die babylonisch-chaldäischen Sternkundigen aus der Sternen-*Weisheit* der eingeweihten Priester eine Sternen-*Wissenschaft*. Sie machten Aufzeichnungen der Sternenkonstellationen am Himmel und waren bestrebt, durch Berechnung zu den gleichen Einsichten zu gelangen, wie sie den Priestern noch intuitiv zuteil wurden. Parallel zur Astrologie entstand bei den Völkern Vorderasiens auf der Grundlage neuentwickelter Rechenmethoden die Astronomie.

Es wäre nun zu erwarten gewesen, daß die Astrologie, die ursprünglich aus der Quelle hellseherischer Wahrnehmungen schöpfte, mit dem Schwinden der Mysterienweisheit während der griechisch-römischen Kulturepoche untergehen würde. Doch das Gegenteil geschah. Gerade in hellenistischer Zeit, also in den Jahren um die Geburt Christi, erlebte sie eine neue Blütezeit. Die Menschen verspürten das Bedürfnis, die Weisheit ihrer Vorfahren auf irgendeine Weise zu bewahren. Die alten Götter waren nicht mehr gegenwärtig, man hielt sich aber an die sichtbaren Zeichen ihrer Herrschaft, die man am Sternenhimmel vorfand. Die Astrologen jedoch konnten ohne ihre Rechenkunst, deren Methoden im Laufe der Zeit immer ausführlicher und komplizierter wurden, keine Aussagen mehr treffen. Mit Hilfe von Berechnungen konnten sie tatsächlich ein ›System‹ konstruieren, das einen Ersatz für die ursprünglich lebendige Verbindung mit den wirkenden kosmischen Kräften bildete. Wenn dieses System in bestimmter Hinsicht zutreffende Ergebnisse lieferte, war dies der Tatsache zu verdanken, daß die alten astrologischen Erkenntnisse, auf denen es aufbaute, ursprünglich von höchster spiritueller Weisheit durchdrungen waren.

Die Astrologie als eine Lehre, die von einem unausweichlichen

Einfluß der himmlischen Welt auf das irdische Geschehen ausgeht, mußte in jenem Maße ihre Gültigkeit verlieren, wie der Mensch zur inneren Freiheit gelangte. Man kann diesen Vorgang auch von einer anderen Seite her betrachten:

Der große Wendepunkt in der Entwicklung der Menschheit erfolgte mit der Geburt Christi. Das ›Königreich der Himmel‹, in dem der Mensch seinen Ursprung hat, mit dem Sonnenwesen als Mittelpunkt, das vom Evangelisten Johannes als ›Logos‹ bezeichnet wird, war vor diesem Ereignis von *außen* her wirksam. Mit Hilfe der eingeweihten Priester-Weisen wurde der Fortgang der Menschheit auf der Erde nach göttlichem Willen gelenkt. Damit der Mensch aber seine Freiheit erlangen und sich selbst zum schöpferischen Wesen verwandeln konnte, mußte jenes Reich, das die schöpferischen Kräfte beheimatet, ins Innere des Menschen Einzug halten: »... das Reich Gottes ist inwendig in euch« (Lk 17,21). Der Mensch wird damit vom Joch des Gesetzes befreit, um seine Entwicklung aus freier Einsicht und von der Liebe, d.h. Christuskraft getragen fortzusetzen.

Diese Entwicklung vollzieht sich jedoch nur langsam. Das Gesetzmäßige muß solange in Kraft bleiben, bis es durch die Liebe vollständig verwandelt wurde. In der Astrologie trat anstelle des unmittelbaren, intuitiv zu erlebenden Zusammenhangs von kosmischen Gesetzmäßigkeiten und menschlichem Dasein allmählich ein inzwischen zur Tradition gewordenes System von Berechnungen. Das Horoskop, das die Konstellation der Himmelskörper zum Zeitpunkt der Geburt oder anderer zentraler Ereignisse zugrunde legt, scheint immer weniger mit der Lebenswirklichkeit übereinzustimmen. Dies gilt um so mehr, wenn der Mensch ein mit Aktivität erfülltes und bewußt gestaltetes Leben führt. Aber auch wenn eine Beziehung zwischen Geburtshoroskop und Lebenslauf ganz oder zumindest noch in groben Zügen gegeben scheint, kann der Astrologe, der seine Tabellen heranzieht, um daraus das Wesen und Schicksal eines Menschen zu deuten, die Art dieser Beziehung nicht mehr durchschauen. Ein solches Wissen könnte er sich nur als Eingeweihter erwerben, der seine Erkenntniskräfte im höchsten Grad entwickelt hat.

Ruisbroeck und die mittelalterliche Planetenlehre

Bereits im Mittelalter, als die Astrologie noch in hohem Ansehen stand, stieß sie vereinzelt bereits auf Skepsis und Ablehnung. Der Gedanke, das menschliche Verhalten werde unmittelbar von den Himmelskörpern gelenkt, wurde von dem Mystiker Johannes Ruisbroeck oder auch von Dante nachdrücklich abgelehnt.

Eines der weniger bekannten Werke Ruisbroecks, *Das Buch von den zwölf Beghinen,* enthält interessanterweise eine Planetentypologie, die noch vollständig auf der traditionellen astrologischen Anschauung beruht. Ruisbroeck weist aber ausdrücklich darauf hin, daß sich der Einfluß der Planeten nur auf unsere ›Natur‹ erstrecke. Damit ist der ›niedere Mensch‹ gemeint, man könnte auch sagen die Bereiche der menschlichen Natur, die die höheren Wesensglieder (Geist und Seele) umhüllen: »Die Menschennatur ist in sieben Erscheinungsformen versteckt, die wir bei unserer Geburt von den sieben Planeten empfangen, denen wir in unserem vergänglichen Wesen gleichen. Denn die Planeten bestimmen unsere Natur, aber nicht unseren Geist, der, durch die Gnade sich über die Natur erhebend, aus Gott geboren ist.«[40]

Ruisbroeck gebraucht in diesem Zusammenhang den in der damaligen Zeit üblichen Begriff ›Planetenkinder‹. Abhängig vom Ort und vom Zeitpunkt seiner Geburt, ist der Mensch mit einem bestimmten Tierkreiszeichen verbunden. Im Mittelalter wurden den Menschentypen jedoch nicht die Zeichen des Tierkreises zugeordnet, sondern die Planeten, die in diesen Zeichen dominieren. Menschen, die unter dem Einfluß eines bestimmten Planeten geboren wurden, nannte man ›Kinder‹ dieses Planeten. Man ging damals davon aus, daß sich jeder Planet bei der Erschaffung der Welt in einem bestimmten Tierkreiszeichen befand, das als sein ›Haus‹ bezeichnet wurde. Alle Planeten haben zwei ›Häuser‹, ein Tages- und ein Nachthaus – mit Ausnahme der Sonne und des Mondes, die nur eines besitzen. Wenn sich ein Planet bei der Geburt eines Menschen in einem seiner ›Häuser‹ befindet, übt er – so glaubte man – den stärksten Einfluß aus.

Eine weitere Besonderheit der mittelalterlichen Planetenlehre liegt in ihrer Verbindung mit der antiken Lehre von den Elementen. Seit dem griechischen Altertum wurden die vier Elemente, Feuer, Luft, Wasser und Erde, durch jeweils zwei primäre Eigenschaften charakterisiert: Feuer als warm und trocken, Luft als warm und feucht, Wasser als kalt und feucht und Erde als kalt und trocken. Man betrachtete die Planeten als treibende Kräfte in der aus diesen vier Elementen bestehenden Welt. Daher schrieb man jedem Planeten einige dieser Eigenschaften zu, obwohl sich Ruisbroeck energisch dagegen wendet: »Planeten und Sterne für sich sind allerdings weder warm noch kalt, trocken oder naß, sondern sie teilen ihre Kraft den Geschöpfen auf Erden mit.«[41]

Bei den folgenden Ausführungen wollen wir uns auf die Untersuchungen von P.W.M. Wackers stützen. In seiner Studie *De kosmos bij Ruusbroeck, astrologie en allegorie*[42] hat er von den Planeten mit ihren Eigenschaften und Häusern folgendes Schema erstellt:

Planet	Eigenschaften	Häuser
Saturn	kalt - trocken	Steinbock - Wassermann
Jupiter	warm - feucht	Schütze - Fische
Mars	warm - trocken	Widder - Skorpion
Sonne	warm - trocken	Löwe
Venus	warm - feucht	Stier - Waage
Merkur	kalt - trocken	Zwillinge - Jungfrau
	kalt - feucht	
Mond	warm - feucht	Krebs

Bemerkenswert ist dabei der wechselnde Einfluß des beweglichen Merkur; ihm werden zwei Eigenschaftspaare zugeordnet.

Aus der Darstellung der Planeten und der Planetenkinder bei Ruisbroeck sollen hier nur einige interessante Gesichtspunkte herausgegriffen werden, die einerseits die markanten Unterschiede zwischen der traditionellen Astrologie und unserer hier vertretenen Auffassung einer kosmisch orientierten Psychologie verdeutlichen, andererseits aber auch überraschende Parallelen aufweisen.

Auffallend in Ruisbroecks Betrachtung ist zunächst das Fehlen des Mondentypus. Die übrigen Typen werden in Anlehnung an die traditionelle Vorstellung von den Planeten recht unterschiedlich bewertet. Saturn galt von jeher als ›Unglücksplanet‹; auch Mars wird nicht gerade vorteilhaft dargestellt. Jupiter, Sonne, Venus und Merkur werden dagegen grundsätzlich sehr positiv betrachtet. Das Charakteristikum der ›Merkurkinder‹ stimmt beispielsweise vollkommen mit dem Charakterbild unserer erneuerten Planetenlehre überein. In der Typisierung der Saturn- und Marskinder, deren Veranlagung nach Ruisbroeck negative Eigenschaften wie Eigenliebe, Eifersucht, Unversöhnlichkeit und Hochmut beinhaltet, fehlen jedoch die positiven Eigenschaften als Gegengewicht.

Ruisbroeck betont mehrfach, daß sich die Veranlagung, die vom Einfluß der Planeten ausgeht, ausschließlich auf die menschliche ›Natur‹ bezieht und daß das geistige Leben des Menschen dadurch in keinerlei Hinsicht beeinflußt werde. Als Beispiel führt er an, wie sich auch der Saturnmensch dem Göttlichen zuwenden könne, indem er seine saturnische Natur bekämpfe. Durch die richtige geistige Haltung könne auch er der göttlichen Gnade teilhaftig werden.

Die Jupiter-, Venus- und Merkurtypen warnt er dagegen vor der Gefahr, aufgrund ihrer günstigen Veranlagung in der natürlichen, d.h. in der vergänglichen Welt gefangen zu bleiben. Sie müßten sich ebenso wie die weniger begünstigten Planetenkinder von ihren Anlagen freimachen, um ein geistig erfülltes Leben zu erreichen. Durch diesen Prozeß würden ihre typenbezogenen Eigenschaften veredelt und geheiligt. Für den Jupitertyp bestehe die Gefahr darin, daß er durch seine angeborene positive Ausstrahlung geneigt sei, Reichtum und Ansehen nachzujagen. Für den Venustyp zeigt sie sich eher im Bereich irdischer Genüsse, wobei man nicht nur an erotische Freuden, sondern auch an Gaumenfreuden denken muß.

›Sonnenkinder‹, die auch für alles Geistige eine große Begabung mitbringen, benötigen offensichtlich keine mahnenden Worte; sie werden in Ruisbroecks Abhandlung nicht erwähnt.

In seiner Schrift *Das Buch von den zwölf Beghinen* wendet sich Ruisbroeck als Mystiker eindeutig an die Menschen, die ein religiöses Leben anstreben. Er deutet ihnen den Weg, um aus der von Sternengesetzen beherrschten Gebundenheit durch eigene Willensanstrengung – also in Freiheit – die Gnade Gottes zu erlangen.

Man könnte dabei in gewissem Sinne von einer Durchchristlichung der Astrologie sprechen. Geert Groote (1305–1340) dagegen, der Begründer der ›Bruderschaft vom gemeinsamen Leben‹, mißbilligte trotz seiner tiefen Verehrung für Johannes Ruisbroeck dessen Werk *Das Buch von den zwölf Beghinen* wegen der unchristlichen Gesinnung, die er in den astrologischen Passagen zu verspüren glaubte.

Der Wandel im Verhältnis des Menschen zum Kosmos

In einem Vortrag vom 6. Januar 1924[43] gibt Rudolf Steiner einige besonders interessante Hinweise für die sich wandelnde Bedeutung der Astrologie. Durch seine geistige Forschung war er in der Lage, historische Ereignisse zu beschreiben, die in den äußeren historischen Quellen nicht verzeichnet sind.

Während der zweiten Hälfte des 15. Jahrhunderts verzichtete eine kleine Gruppe von Menschen bewußt auf kosmische Erkenntnisse, die in der Astrologie durch viele Jahrhunderte noch nachgewirkt hatten. Während einer feierlichen Zusammenkunft, die kultischen Charakter trug, opferten sie diese spirituellen Erkenntniskräfte aus der Vergangenheit, um zur geistigen Freiheit gelangen zu können.

Das Opfer dieser Menschen, die Steiner nicht als ›Wissende‹ bezeichnet, sondern als ›Persönlichkeiten, die mit der geistigen Welt in Verbindung standen‹, wurde von geistigen Wesen angenommen. Dadurch konnten sie bis ins 19. Jahrhundert hinein inspirierend auf einzelne Menschen einwirken, die inmitten des um sich greifenden Materialismus noch eine Art natürlicher Weisheit besaßen. Aus Steiners Autobiographie *Mein Lebensgang*[44] wissen wir, daß er in seinen jungen Jahren selbst einmal einer solchen Persönlichkeit begegnete, nämlich dem Kräutersammler Felix Koguzki.

Ungeachtet dieser bemerkenswerten Verzichtleistung einer Gruppe früher Rosenkreuzer[45] ist es heute durchaus wünschenswert, nach einem neuen Verhältnis zu den kosmischen Welten und nach ihrem Zusammenhang mit dem menschlichen Wesen zu suchen. Unsere Zeit drängt danach, diese Fragen mit klarem Bewußtsein zu durchdringen. Gegenwärtig erleben wir einen unvorstellbaren Aufschwung ›okkulter Wissenschaften‹, die dem Menschen eine Fülle von ›geheimem Wissen‹ vermitteln, das aber ohne eine methodische Bewußtseinsschulung zugänglich gemacht wird. Dies führt zu größter Verwirrung, Widersprüchlichkeit und auch zu einer durch Sensationslust hervorgerufenen Unwahrhaftigkeit. Daneben verschaffen sich immer neue Methoden der Psychotherapie Geltung, die einen neuen Einblick in den lebendigen Zusammenhang zwischen Kosmos und Mensch notwendig machen.

In diesem neu zu schaffenden Verhältnis zu den kosmischen Welten spielt der Reinkarnationsgedanke eine wesentliche Rolle. Thorwald Dethlefsen, der in seinem Buch *Schicksal als Chance* auch über ›Astrologie auf dem Boden der Reinkarnation‹ spricht, schreibt dazu folgendes: »Bei der Geburt kommt nicht irgend ein ›unbeschriebenes Blatt‹ auf die Welt, d.h. eine Seele, rein und jungfräulich, wie wir uns Kinder vorstellen, lediglich abhängig von der Gunst ihrer Geburtsminute. Blenden wir in der Biographie einer Seele zurück, so hat diese eine sehr lange Kette von Erdenleben hinter sich. In jedem Leben wurde sie mit einem bestimmten Lehrplan konfrontiert, den sie mehr oder weniger gut und vollständig einlöste.«[46] Etwas später folgert Dethlefsen sehr treffend, daß die Astrologie fundamental »mit der Lehre der Reinkarnation verbunden ist. Ohne Bezug auf die Reinkarnation ist die Astrologie ein unhaltbarer Nonsens, denn kein Astrologe kann bei Leugnung der Reinkarnation eine befriedigende Antwort auf die Frage geben, warum der eine Mensch dieses und der andere Mensch jenes Horoskop habe. Das Horoskop würde zu einem Produkt des Zufalls oder der Willkür des Schicksals. Doch wenn ich mit der Zufälligkeit und der Willkür des Schicksals arbeite, wird die Beschäftigung mit der Astrologie sinnlos, denn dann kann man mit ihr lediglich die Gesetzmäßigkeit der Willkür berechnen.«[47]
Zunächst müssen wir nun einen geeigneten Weg finden, um solch ein neues Verhältnis des Menschen zum Kosmos zu verwirklichen. Denn um der Astrologie einen wirklichen Sinn zu verleihen oder sie zu einer neuen ›kosmischen Psychologie‹ zu verwandeln, wird es gewiß nicht ausreichen, die Reinkarnationslehre nur zu postulie-

ren. Auch der oben zitierte Thorwald Dethlefsen spricht von der Notwendigkeit einer esoterischen Ausrichtung des Denkens, um sich den tieferen Fragen des Lebens – und dazu gehört gewiß alles, was mit den kosmischen Einflüssen auf den Menschen zusammenhängt – auf eine zeitgemäße Weise zu nähern.

Mit den geisteswissenschaftlichen Untersuchungen Rudolf Steiners wurden bei der Betrachtung des Seelengebiets bzw. der astralen Welt (siehe Kapitel 3) bereits die Ergebnisse einer esoterischen oder spirituellen Wissenschaft herangezogen, deren Offenbarungen durch intuitive Erkenntnismethoden gewonnen wurden, die der Bewußtseinsverfassung des heutigen Menschen angemessen sind. Obwohl die dabei gewonnenen Resultate mit der gewöhnlichen Wahrnehmung nicht unmittelbar nachzuprüfen sind, lassen sie sich durch eigene Beobachtungen, durch Nachdenken und Einfühlungsvermögen nachvollziehen und finden ihre Bestätigung häufig darin, daß andere Forschungen unabhängig davon vergleichbare Erkenntnisse hervorgebracht haben.

Eine erneuerte bzw. verwandelte Astrologie kann es selbstverständlich nur dann geben, wenn ein realer Zusammenhang zwischen dem Zeitpunkt der Geburt und der Konstellation am Himmel in einem bestimmten Augenblick und an einem bestimmten geographischen Ort besteht. Rudolf Steiner läßt keinen Zweifel daran, daß eine solche Beziehung tatsächlich existiert, daß aber ihr Kräftespiel weder im Sinne einer unveränderbaren Notwendigkeit den Lebenslauf des Menschen bestimmt noch aufgrund von Berechnungen ›entziffert‹ werden kann.

Wie läßt sich dieser kosmische Einfluß auf den Menschen nun aber aus der Perspektive der anthroposophischen Erkenntnislehre begreifen? Im folgenden wollen wir versuchen, darauf eine Antwort zu finden.

Die viergliederige ›Struktur‹ des Menschen (siehe Kapitel 2) ist im Laufe von langen kosmischen Entwicklungsphasen durch das Wirken höherer geistiger Wesenheiten entstanden. Würden diese auch heute noch in das irdische Dasein eingreifen, könnte der Mensch niemals zur Freiheit gelangen; er würde in jedem Augenblick seines

Lebens ihrem Willen unterworfen sein. Da es aber in der Absicht dieser geistigen Wesen lag, den Menschen in die Freiheit zu führen, haben sie sich aus der sichtbaren Welt zurückgezogen und der menschlichen Individualität die Möglichkeit gegeben, fortan ›auf eigenen Beinen zu stehen‹.

Die Natur, wie wir sie um uns herum wahrnehmen – und dazu gehört auch das Himmelsgewölbe mit den Planeten und Milliarden von Sternen –, präsentiert sich in unserer heutigen Zeit nur noch als *Abbild* und nicht mehr als unmittelbare *Wirkungsstätte* der schaffenden kosmischen Mächte. Rudolf Steiner nennt diesen Bereich der Welt die »Werk-Welt«,[48] die zum *Abbild* dessen geworden ist, was einst Wirksamkeit und in fernster Vergangenheit Offenbarung und göttlich-geistige Wesenhaftigkeit war. Erst in dieser Werk-Welt kann das menschliche Ich seine Freiheit verwirklichen.

Gewöhnlich erlebt der Mensch erst nach seinem Tod die unmittelbare Gegenwart und Wirkungskraft der göttlich-geistigen Wesen bzw. der himmlischen Hierarchien. Doch auch schon während seines Erdendaseins vermag er zu solchen Erfahrungen zu gelangen, wenn er durch Schulung oder auf andere Weise höhere Bewußtseinsstufen entwickeln konnte.

Zwischen Tod und neuer Geburt macht der geistige Teil des Menschen seine Wanderung durch die kosmischen Welten (vgl. Kapitel 3 und 4), bei der er vollkommen den geistigen Sphären angehört. Dabei bildet sich aus den Früchten des vorangegangenen irdischen Daseins das Karma oder Schicksal für das kommende Erdenleben. Diese Karmabildung gehört zur Aufgabe von Wesenheiten, die höheren geistigen Hierarchien angehören. Auch der Mensch wirkt als geistiges Wesen bei seiner eigenen Karmagestaltung mit. Bei seiner Rückkehr auf die Erde versucht er, die ›Sternenschrift‹ mit seinem beginnenden irdischen Leben in Einklang zu bringen. In früheren Zeiten war es nicht nötig, eine solche Übereinstimmung anzustreben. Damals, als der Götterwillen noch unmittelbar in den kosmischen Vorgängen zum Ausdruck kam, war ein solcher Einklang von vornherein gegeben. In unserer Zeit ist die Signatur der Sterne nur noch eine *Erinnerung* an die schöpferische Tätigkeit des Göttlich-Geistigen im Kosmos. Inzwischen trägt der Mensch selbst die Kraft in sich, um mit seinem geistigen Ursprung in Verbindung zu treten.

Diese Verbindung findet darin ihren Ausdruck, daß der Stand der Sterne im Augenblick der Geburt das mitgebrachte Schicksal anzeigt. Die Situation am Himmel wird – nach Rudolf Steiner – sogar in das weiche Gehirnorgan des Neugeborenen eingeprägt, ähnlich wie bei einer Fotografie das Bild auf einer Platte oder Filmrolle festgehalten wird.[49]

Gerade weil es sich bei den Sternenkonstellationen nur noch um Abbilder handelt, geht von ihnen keinerlei Zwang mehr auf den Menschen aus. Er wird in seinem Handeln freigelassen. Daher kann das Geburtshoroskop auch keine Richtlinie für das künftige Leben enthalten, deren Sinn man nicht ergründen kann und die einem den Mut und die Unbefangenheit nehmen könnte, sein Schicksal selbst in die Hand zu nehmen. Doch welche Bedeutung kann dem Horoskop in der Gegenwart dann überhaupt noch zukommen?

Von der Freiheit, die sich der Mensch erworben hat, kann er auf vielerlei Weise Gebrauch machen. Dabei wollen wir drei Möglichkeiten unterscheiden:

Einmal gibt es Menschen, die sich zunehmend von ihrem geistigen Ursprung lösen, indem sie die Welt und sich selbst als Resultat physisch-materieller Kräfte zu erklären versuchen und indem sie diese Kräfte mit Hilfe der Technik in den Dienst ihrer egoistischen Interessen stellen. Dadurch beschwören sie eine Art Schattenreich herauf, in dessen Bann sie schließlich selbst geraten, was eine Verbindung mit dem lebendigen Geist verhindert. Unsere heutigen weltumspannenden Computernetzwerke können als Merkmal dieser Entwicklung betrachtet werden und als Vorgeschmack, was aus diesem Reich einer hyperintelligenten ›Unternatur‹ noch zu erwarten ist.

Die zweite Möglichkeit des Menschen, von seiner Freiheit Gebrauch zu machen, besteht darin, aus der Suche nach einer neuen Verbindung zur göttlichen Welt eine Art von Spiritualität zu entwickeln, die ein gesundes und nüchternes Denken verhindert. Nicht selten wird er dabei zum Opfer suggestiver Beeinflussung und läßt sich durch scheinbar ›geistige‹ Ziele täuschen, die nur dazu führen, daß sich die menschliche Seele von allem Irdischen abwendet. Dies kann sich in einer weltverneinenden Lebenshaltung oder innerhalb gewisser Sekten in ihrem Streben nach Absonderung äußern – oder auch in der oftmals mit einer gewissen Wollust verbundenen Vorliebe, sich in die Geheimnisse alter Weisheitslehren und ihrer Spiritualität zu vertiefen und sich den Fragen der Gegenwart zu verschließen. Ein Fortschreiten der Menschheit kann aber nur stattfinden, wenn der ›Erdgeist‹ von den Menschen wirklich erkannt wird.

Beide bisher genannten Tendenzen, so verschiedenartig sie auch erscheinen, müssen sich dabei nicht einmal gegenseitig ausschließen. Oft kann man beobachten, daß sie bei ein und demselben Menschen nebeneinander auftreten. Beide Richtungen zeigen, wie der Mensch mit seiner Freiheit umgehen kann, wie ihn die Konsequenzen seines Handelns aber zu neuen Formen der Unfreiheit führen können.

Dieser schwer zu ergründende Widerspruch findet seine Erklärung in der Wirksamkeit geistiger Wesen, die sich aus der ursprünglichen kosmischen Ordnung herausgelöst haben. Indem der Mensch seine Freiheit erlangt, wird er zugleich der Gefahr ausgesetzt, von diesen Wesen in ihren Machtbereich hineingezogen und darin festgehalten zu werden. In Goethes *Faust* wird das Wirken eines solchen geistigen Widersachers auf überzeugende Weise veranschaulicht.

Der Mensch kann aber auch noch auf eine dritte Weise von der Gabe der Freiheit Gebrauch machen, indem er nach einer wirksamen Verbindung mit denjenigen Wesenheiten sucht, die ihm dabei helfen, diese Freiheit zu verwirklichen. Die Geisteswissenschaft, die uns diesen Weg aufzuzeigen vermag, knüpft nicht nur eine neue Verbindung zwischen unserem Denken und der geistigen Welt, sondern zeigt uns auch, daß die Christuswesenheit zur Zeitenwende die geistige Welt ins Innere des Menschen verlegt hat. Das göttliche Licht, das erloschen war, entzündet in der Seele des Menschen aufs neue und verschafft ihm damit die Möglichkeit, sich aus Freiheit wieder mit seinem geistigen Ursprung zu verbinden. Ein vom Christentum durchdrungenes Wissen über den Menschen, wie es von der Geisteswissenschaft Rudolf Steiners angestrebt wird, umfaßt auch eine erneuerte Astrologie, in der die Lehre von Reinkarnation und Karma eine zentrale Stellung einnimmt. *Karma* kann dabei in seiner allgemeinsten Bedeutung als die Realität der kosmischen Beziehung zwischen Mensch und göttlicher Welt beschrieben werden. Eine kosmisch orientierte Psychologie versucht jenen Teil dieser Beziehung, der das Seelenwesen des Menschen betrifft, zu beleuchten, indem sie die Bedeutung der Planetensphären für die menschliche Seele und deren Wirkungen zu ergründen versucht.

7. Die Wirksamkeit der Planetenkräfte im Pflanzenreich

In seinem bereits erwähnten Buch *Metamorphose* betrachtet Frits Julius die im Pflanzenreich auftretenden Wachstumsformen unter dem Gesichtspunkt der Planetenwirksamkeit. Beachtung verdienen dabei nicht nur die Ergebnisse seiner Untersuchungen, sondern vor allem seine Methode, mit der er zu diesen Resultaten gelangt. Julius stützt sich dabei auf die Metamorphosenlehre, die Goethe in seinen naturwissenschaftlichen Studien entwickelt hat. In seiner Einleitung charakterisiert Julius diese Methode auf folgende Weise:

»Goethe pflegte die Natur mit einer außergewöhnlichen Unbefangenheit zu betrachten. Jedes Phänomen hatte ihm etwas gänzlich Neues, etwas ganz Eigenes zu sagen. Nicht das war ihm wichtig, was er selber, im Nachdenken darüber, zu dessen Erklärung hätte anführen können, sondern das, was die Natur selbst ihm zu offenbaren hatte, wenn er sein Inneres zu einem klaren Spiegel machte. Man kann eine solche Betrachtungsweise eine phänomenologische nennen.«[50]

Julius weist ausdrücklich darauf hin, daß bei dieser phänomenologischen Methode das Denken nicht ausgeschaltet wird. Ganz im Gegenteil, um die Sprache der Natur zu verstehen, muß es eine besondere Aktivität entfalten, die mit einem »angespannten Lauschen«[51] verwandt ist. Seine Aufgabe besteht keinesfalls darin, die sinnliche Welt mittels abstrakt-theoretischer Gedankenkonstrukte zu erklären. Durch das Denken soll dasjenige, was sich in den Erscheinungen der Natur aussprechen will, als ideeller Zusammenhang erfahren werden. Man kann diese Annäherungsweise auch ›physiognomisch‹ nennen, weil sie alles, was als Sprache, Ausdruck oder Gebärde in der Natur lebt, auf ähnliche Weise zu deuten versucht, wie man aus der Physiognomie eines Menschen, den Gesichtszügen und dem Körperbau, auf sein Inneres schließen kann.

Auch die Naturvorgänge und Naturerscheinungen lassen sich als eine Gebärdensprache deuten, in der sich etwas Wesenhaftes offenbart. Um dieses Wesen zu ergründen, wird man sich der Natur in ihrer Gesamtheit nähern und sie als lebendes Wesen deuten müssen.

Bei der Fülle wichtiger Beobachtungen und Ergebnisse wollen wir aus den Untersuchungen von Frits Julius nur einen einzigen Gedankengang herausgreifen, der uns bei der Betrachtung der psychologischen Typen im nächsten Kapitel hilfreich sein kann.

In Anlehnung an Goethes Unterscheidung von ›Vertikal- und Spiraltendenz‹ in der Pflanzenwelt[52] gelangt Julius zu den Hauptprinzipien des *Vertikalen* und des *Peripheren*, die eine Polarität bilden. Das vertikale Prinzip führt dazu, daß sich das Stoffliche verdichtet und stark verhärtet (Stengel und Stamm), wobei aber die produktive Kraft, das ›Wachstumspotential‹, zurückgehalten wird. Beim peripheren Prinzip dagegen bedeutet die räumliche Ausbreitung (Blattbildung) zugleich einen Verlust an produktiver Kraft und führt zu einer Entfaltung in der stofflichen Erscheinung. Setzt man voraus, daß Wachstumspotential oder schöpferisches Prinzip mit dem Begriff der ›Idee‹ gleichzusetzen ist, so könnte man durchaus sagen: Die vertikale Tendenz wird durch stoffliche Zusammenziehung und Ausbreitung im Ideellen (Wachstumspotential) gekennzeichnet, während bei der peripheren Tendenz die stoffliche Ausbreitung von einem Zusammenziehen im Ideellen begleitet ist.[53]

Nun sind entsprechend der Dominanz von vertikaler und peripherer Tendenz verschiedene Formen und Arten des Wachstums denkbar, die auch in der Natur anzutreffen sind. Es handelt sich bei ihnen um Metamorphosen einer einzigen Urform, die ein vollkommenes Gleichgewicht zwischen den beiden polaren Kräften des

Vertikalen und des Peripheren bildet. Aus diesem Zusammenspiel ergeben sich *sieben Haupttypen*:

1. Der erste Typus entspricht dieser ›Urform‹, die sich im Wachstum der *krautartigen Pflanzen* verwirklicht hat. Trotz einer unbegrenzten Artenvielfalt gleichen sie sich alle durch ihre *Ausgewogenheit* von vertikaler und peripherer Tendenz. Zusammenziehung im Stengel und Ausbreitung in der Blattbildung stehen in einem harmonischen Verhältnis.

2. Beim zweiten Typus *herrscht das vertikale Prinzip vor*. Das Periphere folgt und dient. Diese Wachstumsform finden wir am deutlichsten bei den *Laubbäumen*. Der Stengel erweitert sich zu einem mächtigen Stamm, der der Pflanze eine große Selbständigkeit und Beständigkeit gibt. Die Blätter, die im Verhältnis zum Ganzen klein sind, bilden in ihrer Vielzahl eine eindrucksvolle Krone, deren räumliche Ausbreitung wiederum den Fortsetzungen des Stammes, nämlich den Seitenästen, zu verdanken ist.

3. *Das Periphere dominiert,* das Vertikale folgt und dient. Die Pflanzen, die diese Wachstumsform aufweisen, entwickeln übermäßig viel Blatt, aber nur einen kleinen oder sehr langen und dünnen Stengel, der keine Festigkeit gibt und auch keine Selbständigkeit ermöglicht. Dieser Typus kommt am deutlichsten bei den *Schling- und Kletterpflanzen* zum Ausdruck, die sich zwar stark im Raum ausbreiten, sich aber stets an anderen Pflanzen oder Gegenständen festklammern müssen, um Halt und Festigkeit zu finden.

4. Bei der vierten Wachstumsform *dominiert die vertikale Tendenz* so stark, daß das periphere Element zurückgedrängt wird. Das Stengelprinzip bringt sehr hohe, emporstrebende und mächtige Stämme hervor, die dem Betrachter ein Bild der vollkommenen Selbständigkeit, Abgeschlossenheit sowie des Einzelgängertums bieten. Die Blätter können sich aber nicht frei entfalten, sondern werden ebenfalls von der vertikalen Tendenz beherrscht. Bei den *Nadelbäumen* tritt dieser Typus am ausgeprägtesten in Erscheinung. Ihre Blätter verhärten sich, und es kommt zu Nadelbildungen, die eher an einen Stengel als an ein Blatt erinnern.

5. Bei der fünften Form *überwiegt das Periphere so stark, daß die vertikale Tendenz unterdrückt wird.* Das vertikale Prinzip des Stengels neigt sogar dazu, sich wie ein peripheres Element zu gebärden: Der Stengel ist grün und meist weich; er schwillt durch Saftansammlung stark an und breitet sich in der Horizontalen aus. Blätter im eigentlichen Sinne fehlen vollständig oder sind nur in reduzierter Form vorhanden, als Stacheln oder feines Haar. Diese Art des Wachstums wird durch die *Kakteen* repräsentiert.

6. Beim sechsten Pflanzentyp äußert sich das vertikale Prinzip zwar kräftig, jedoch nicht in einer gleichsam fließenden Gebärde, sondern in vielen *ausladenden* Bewegungen. Wir haben es hier mit einem sich fortwährend wiederholenden starken Vorstoß in den Raum zu tun. Dadurch wird die periphere Komponente an ihrer Entfaltung gehindert, so daß die vorhandenen Triebe nicht vollständig ausgebildet werden und sich am Stengel immer wieder neu entwickeln. Diese Wachstumsform findet man bei den *Sträuchern.*

7. Beim siebten Typus, dem der *Alpenkräuter oder Gebirgspflanzen* tritt das vertikale Prinzip nur noch wenig in Erscheinung. Periphere Kräfte treten zwar deutlich hervor, sie sind aber sehr rasch erschöpft. Die Stengelchen der Pflanze sind klein und zart; das Blattwerk kommt rasch zum Vorschein, breitet sich aber nicht sehr stark aus und geht schnell in eine überschwengliche und farbig leuchtende Blütenbildung über.

Julius verknüpft hier eine wissenschaftliche Vorgehensweise mit künstlerischem Erleben, ohne daß dies die Genauigkeit seiner Beobachtungen beeinträchtigen würde. Nach seiner Beschreibung der Wachstumsformen in der Pflanzenwelt erörtert er ihren Zusammenhang mit den Bewegungen der Himmelskörper. Ein Ergebnis der anthroposophischen Forschungsmethode, nämlich die Beziehung der Pflanzen zu den sieben Planeten, diente ihm dabei als Arbeitshypothese: »Die Frage war also: inwieweit konnte eine phänomenologisch-physiognomische Behandlung der planetarischen Erscheinungen einen Zusammenhang mit den Wuchsformen sichtbar und wahrscheinlich machen?«[54]

Julius' Überlegungen gingen nun dahin, »daß es möglich sein müßte, dieselben Einflüsse, die in der Pflanzenwelt die Wuchsformen hervorrufen, auf dem Gebiet des menschlichen Lebens wiederzufinden, und zwar in Form eines typischen Verhaltens und einer typischen Lebenshaltung. Dies hatte den Versuch zur Folge, das, was bezüglich der Pflanzen unternommen worden war, auch in Bezug auf den Menschen anzuwenden: die Charakterisierung von sieben Typen und die Aufdeckung ihrer Beziehungen und ihres Hintergrundes.«[55]

Eine ›Wissenschaft des Lebendigen‹, die Lebensvorgänge nicht nur als mechanische Abläufe deutet, vermag solche Perspektiven für eine neue Betrachtungsweise der menschlichen Seele zu öffnen, die kosmischen Prozessen und Einflüssen im Sinne einer geistigen Wirksamkeit Rechnung trägt. Auf die Frage, was eine kosmisch orientierte Psychologie mit den Erscheinungen im Pflanzenreich und den verschiedenen Vegetationsformen verbindet, läßt sich keine Antwort finden, die durch unmittelbare Sinneswahrnehmung nachvollziehbar wäre. Bringt man aber Planetenbewegungen und Vegetationsformen miteinander in Verbindung und erkennt in den ›Bewegungen‹ und ›Gebärden‹ in der Pflanzenwelt Spiegelungen der Himmelsbewegungen, so entsteht ein Zusammenhang, der auch vom wissenschaftlichen Denken anerkannt werden kann. Die Lebenswelt, die in der anthroposophischen Geisteswissenschaft auch ätherische Welt genannt wird, empfängt ihre Impulse aus der astralen oder Seelenwelt, an der der Mensch auch in seinem Innern Anteil hat. Die wichtigste Gesetzmäßigkeit, die Goethe in seiner ›Organik‹ ans Licht gebracht hat, nämlich der Metamorphosegedanke mit seinem Polaritätsprinzip,[56] gilt selbstverständlich auch für das Seelenleben, wie wir bereits in den vorhergehenden Kapiteln feststellen konnten. Wir dürfen davon ausgehen, daß das Prinzip der Metamorphose als geistige Gesetzmäßigkeit unser gesamtes Weltsystem durchzieht.

In diesem Zusammenhang dürfte es interessant sein, auf eine ältere, vorkopernikanische Wissenschaft zurückzublicken, in der die ›Korrespondenz‹ von Seelenwelt und Lebensprozessen noch

bekannt war. Wir begegnen ihr in der ›Schule von Chartres‹,[57] die
im 11. und 12. Jahrhundert in hohem Ansehen stand. In einigen
Werken der Meister von Chartres, etwa von Bernardus Silvestris
oder Alanus ab Insulis, werden solche Erkenntnisse über die Natur
in poetische Bilder gekleidet. In unserer heutigen Zeit betrachtet
man die ›Jungfrau Natura‹, von der diese Gelehrten sprachen, als
Allegorie und somit als Produkt dichterischer Phantasie, ohne zu
berücksichtigen, daß ihre Darstellung auf eine tief im Innern empfundene Wirklichkeit beruhte.

Auch noch im 13. Jahrhundert begegnen wir der Göttin Natura
in der merkwürdigen Dichtung *Il Tesoretto*[58] von Brunetto Latini,
dem Lehrmeister des großen italienischen Dichters Dante Alighieri. Auf der Heimreise von Spanien in seine Vaterstadt Florenz
gerät Meister Brunetto in einen ekstatischen Zustand, der ihm ein
Bild der Naturreiche vermittelt. Diese werden von einer ein-
drucksvollen geistigen Gestalt von unverkennbar weiblichem Aussehen beherrscht. Sie gibt sich dem Dichter als ›Natura‹ zu erkennen, die als Statthalterin des höchsten Weltenschöpfers auf der
Erde und im Luftreich wirkt. In diesem Einweihungserlebnis führt
ihn Natura in die Geheimnisse der menschlichen Seele, die durch
den Sündenfall ihrer ursprünglichen Herrlichkeit beraubt wurde,
und sie zeigt ihm, wie der Mensch durch Erweckung verborgener
Seelenkräfte alles Niedere zu überwinden vermag, um so seiner
wahren Bestimmung entgegenzugehn.

Anschließend dringt Brunetto in noch tiefere Schichten des eigenen Wesens vor, in das Gebiet des Temperaments und der Sinne –
also in den Bereich vitaler und physischer Kräfte. Zuletzt wendet
er sich wieder nach außen, zurück in die Welt der Elemente. Dabei
wird ihm gewahr, wie diese Welt in all ihren Bewegungen und
Erscheinungen von der ›Natura‹ beherrscht wird. Ihre Macht er-
streckt sich aber noch viel weiter; sie umfaßt auch die Regionen der
sieben Planeten. Den Dichter verweist sie dabei auf die sieben frei-
en Künste, durch die er sich Einsicht in die Planetensphären erwerben könne. Sie umfaßten Grammatik, Rhetorik, Dialektik, Arith-
metik, Geometrie, Musik und Astronomie und wurden im Mittelalter den sieben Planeten zugeordnet. Durch Betreiben dieser Kün-

ste trat man in einen Zusammenhang mit den inspirativen Kräften, die von den jeweiligen Planetensphären ausgingen.

Natürlich könnte man die Werke von Brunetto Latini oder Bernardus Silvestris als unwissenschaftliche Phantastereien abtun. Man kann sie aber auch als einen Nachklang spätantiker Mysterienweisheit betrachten, die in der Schule von Chartres und bei Brunetto noch eine späte Blüte erlebt und worin uns wertvolle Erkenntnisse über Natur, Mensch und Kosmos vermittelt werden.

Dieses Wissen mußte in der Neuzeit notwendigerweise einer rationalen experimentellen Wissenschaft weichen, die auf analytischem Denken beruht. In unserer Gegenwart erleben wir aber nicht nur den Segen, sondern auch den Fluch dieses Fortschritts, den sie uns brachte. Es wäre daher an der Zeit, daß neben der Wissenschaft der toten Wirklichkeit eine solche des Lebendigen entsteht, für die bereits Goethe Pionierarbeit leistete. Unserem Versuch, eine neue Lehre von der Planetenwirksamkeit bzw. eine kosmisch orientierte Psychologie zu entwickeln, kann daher nur die goetheanistische Anschauungsweise zugrunde liegen.

Um von den sieben Wachstumsformen des Pflanzenreiches zu einer siebenfachen Typologie der menschlichen Seele überzuleiten, greift Julius die Gedanken auf, mit denen sich Schiller in einer Reihe von Briefen *Über die ästhetische Erziehung des Menschen* auseinandersetzte. Was Goethe in seiner Metamorphosenlehre mit Bezug auf die Entwicklungsprinzipien im Pflanzenreich entdeckt hatte, findet sich in dieser Reihe von Briefen in vielerlei Hinsicht auf das menschliche Dasein bezogen. Goethes Persönlichkeit erschien ihm dabei als Leitbild für sein Ideal eines ›ästhetischen Menschen‹. Schiller beobachtete Goethes Arbeitsweise und Lebensstil und leitete daraus allgemeingültige Gesetzmäßigkeiten der menschlichen Natur ab.

Im Mittelpunkt seiner Anschauungen stand die Auffassung, daß im Menschen zwei unterschiedliche Grundtriebe wirksam sind. Diese resultieren aus der zweifachen Natur des Menschen: *Person* und *Zustand*. Als Person bezeichnet Schiller das ureigenste Wesen des Menschen, unter Zustand versteht er die sich stets wandelnde Beziehung des Menschen zu seiner Umgebung.

Die Person würde aber lediglich als Möglichkeit, als Potential und Veranlagung weiterbestehen, wenn ihr nicht etwas gegenüberstünde, das der Erscheinungswelt angehört. Schiller nennt dieses zweite Prinzip *Stoff*. Dieser Stoffesbegriff muß im weitesten Sinne aufgefaßt werden – ihm gehören auch Empfindungen, die mit den Sinneseindrücken wechseln, sowie Gefühle, Begierden und körperliche Triebe an. Auch der Gegenstand des Denkens ist von solcher ›stofflichen‹ Natur, doch in der Weise, wie es diesen Stoff verarbeitet, wie es in der Fülle der Eindrücke Ordnung zu schaffen und Gesetzmäßigkeiten zu entdecken vermag und so das ›Ewige‹ im Vergänglichen finden kann, ist die *Person* wirksam.

So entsteht bei jedem Menschen einerseits der Drang, sich dem Veränderlichen und Vergänglichen hinzugeben, die Gebundenheit an den Stoff zu akzeptieren und in dem aufzugehen, was von außen auf ihn einströmt. Diesen Drang nennt Schiller den *Stofftrieb*.

Dem steht der Trieb gegenüber, das eigene ewige Wesen zu verwirklichen. Dies kann in zweifacher Weise geschehen. Durch seinen *Willen* kann der Mensch die Wahrnehmungswelt so gestalten, daß sie zum Ausdruck seines innersten Wesens wird. Durch das *Denken* wird dem ›Stoff‹ seiner Wahrnehmung ebenfalls eine individuelle Form verliehen. Diesen Drang nennt Schiller *Formtrieb*.

Auch bei der Pflanze begegnen wir zwei vergleichbaren Trieben: Der Gestaltungsdrang wirkt hier aber im Strom der Generationen und bewegt die Pflanze dazu, ihre gattungsspezifische Gestalt immer wieder mit Hilfe des Stoffes zu verwirklichen, den sie der Umgebung entnimmt. Das, was beim Menschen als Formtrieb wirksam ist, finden wir bei der Pflanze als vertikales Prinzip wieder, während der Stofftrieb mit dem peripheren Element zu vergleichen ist.

Wenn wir von diesem Zusammenwirken beider polar entgegengesetzter Grundprinzipien bei Pflanze und Mensch ausgehen, können wir Wachstums- und Seelentypus (Julius spricht anfänglich noch von ›Lebenshaltung‹) so nebeneinander stellen, daß die Gebärdensprache, mit der ›Natura‹ durch das Pflanzenreich zu uns spricht, gleichzeitig wie eine Offenbarung des menschlichen Seelenwesens verstanden werden kann. Julius beschreibt dies mit folgenden Worten: »Die vertikale Tendenz wirkt sich beim Menschen als der Drang aus, von sich aus *wollend* die Dinge zu bestimmen oder *denkend* die Dinge zum eigenen Besitz zu verarbeiten. Die periphere Tendenz wird beim Menschen zum Drang, *empfindend* und *fühlend* sich der Umwelt hinzugeben. Dem Vertikalen hat der Mensch es zu danken, daß er sich als ein selbständiges Wesen in die Welt hineinstellen kann. Dank des Peripheren vermag er die Welt aufzunehmen und zu seinem eigenen Inhalt zu verarbeiten.«[59]

Nachdem Julius den unmittelbaren Zusammenhang zwischen Wachstumsformen und Planetenbewegungen auf eingehende Weise behandelt hat, befaßt er sich wiederum mit den sieben Wachstumsformen, – diesmal in ihrer Beziehung zu den unterschiedlichen Menschentypen. Der *Formtrieb* wird dabei jeweils mit der vertikalen Tendenz, der *Stofftrieb* mit der peripheren Tendenz gleichgestellt. Hier wird auch ein Zusammenhang mit den Altersphasen des Menschen hergestellt, die als Spiegelungen der Planetensphären betrachtet werden können (siehe 4. Kapitel).

An dieser Stelle können wir unser Schema der sieben Planeten und ihrer Wirksamkeit durch einige weitere Merkmalen vervollständigen, wie sie aus unserer Betrachtung des Pflanzenreichs hervorgegangen sind.

Sonne

Harmonie, verhaltene Königlichkeit, ausbreiten und zusammenziehen

Pflanzenwachstumsform: Urform aller Wachstumsformen; krautartige Pflanzen

Gleichgewicht zwischen vertikaler und peripherer Tendenz

Lebenshaltung: Form- und Stofftrieb sind harmonisch ausbalanciert

Seelentypus: Große Selbständigkeit, mit der Fähigkeit zur Hingabe, taktvoll zurückhaltend, strebt brüderliche Gemeinsamkeit an.

Jupiter

Gedanken, Ordnung, plastische Gestaltung

Pflanzenwachstumsform: Laubbäume; vertikale Tendenz dominiert, periphere Tendenz folgt und dient

Lebenshaltung: Formimpuls wirkt mächtig, so daß das eigene Wesen seine Größe und Kraft offenbaren kann. Der Stofftrieb wirkt dabei kräftig mit; Erfahrungen können umfassend verarbeitet werden.

Seelentypus: Selbstverwirklichung im großen Stil durch eine starke gedankliche Verarbeitung von Erfahrungen; denkt in großen Zusammenhängen, das Wirken erfolgt streng systematisch nach fester Methode; verliert niemals die Gesamtheit aus dem Auge; Führernatur

Merkur

Beweglichkeit, Auflösung, Begegnung

Pflanzenwachstumsform: Schlingpflanze; periphere Tendenz dominiert, vertikale Tendenz folgt und dient

Lebenshaltung: Läßt sich vom Stofftrieb leiten; der Formtrieb dient dazu, den Weg der größtmöglichen Anpassung zu finden.

Seelentypus: Erfahrungen führen weniger zu Einsichten als zum Erreichen des eigenen Vorteils; schnelles, kombinierendes Denken, das Gefühl reagiert auf die Umgebung und dient der raschen Orientierungsfähigkeit; der Wille ist nicht besonders stark, dafür aber die Begierde, ›etwas erreichen zu wollen‹.

Saturn

Gedächtnis, Todeskraft, Urbild

Pflanzenwachstumsform: Nadelbäume; vertikale Tendenz dominiert, peripheres Element wird unterdrückt.

Lebenshaltung: Formtrieb wirkt sehr einseitig, so daß die Einflußnahme von außen (Stofftrieb) gering ist; dadurch kommt eine gewisse Unbeirrbarkeit zustande. Fremde Eindrücke werden innerlich mit großer Intensität verarbeitet.

Seelentypus: Erfahrungen prägen sich stark ins Gedächtnis ein; kaum Spontaneität; neigt zu schematischem Denken und

Dogmatismus. Das Gefühlsleben wird von einer tiefen Hinwendung zur Vergangenheit und der Suche nach dem geistigen Ursprung beherrscht; handelt aus tiefster Überzeugung, zeigt sich dabei aber unflexibel.

Mond

Spiegelung, Verhüllung, Reproduktion

Pflanzenwachstumsform: Kakteen; periphere Tendenz dominiert, vertikale Tendenz wird unterdrückt.

Lebenshaltung: Der Formtrieb ist so schwach, daß eine selbständige innere Verarbeitung von Erfahrungen kaum erfolgt. Der Stofftrieb ist übermächtig, daher der Drang, sich der Umgebung anzupassen und möglichst viel aus der Welt aufzunehmen, um es unverändert zu bewahren.

Seelentypus: um den reibungslosen Ablauf der täglichen Dinge besorgt, der ›Lebensprozesse‹ (Familienleben, Mahlzeiten, Nachtruhe, Gesundheit usw). Wollen und Handeln sind auf Erhaltung des Bestehenden und auf Behaglichkeit gerichtet. Das Gefühlsleben wird ebenso von diesen Impulsen beherrscht; Denken ist wenig produktiv, kann aber oft auf sehr erhellende Weise reproduktiv sein.

Mars

Sprache, Kraft, nach außen stoßend

Pflanzenwachstumsform: Sträucher; Vertikale vorherrschend, das Periphere bleibt zurück.

Lebenshaltung: Formtrieb ist stark auf die Umgebung gerichtet; was vom Stoffimpuls kommt, wird kaum verarbeitet, führt aber zu ›Angriffslust‹ und Schaffensdrang.

Seelentypus: Die ganze Energie wird dazu verwendet, das eigene Wollen mit Gewalt durchzusetzen; dieses Wollen beruht aber eher auf spontanen Einfällen als auf sorgfältiger Überlegung. Die Gedanken können originell und scharfsinnig sein, stets wollen sie sofort in die Tat umgesetzt werden; das oft leidenschaftliche Gefühlsleben wird weniger durch das Denken als von einem stürmischen Wollen gefärbt.

Venus

Liebe, Schönheit, ›Schale‹-bildend

Pflanzenwachstumsform: alpine Kräuter; vertikales Prinzip hat kaum Gelegenheit, sich zu entfalten; es wird durch das periphere Element, das selbst eine sehr schnelle Entwicklung durchmacht, verdrängt.

Lebenshaltung: Der Stofftrieb ist vorherrschend, aber das Ausgerichtetsein auf die Umgebung wird vom Element der Hingabe an etwas Höheres getragen.

Seelentypus: geht ganz in dem auf, was augenblicklich das Dasein erfüllt. Das Denken ist weitgehend unselbständig, und das Gefühl neigt zur Verehrung anderer, auf die sich der Wille oftmals in flammender Begeisterung richtet.

8. Die sieben Seelentypen

In seinem Buch ›Mensentypen‹ geht auch der Pädagoge Max Stibbe von der unmittelbaren Wahrnehmung aus. Im Gegensatz zu Julius, der seine sieben Menschentypen aus der Gebärdensprache des Pflanzenreiches ableitet, stützt sich Stibbe unmittelbar auf die Beobachtung der menschlichen Natur. Seine Studien galten zunächst vor allem der Altersstufe von vierzehn bis einundzwanzig Jahren. Die ›Seelenfärbung‹ eines Menschen, die während seiner späteren Jahre keiner wesentlichen Veränderung mehr unterworfen ist, gelangt in dieser Lebensphase zu einer gewissen Reife und kann nun einer typologischen Kategorie zugeordnet werden.

Ansatzpunkt für diese Typisierung bildet für Stibbe die Urpolarität, die naturgemäß zum Wesen der Seele gehört: der Gegensatz zwischen Innen- und Außenwelt. Bereits der Tiefenpsychologe C.G. Jung sprach im Zusammenhang mit seiner funktionspsychologisch ausgerichteten Typenlehre von einer *introvertierten* und *extravertierten*, d.h. nach innen und nach außen gewandten Grundhaltung der Seele. Ausgehend von seinen eigenen Beobachtungen bezieht Stibbe noch den Unterschied zwischen *aktiv* und *passiv* mit ein, ein Kriterium, das wir auch bei Heymans angetroffen haben (siehe Kapitel 2). Diese zusätzlichen Kriterien veranlassen Stibbe zu einer Unterscheidung von zwei nach innen gewandten und zwei nach außen gewandten Typen. Hinzu kommen noch zwei weitere Typen, bei denen sich introvertiert und extravertiert im Gleichgewicht befinden, die aber, was ihre aktive und passive Einstellung betrifft, unterschiedlich veranlagt sind. Wenn sich die

114

Pole ›introvertiert‹ und ›extravertiert‹ wie auch ›aktiv‹ und ›passiv‹ im Gleichgewicht halten, so läßt sich darin ein weiterer Typus erkennen: der harmonische Mensch.

Es mag uns überraschen, daß Stibbe diese sieben Typen nicht mit den Namen der Planeten kennzeichnet, obwohl ihm der Zusammenhang zwischen Planeten und Seelenqualitäten durchaus bekannt ist. Statt dessen wählt er Bezeichnungen, die die Haupteigenschaft eines jeden Typus charakterisieren. Offenbar scheut er davor zurück, Begriffe aus der traditionellen Astrologie zu gebrauchen, um Mißverständnisse zu vermeiden und dem Vorwurf zu entgehen, seine Seelenlehre erschöpfe sich in der Aufarbeitung von überliefertem Wissen, das vielfach durch schablonenhafte und unkritische Verwendung entwürdigt wurde und nur allzu gerne kritiklos übernommen wird.

Stibbe bezeichnet die sieben Typen wie folgt:

> introvertiert - aktiv: *ich-bewußter* Typus
> introvertiert - passiv: *verträumter* Typus
> extravertiert - aktiv: *aggressiver* Typus
> extravertiert - passiv: *ästhetischer* Typus
> introvertiert und extravertiert im Gleichgewicht
> aktiv: *dominanter* Typus
> introvertiert und extravertiert im Gleichgewicht
> passiv: *beweglicher* Typus
> beide Gegensätze im Gleichgewicht: *strahlender* Typus

Diese unterschiedlichen Typen werden von Stibbe nur skizzenhaft charakterisiert. Dennoch erkennen wir in seinen Beschreibungen nahezu mühelos die gleichen sieben Typen wieder, denen wir in den vorangegangenen Kapiteln wiederholt begegnet sind. So finden wir auch in Stibbes Zusammenfassung der von ihm beschriebenen Typenmerkmale die uns bereits vertrauten Eigenschaften wieder:

ich-bewußter Typus (Saturntyp)
 Gedächtnis
 mangelnder Kontakt zur Außenwelt

Beziehung zur Vergangenheit
Innenwelt ist Hauptsache
aktiv

dominanter Typus (Jupitertyp)
weisheitsvolles Denken
aktives inneres Leben
ordnet das Chaos von außen
beherrscht die Gegenwart
Innenleben und Außenwelt sind im Gleichgewicht
aktiv

aggressiver Typus (Marstyp)
wirkt in der Welt und gerät in Konflikte
Sprechen und Handeln sind wichtig
Beziehung zur Zukunft
Außenwelt ist Hauptsache
aktiv

strahlender Typus (Sonnentyp)
Außen- und Innenwelt im Gleichgewicht
alle Seelenkräfte in Harmonie
Aktivität und Passivität in Harmonie
idealer Typus

ästhetischer Typus (Venustyp)
tritt urteilend und fühlend in der Welt auf und gerät in Konflikt
urteilt in Verbindung mit Antipathie und Sympathie
zeitlos, reagiert spontan
Außenwelt ist Hauptsache
passiv

beweglicher Typus (Merkurtyp)
kombinierendes Denken und Wahrnehmen führt zur Tat
äußeres Chaos wirkt auf passives Inneres
reagiert spontan
innere und äußere Welt befindet sich im Gleichgewicht
passiv

116

verträumter Typus, Mondentyp

Tagträumer

spiegelt die Außenwelt

zeitlos

innere Welt dominiert

passiv

Bevor wir nun zu einer ausführlichen Betrachtung der sieben Planetentypen übergegen, muß darauf hingewiesen werden, daß damit das Thema ›Planeten und Planetentypen‹ keineswegs erschöpft ist. Doch gleichgültig, welche weiteren Aspekte man hinzunehmen mag, immer werden die Grundmerkmale – insofern es sich bei den neuen Erkenntnissen um einen echten Zusammenhang mit den Planeten handelt – unverändert bleiben.

Wir wollen nun die sieben Seelentypen in der uns vertrauten Reihenfolge betrachten und jeweils zwei entgegengesetzte Typen gegenüberstellen. Jedem Typus entspricht meist eine charakteristische äußere Erscheinung. Selbstverständlich gibt es auch dabei Ausnahmen sowie eine endlose Zahl von Variationen und Kombinationsmöglichkeiten der unterschiedlichen Eigenschaften.

Saturntyp oder ich-bewußter Typus

Der Saturnmensch ist meist ziemlich hochgewachsen, zeigt eine leicht gebeugte Haltung und hat glattes Haar. Er ist in sich gekehrt und reagiert nur selten schnell und spontan auf seine Umgebung. Durch seine ernste und hagere Erscheinung wirkt er oft älter, als er tatsächlich ist. Keine roten Backen beleben sein Gesicht, das immer ein wenig grau und fahl erscheint.

Typisch für den Saturnmenschen ist seine reiche innere Erfahrungswelt. Er beschäftigt sich bevorzugt mit der Vergangenheit und verfügt über ein gutes, manchmal sogar über ein phänomenales Gedächtnis. Alles, was von außen auf ihn einströmt, muß im Grunde erst ›Erinnerung‹ werden, bevor er es verarbeiten kann. Merkwürdigerweise verleiht dieser starke Bezug zur Vergangenheit, der eigentlich eine Hinwendung zum Ursprung der Dinge bedeutet, den herausragendsten Saturnmenschen eine prophetische Gabe und Weitsicht, wie sie beispielsweise *Leonardo da Vinci, Wilhelm von Oranien* oder dem französischen Dichter *Victor Hugo* eigen waren.

Sein Temperament ist oftmals melancholisch gefärbt. Es fällt ihm schwer, Kontakte zu knüpfen; dadurch verbreitet er den Eindruck von Gefühlskälte und Unnahbarkeit. Doch sein Inneres ist in Wirklichkeit von großer Wärme erfüllt. Daher kann er für seine nächste Umgebung, innerhalb seiner Familie oder als Lehrer für einen Schülerkreis eine ›väterliche‹ Rolle spielen, wie es beispielsweise von *Johann Sebastian Bach* bekannt ist.

Ein markanter Vertreter des Saturntypus war zum Beispiel der Dichter *Friedrich Schiller*. Er zeigte die edelsten Züge des Saturnmenschen: Tiefsinnigkeit, Idealismus und innere Glut. Andererseits war – vor allem in seiner Jugend – das Verhältnis zu seiner Umgebung von großen Schwierigkeiten gezeichnet.

Der Saturnmensch wirkt in seinem Auftreten meist recht ungeschickt. Er braucht viel Zeit, um neue Eindrücke zu verarbeiten und sich zu einem Entschluß durchzuringen. Bevor er zur Tat schreitet, muß er zuerst einmal gründlich darüber nachdenken. Geschicklichkeit bedeutet ja gerade, daß man spontan und in der richtigen Weise reagiert, wobei rasch erkannt werden muß, was die vorgegebene Situation von einem erfordert.

Die besondere Tugend des Saturnmenschen ist die Treue, der als negative Eigenschaft die Eifersucht gegenübersteht. Im Mittelalter sprach man im Zusammenhang mit den Planeten von den sieben Hauptsünden und Haupttugenden. Der Neid als saturnische ›Sünde‹ läßt sich aus der einseitigen, aber sehr bewußten Weise erklären, mit der der Saturnmensch sich selbst betrachtet. Die Erkenntnis seiner eigenen Schwächen, etwa im sozialen Bereich, verleitet ihn dazu, andere wegen ihres ungezwungenen und aufgeschlossenen Verhaltens zu beneiden.

In seinem Denken neigt er zum Dogmatismus oder doch zumindest zu einer gewissen Unbeweglichkeit. Die damit einhergehende Standhaftigkeit, die oft als Sturheit aufgefaßt wird, verleiht ihm aber auch eine große Stärke. Sein Gefühlsleben wird sehr stark vom

Denken durchdrungen und beherrscht. In seinem Handeln läßt er sich von seiner unumstößlichen Überzeugung leiten.

All diese Merkmale erinnern uns an das Bild eines emporstrebenden Nadelbaums mit seiner geringen Offenheit zur Umgebung hin. Dieser Baum vermittelt Strenge, Ernst und eine gewisse Todesnähe – denken wir nur an Zypressen auf einem Friedhof –, die zur Besinnung aufruft. Sein ›Blei-Charakter‹ offenbart sich in seiner Haltung, die eine Abwehrhaltung zu signalisieren scheint, einen Schutz vor Angriffen von außen.

Selbstverständlich stellt das klassisch-düstere Bild der Saturnwirkung, die zu einem bösartigen Charakter oder einem unheilvollen Schicksal führt, eine stark negative Einseitigkeit dar. Bei jedem Typus trifft man die edelsten Vorzüge neben den größten Schwächen an. Im letzten Kapitel werden wir noch die geeigneten Methoden kennenlernen, wie man mit den positiven wie auch negativen Aspekten der Seelentypen sowohl bei der Kindeserziehung, der Therapie als auch bei der Selbsterziehung umgehen kann.

Mondentyp oder verträumter Typus

Auch der Mondentyp lebt nach innen gekehrt, er ist aber passiv. Meist vermittelt uns seine äußere Erscheinung den Eindruck eines umgänglichen Menschen. Sein Gesicht weist überwiegend runde Formen auf. Er neigt zur Körperfülle und hat ein phlegmatisches Temperament. Seine Haut ist zwar blaß, manchmal aber – vor allem bei Frauen – auffallend schön und glatt. Diese makellose Haut ist aber oft Zeichen einer gewissen Undurchlässigkeit.

Menschen, die dem Mondentypus angehören, nehmen die Welt außerhalb von sich selbst kaum wahr – sie spiegeln sie nur. Sie zeigen keine deutliche Abwehrhaltung gegen äußere Einflüsse und verharren in innerer Passivität. Was um sie herum geschieht, nehmen sie nur auf träumerische Weise wahr und spiegeln es in ihrem Verhalten wider, mit dem sie sich ihrer Umgebung anzupassen versuchen. Meist sind sie sich der Tatsache kaum bewußt, daß eine gewisse Unselbständigkeit sie dem Einfluß ihrer Umgebung aussetzt und sie sich ständig dazu verführen lassen, etwa Modetrends, beliebte Redewendungen sowie fremde Attitüden zu übernehmen.

Zur besonderen Begabung des Mondentypus gehört es somit auch, in fremde Rollen zu schlüpfen. Er ist der geborene Schauspieler. Unter den bekanntesten Filmgrößen ist dieser Typus daher auch besonders stark vertreten. Betrachten wir etwa *Marlene Dietrich* in ihrer berühmten Rolle als Nachtclubsängerin Lola Lola, ihr Talent, mit dem sie das gesamte Repertoire weiblicher Künste zwischen feenhafter Anmut und der männermordenden ›femme fatale‹ beherrscht, so erscheint der Glanz ihrer Persönlichkeit als Spiegelung fremder Charaktere – ähnlich, wie der Mond das Licht der Sonne reflektiert.

Oft hat diese Veranlagung aber auch zur Folge, daß der Mondentypus, der durch seine Umgebung geprägt wird, nichts weiter anstrebt als ein ruhiges, oberflächliches Dasein. Sein Lebensinhalt besteht dann in der Beschäftigung mit Fernsehen, Illustrierten und Skandalpresse, Stammtischgerede und vielleicht auch noch mit dem Bestseller, der gerade im Gespräch ist. Dies alles läßt er gedankenlos und wie im Traum an sich vorüberziehen.

Doch gerade sein Nachahmungsbedürfnis und seine spiegelnde Fähigkeit macht es schwierig, zu seinem wahren Wesen vorzudringen, das sich – für ihn selbst meist unbewußt – hinter der ›spiegelnden Oberfläche‹ verbirgt. Oft besitzt der Mondentypus sogar erstaunliche Begabungen, etwa auf künstlerischem Gebiet. Das Verträumtsein geht dann mit einer geheimnisvollen Tiefe seines Wesens einher. Wird diese Veranlagung nicht richtig entwickelt oder verkümmert sie sogar, fehlen die richtigen Anregungen aus seiner Umgebung oder wird er zu sehr von seinem Triebleben beeinflußt, kann die Schattenseite des Mondentypus hervortreten, nämlich der Drang nach Sexualität und ungezügelter Erotik. Nymphomanie oder erotische Ausschweifungen, die gerade bei künstlerisch begabten Menschen häufig auftreten, deuten oft auf eine einseitige Entwicklung des Mondentypus hin (vgl. *Madonna*).

Kinder, die diesem häufig vorkommenden Typus angehören, bereiten den Erziehern durch ihre Trägheit und ihr geringes Interesse erhebliche Schwierigkeiten. Dieses träumerische Dahinleben und Abschweifen in Banalitäten oder Wegsinken in erotische Phantasien kann man bei Jugendlichen am ehesten durch künstlerische Tätigkeit in den Griff bekommen.

Die Fähigkeit zu ›spiegeln‹ kann sich beim Mondentypus aber auch in der großen Leichtigkeit zeigen, mit dem intellektuelles Wissen aufgenommen wird. So kann es vorkommen, daß ein Schüler den Lehrstoff perfekt zu beherrschen scheint, bis sich herausstellt, daß seine Kenntnisse auf reiner Reproduktion des Unterrichtsstoffes beruht. Tiefere Einsichten, die nur durch selbständiges Denken zu erwerben sind, wird man dabei vermissen. Will der Lehrer in seinen Fragen über das auswendig Gelernte hinausgehen, wird ihm häufig entgegnet: ›Das haben Sie im Unterricht nicht behandelt!‹ Eine Antwort selbst zu finden oder einen Zusammenhang aufzudecken, fällt ihm schwer. Dem Mondentyp begegnen wir, wie Stibbe bemerkt, häufig bei den Universitätsprofessoren, die über ein immenses Detailwissen verfügen, ohne eigenständige Gedanken hervorzubringen.

Im Mittelalter betrachtete man die ›Prudentia‹, was Vorsicht wie auch Vernunft bedeutet, als Tugend, die zum Mondentypus gehört. Die ihm zugeordnete Sünde war dagegen Liederlichkeit und Wollust. Unter ›Vorsicht‹ verstand man das abwägende und vernunftgerechte Überlegen, das dem Handeln vorausgeht. Man kann sich durchaus vorstellen, daß ein nicht allzu verträumter oder triebhafter ›Mondenmensch‹ sich ein ruhiges und besonnenes Urteil bilden kann, indem er rein ›spiegelnd‹ die Dinge betrachtet.

Eine weitere positive Eigenschaft des ›Mondmenschen‹ ist seine gemütvolle Art. In einer geselligen Runde, einer Klassengemeinschaft, im Freundes- oder Familienkreis sorgt er für eine ungezwungene Atmosphäre und wohltuende Geselligkeit.

Wenn wir uns der entsprechenden Wachstumsform zuwenden, die mit dem Wesen des Mondes zusammenhängt, fühlen wir uns ebenso wie beim Seelenleben dieses Typus vor ein Rätsel gestellt. Die unscheinbare rundliche Kaktuspflanze, die auf dem Fensterbrett unbemerkt ihr Dasein fristet und kaum einen Blick auf sich zieht, zaubert plötzlich Blüten von unglaublicher Pracht hervor – manchmal ist es nur eine einzige. Man wundert sich, wie dies möglich ist. Wer konnte ahnen, daß dieses unscheinbare Kerlchen zu so etwas fähig ist? Ähnliches kann man auch beim Mondentypus erleben: Was er in sich aufnimmt, ist ihm völlig gleichgültig. Scheinbar bleibt es ohne Wirkung, bis es unter günstigen Umständen unvorhergesehen und in verwandelter Gestalt als etwas Bedeutendes aus den verborgenen Tiefen seines Wesens zum Vorschein kommt.

Marstyp oder aggressiver Typus

Der aggressive Marstypus ist in hohem Maße extravertiert. Er möchte auf seine Umgebung einwirken und sie verändern. Dabei reagiert er auf sehr unmittelbare Weise auf alles, was ihm widerfährt. Sein Denken kann sehr klar und scharfsinnig sein; dennoch neigt er dazu, ohne gründliche Überlegung sofort zur Tat zu schreiten. Dieser Tätigkeitsdrang äußert sich zunächst darin, daß er das Wort ergreift. In einem gewissen Sinne handelt er dem Saturnmenschen genau entgegengesetzt. Die Vergangenheit, die Erinnerung, aus der dieser schöpft, zählt bei ihm nicht – ihn drängt es nur nach vorn.

Doch er führt nicht nur gerne das Wort, er spricht auch mit Kraft und Überzeugung. Bei den Römern, die wie kein anderes Volk eine ›Marskultur‹ entwickelten, verkörperte der Redner das Idealbild eines Menschen. Die Erziehung römischer Knaben wurde einem Rhetor anvertraut. In der Politik besaß das Wort ebensoviel Macht wie das Schwert. In unserem Jahrhundert mit seinem gewalttätigen, unübersehbar martialischen Charakter gibt und gab es unter den Politikern einige auffallende Gestalten mit charakteristischer ›Marsgewalt‹ in ihrer Rede – zum Beispiel *Winston Churchill* oder *Charles de Gaulle*. Bei einigen Menschen nahm diese Redekunst jedoch eine unheilvolle Richtung und steigerte sich bis zur dämonischen Kraft wie bei *Hitler* oder *Goebbels*.

Napoleon, der wohl als Musterbeispiel eines Marstypus gelten kann, war nicht nur ein genialer Stratege und Taktiker auf dem Schlachtfeld, sondern auch ein rhetorisches Phänomen, was er in seinen Ansprachen und Tagesbefehlen an seine Offiziere und Soldaten täglich unter Beweis stellte.

Das dynamische Auftreten eines Marstypus ist durch schnelle

Bewegung nach vorne, ebenso aber durch raschen Rückzug gekennzeichnet. Dieses Zurückweichen kann sogar an Feigheit grenzen. *Voltaire* zum Beispiel war ein Meister im gewagten Angriff, dem immer wieder die schmachvolle Flucht folgte – dies traf für seine schriftstellerische Tätigkeit ebenso wie auf sein Leben zu. Die Taktik des plötzlichen Vorstoßes und des anschließenden Zurückweichens hat auch in der Kriegsführung eine wichtige strategische Bedeutung.

Der ›aggressive‹ Mensch kann bisweilen gewalttätig und äußerst grob auftreten. Sein Temperament ist in vielen Fällen cholerisch. Der Drang, in den Lauf der Dinge einzugreifen und sein Leben in seine eigene Hand zu nehmen – wodurch er unweigerlich in Konflikte mit seiner Umgebung gerät –, gehört zu seinem Marswesen. Die Konfrontation und Willensenergie bei der Überwindung von Schwierigkeiten hat eine ständige bewußtseinsweckende Wirkung. Problematisch wird es aber, wenn sich seine Stoßkraft vom Positiven ins Negative wendet. Bei der Durchführung neuer Initiativen, Projekte und dergleichen wird er immer wieder versuchen, das unter seiner Mitwirkung Erreichte in Frage zu stellen, weil er sich mit keinem Ergebnis zufriedengeben kann. Er gönnt weder sich selbst noch den anderen die Zeit zu einem länger andauernden Reifeprozeß. In diesem Verhalten erkennen wir das Wachstumsprinzip des Strauches, der seine heftig auseinanderstrebenden Triebe in alle Richtungen ausstreckt.

Die Gestalt des Marstypus ist meist stämmig, kräftig und zeigt oft auch eine gewisse Körperfülle (Stibbe spricht von einer Neigung zum horizontalen Wachstum). Seine hervorstechendste Eigenschaft ist aber der nie nachlassende Tatendrang. Als Tugend des Marstypus gilt der Mut; seine negative Eigenschaft ist der Zorn, zu dem auch das Gewalttätige in seinem Auftreten gehört.

In unserer heutigen Zeit sollte sich seine Tugend, der Mut, weniger auf die äußere Welt richten und sich in Demut oder auch in Sanftmut verwandeln. Will der ›Marsmensch‹ nicht zum Sklaven seines Machttriebs und seiner Aggressivität werden, muß er die Fähigkeit zur Selbstbeherrschung entwickeln.

Venustyp oder ästhetischer Typus

Auch der Venustyp wendet sich seiner Umgebung zu. Bei ihm geschieht dies jedoch auf eine eher passive Art. Er will nicht so sehr verändernd in die Welt eingreifen, vielmehr sucht er eine gefühlsmäßige Beziehung zu seiner Umgebung. Menschen, die diesem Typus angehören, verarbeiten ihre Erfahrungen zwar auf weniger träumerische Weise als die Mondentypen, doch sie lassen sich sehr stark von ihren Sympathien und Antipathien leiten. Über Zustände oder Mitmenschen werden von ihnen oft schonungslose Urteile gefällt, die aber weniger durch gedankliche Schärfe als durch subjektives Empfinden bestimmt sind. Dadurch können sie in heftige Konflikte geraten, die aber nicht – wie beim aggressiven Typus – vom Willen, sondern von der Emotionalität ausgelöst werden.

›Venusmenschen‹ interessieren sich besonders für die Empfindungen ihrer Mitmenschen und für alles, was sich in ihrem sozialen Umfeld abspielt. In dieser Beziehung sind sie dem Mondentypus ähnlich. Eine Kombination von ›Venus‹- und ›Mond‹-Charakter findet sich daher auch sehr häufig. Beide Charaktere unterscheiden sich jedoch darin, daß der Venustyp Feuer und Flamme sein kann und sich mit Hingabe einer Sache widmet. Er zeigt die Neigung, sich ganz für ein Ideal aufzuopfern. Diese Sehnsucht kann sich bis zu einer krankhaft schwärmerischen Religiosität steigern. (Alles Mystische hat mit dem Planeten Venus zu tun.) In der praktischen Arbeit kann sich dies in der Bereitschaft zu pflegerischer Tätigkeit oder im Erfüllen sozialer Aufgaben äußern. Im zwischenmenschlichen Bereich sind diese Venusqualitäten unentbehrlich.

Der Venustyp hat meist eine ovale Gesichtsform, ist geschmeidig in seinen Bewegungen und von anmutiger Gestalt. Seine Haare können glatt oder gelockt sein. Sein Temperament neigt zur Melancholie; es gibt allerdings auch sanguinische ›Venusmenschen‹. Besonders auffallend sind die Augen, die fast immer einen ganz leichten Glanz haben.

Das ›reizende Mädchen‹ und der ›schöne Jüngling‹ sind eindeutige Venustypen. Es gibt aber auch Menschen mit ausgesprochen häßlichen Zügen, die eindeutig Venuscharakter besitzen. Manchmal kann man sie am unverkennbaren Venusglanz in ihren Augen erkennen, oder Venus verrät sich durch die Anmut ihrer Gestalt und ihrer Bewegungen.

Die ›Untugend‹ der Venus war im Mittelalter nicht etwa die ungezügelte Emotionalität, sondern die Gier. Tatsächlich schlemmen und naschen die ›Kinder der Venus‹ mit besonderer Hingabe. Nicht nur beim Essen langen sie gerne zu, ihr Wunschleben ist im allgemeinen ziemlich heftig.

Als Venus-Tugend galt dagegen die Anmut. Die gut gewählte Bezeichnung ›ästhetischer Typus‹ deutet darauf hin, daß die Empfänglichkeit für alles Schöne außerordentlich groß ist. Die Schulung einer mehr durch das Denken beherrschten Auseinandersetzung mit der Welt kann bei diesem ästhetischen Typus daher auch fast ausschließlich über das Kunst- und Schönheitserleben erfolgen. Da im normalen intellektuell geprägten Schulunterricht dem Erleben der Schönheit zumeist zu wenig Platz eingeräumt wird, ist es begreiflich, daß sich gerade der Venustyp in der Schulbank oft unbehaglich fühlt und diesen Mangel durch Schwärmereien zu kompensieren versucht, die sich oft im Kult um Film- oder Fernsehstars ausdrücken. Diesem Bedürfnis entspringen auch die eigenen Liebesabenteuer, die ebenso wie die Affären anderer reichlich für Emotionen und Gesprächsstoff sorgen. Es kann sie dabei mit ebensolcher Befriedigung erfüllen, eine Sache oder einen Menschen zu ›hassen‹, wie ihn zu lieben oder zu verehren.

Der Venusmensch zeigt seine ›Kupfernatur‹ im positiven Sinne als ein idealer ›Energieleiter‹. Mit seiner Gabe, hingebungsvoll und aufmerksam zuhören zu können, vermag er das Kräftespiel innerhalb einer Gesellschaft auszugleichen. Einer Unternehmung, die zu scheitern droht, kann er neuen Auftrieb geben. Durch seine Begeisterungsfähigkeit für eine ›gute Sache‹ kann er jeden, der von der Last des Alltags niedergedrückt ist, wieder aufrichten. Dafür kann stellvertretend das Beispiel der *Königin Luise von Preußen* stehen, die sogar von Novalis wegen ihrer Anmut verehrt wurde. Während der harten Jahre der französischen Besatzung und des Krieges gelang es ihr, durch ihre moralische Kraft und einfühlsame

Natur wie auch ihrem leidenschaftlichen Haß gegen Napoleon sogar eine ganze gedemütigte Nation wieder aufzurichten und wurde schließlich zur Symbolfigur des Widerstandes. Dies zeigt, welche Reichweite das stille Wirken der Venusnatur haben kann.

Jupitertyp oder dominanter Typus

Oft erkennt man den Jupitertyp bereits an seiner Körpergröße; manchmal ist es aber auch nur die Größe seines Kopfes oder zumindest seine eindrucksvolle Stirn, die ihn kennzeichnet. Man muß sich ihn sitzend bzw. thronend vorstellen. Von seinem ›Thron‹ aus ordnet er denkend und planend seine Umgebung. Die Seelenqualitäten introvertiert und extravertiert stehen bei ihm im Gleichgewicht. Er ist zwar der Außenwelt zugewandt, hat aber auch ein bewegtes Seelenleben und ist reich erfüllt von Idealen und Erkenntnissen.

Durch diesen inneren Reichtum ist der ›Jupitermensch‹ dem ichbewußten Typus bzw. Saturntypus verwandt. Er lebt aber nicht wie dieser mit seinen Gedanken in der Vergangenheit; in seinem Denken ist er gegenwartsbezogen. Auch mit dem aggressiven Menschen hat er durch seinen Tatendrang eine gewisse Ähnlichkeit. In seiner Vorgehensweise unterscheidet er sich aber grundlegend von diesem. Er ist weniger ungestüm und versucht zunächst, andere zu überzeugen und sie dadurch für seine Ziele zu gewinnen. Er ist tätig, aber stets beherrscht und präsentiert sich als Meister der Form.

Menschen mit Jupitercharakter sind für eine führende Position in der Gesellschaft wie geschaffen. Bei allem, was sie tun, verlieren sie den großen Zusammenhang nie aus den Augen und behalten stets den Überblick. Von Emotionen lassen sie sich nicht vom Kurs abbringen oder zu unüberlegten Handlungen hinreißen. In schwierigen Situationen sind sie aber in der Lage, schnell zu reagieren und weise zu handeln.

Goethe verkörperte diese Seelenhaltung in reinster Weise. Bereits in jungen Jahren verfügte er über die Gabe, sich ohne größere Anstrengung in den unterschiedlichsten Kreisen Respekt und Geltung zu verschaffen. Wenn er das Wort ergriff, war ihm die Aufmerksamkeit aller Anwesenden sicher. Es gelang ihm stets, das Gespräch zu führen und die Gedanken zu ordnen. Auch bei seiner wissenschaftlichen Arbeit beherrschte er die Vielfalt der Erscheinungen, denen er unbefangen entgegentrat und die er durch die Kraft einer übergeordneten Idee zu ordnen wußte.

Bei einem solchen Typus sind sowohl die positiven als auch die negativen Seiten deutlich erkennbar. Im Mittelalter galt die Hoffnung als Jupiter-Tugend – man könnte auch sagen: die auf die Zukunft gerichtete Weisheit. Als negative Eigenschaft galt der Hochmut. Tatsächlich können ›Jupitermenschen‹ mit einer gewissen Überheblichkeit ihre Mitmenschen behandeln, wenn diese nicht auf ihrer geistigen Höhe stehen oder wenn sie andere Ansichten vertreten. Der ›Jupitermensch‹ kann manchmal schroff und abweisend sein, aber im Grunde seines Wesen ist er durchaus freundlich und warmherzig.

Vergegenwärtigen wir uns diese Eigenschaften, so erhebt sich vor unseren Augen das Bild des mächtigen Laubbaumes als Sinnbild für Größe und Selbstverwirklichung. So wie dieser seine Gestalt langsam, aber stetig aufbaut, Ast um Ast, Zweig um Zweig, so darf man sich auch das Willensleben des Jupitertypus vorstellen. Sein Gefühlsleben ist nicht subjektiv-emotionell, sondern steht in einer distanzierten und vom Bewußtsein kontrollierten Wechselwirkung mit der Umgebung. Durch seine Selbstbeherrschung wird sich der ›Jupitermensch‹ nicht uneingeschränkt für eine Sache begeistern – so wie auch die meisten Laubbäume keine üppige und farbenreiche Blütenpracht entwickeln.

Wer mit einem ›Jupitermenschen‹ zurechtkommen will oder ihn in seinen jungen Jahren als Erzieher führen will, muß dafür sorgen, daß er von ihm als ebenbürtig anerkannt wird.

Merkurtyp oder beweglicher Typus

Diesen Seelentypus, dem man sehr häufig begegnet, erkennt man äußerlich an seiner ziemlich kleinen beweglichen Gestalt; auch der Kopf mit dem meist lockigen Haar ist verhältnismäßig klein. Er hat ein rundlich-ovales Gesicht mit manchmal etwas ›schiefen‹ Zügen; daneben zeigt er ein lebhaftes Mienenspiel und große Beweglichkeit. Außen- und Innenwelt befinden sich bei ihm in einem gewissen Gleichgewicht, aber sein Inneres ist nicht wirklich aktiv. Im Gegensatz zum Jupitertyp, der die Vielfalt der Eindrücke zu ordnen versucht, nimmt der Merkurtyp die Dinge so, wie er sie vorfindet – auch in ihrem chaotischen Zustand. Mit seinem meist sanguinischen Temperament neigt er zur Sprunghaftigkeit. Sein bewegliches, aber kaum in die Tiefe gehendes Denken verleiht ihm eine bemerkenswerte Kombinations- und Auffassungsgabe. Inwieweit seine Gedanken mit der Wahrheit übereinstimmen, erscheint ihm nebensächlich. Entscheidend ist, daß sie ihm dazu dienen, eine Situation richtig einzuschätzen und zu meistern.

Er besitzt Taktgefühl und steht mit jedermann auf gutem Fuß. Sowohl mit seinen Händen als auch in seinem strategischen Denken verfügt er über eine große Geschicklichkeit. Das macht ihn zum erfolgreichen Geschäftsmann; es macht ihn aber auch zu einem guten Arzt, der bei der großen Zahl seiner Patienten mit ihren unterschiedlichen Krankheiten eine rasche Diagnose stellen und die richtige Therapie bestimmen muß. Wenn er auf diese Weise seine Eigenschaften wie Flexibilität, Geschicklichkeit und rasche Kombinationsgabe nicht in den Dienst egoistischer Ziele stellt, erweisen sie sich als Vorzüge, mit denen er viel Segen spenden kann.

Obwohl ›Merkur‹ voller Tatendrang ist – immer ist er beschäftigt, stets zu einer Plauderei oder zu einem Scherz bereit, immer ist er dabei, etwas zu ›organisieren‹ –, so hat er durchaus auch seine problematische Seite, nämlich den Charakterzug, daß er innerlich passiv durch das Leben geht: Er läßt sich zu stark von äußeren Umständen leiten und verspürt keinen Drang, seine Eindrücke zu verarbeiten, zu tieferen Einsichten zu gelangen und sein Verhalten danach zu richten.

Der Merkurtyp kennt keine festen Prinzipien und ist äußerst anpassungsfähig. Sein Wankelmut und seine Oberflächlichkeit kann sich leicht in Unzuverlässigkeit verwandeln. Wenn er heute etwas verspricht, so kann er sich schon morgen nicht mehr daran erinnern. Vertritt er heute eine bestimmte Ansicht, kann er schon morgen wieder das Gegenteil behaupten. Man traut ihm nie und fällt dennoch immer wieder auf ihn herein. Man spürt, daß es ihm häufig an ›Rückgrat‹ fehlt.

Im Mittelalter galt die Unehrlichkeit als das Laster des Merkurtypus; Geschicklichkeit wurde als seine Tugend betrachtet. Man wundert sich, warum dem Merkurtyp häufig seine Untugenden kaum übelgenommen werden – selbst wenn es sich nicht mehr um Fahrlässigkeit, sondern um Betrügereien handelt. Ist es sein Humor oder seine Unbekümmertheit, durch die er unsere Sympathie gewinnt? Die Narrenrolle, die er gerne spielt, läßt ihn in unseren Augen als ungefährlich erscheinen. Einem Narren gefällt es zwar, uns an der Nase herumzuführen, aber man weiß, daß er sich niemals wirklich für eine Sache ereifert. Er treibt damit nur seinen Schabernack und zieht seine Grimassen.

Wer *Charlie Chaplin* einmal in seiner legendären Rolle als Tramp bewundern konnte, in der er mit charmanter Hartnäckigkeit alle Schwierigkeiten überwindet und selbst eine Niederlage in einen Triumph umzumünzen weiß, kann sich diese Szenen als anschauliches Beispiel für die Widersprüchlichkeit dieses Typus vor Augen führen. Auch als Mensch verfügte das Multitalent Chaplin, der nicht nur als Slapstick-Komödiant, sondern auch in anderen Rollen, als Autor, Regisseur, Musiker und Komponist und nicht zuletzt als Geschäftsmann erfolgreich war, über diese Merkur-Qualitäten.

Julius schildert die negativen Eigenschaften des Merkurtypus zwar sehr treffend, stellt ihn in dieser Einseitigkeit aber in ein allzu schlechtes Licht. Nach Julius wird sein ganzes Wesen von einer einzigen starken Triebkraft beherrscht, nämlich »höher emporzukommen, koste es, was es wolle. Es ist das eigentlich eine sehr egoistische Haltung ... Infolgedessen läuft die Moralität Gefahr, zu kurz zu kommen. Moralität spricht stets in der Tiefe des eigenen Wesens. Läßt man jedoch nur die Welt, so wie sie ist, gelten, dann ist da für Moralität kein Platz. Genauso wie bei der Schlingpflanze wird bei dieser Einstellung eines Menschen viel erreicht mit wenig Mitteln ...«[60]

Vom Merkurmenschen können dagegen auch außergewöhnlich

gute und moralische Impulse ausgehen, wenn er das Zwischenmenschliche pflegt und soziale Kontakte fördert. In der Rolle des Vermittlers ist er imstande, im sozialen Gefüge verhärtete Positionen wieder in Bewegung zu bringen und dadurch eine Annäherung von Menschen mit unterschiedlichen Überzeugungen zu bewirken. In einer Gemeinschaft trägt seine Beweglichkeit oft dazu bei, ein heilsames Klima zu erzeugen, in dem etwas Neues gedeihen kann.

Sonnentyp oder strahlender Typus

Der ›Sonnenmensch‹ birgt in seiner seelischen Verfassung und Lebensführung die größten Gegensätze. Durch sein reiches und regsames Inneres erscheint er als eine kraftvolle Persönlichkeit. Dennoch ist er imstande, sich vollkommen seiner Umgebung hinzugeben. Er kann sich einer Sache oder einem anderen Menschen mit Hingabe widmen, ohne sich dabei selbst zu verlieren.

Das Merkwürdige dabei ist, daß ihn seine königliche Natur nie dazu veranlaßt, andere beherrschen zu wollen, sie zu übergehen oder in den Schatten zu stellen. Seiner Natur nach ist er taktvoll und tolerant, in seinem Verhalten brüderlich.

Die Vorstellung von einer Sommerwiese voller blühender und leuchtender Pflanzen kann uns ein treffendes Bild des Sonnencharakters liefern. Mit Recht kann man bei ihm von einem ›Urtypus‹ sprechen. Er birgt nämlich die anderen sechs Typen in sich und läßt dabei jegliche Einseitigkeit vermissen. Umgekehrt wird sich jeder andere Typus, der seine großen Einseitigkeiten zu überwinden versucht, in Richtung dieses Urbildes entwickeln müssen.

Oft ist der ›Sonnenmensch‹ sowohl künstlerisch wie auch intellektuell veranlagt. Die drei Seelenfunktionen, Denken, Fühlen und Wollen, sind bei ihm von gleicher Intensität und Bedeutung. Er stellt also in jeder Hinsicht eine ausgewogene Persönlichkeit dar. Im Mittelalter ordnete man dem Sonnentyp die Tugend der ›Gerechtigkeit‹ zu – im Sinne von Platons ›dikaiosyné‹, die die drei Tugenden Weisheit, Mut und Besonnenheit umfaßt.

Die ihm zugehörige Sünde war unter der Bezeichnung ›acidia‹

oder ›acedia‹ bekannt, was oft mit ›Melancholie‹ übersetzt wird. Es ist eine Seelenverfassung, die man auch als ›Trägheit des Herzens‹ umschreiben könnte. Heutzutage wird diese Form der Melancholie als lästige, aber im Grunde genommen harmlose Seelenhaltung angesehen; damals aber wurde sie wie Wollust oder Hochmut zu den Todsünden gezählt.

Als zeitgenössisches Beispiel für einen ›Sonnenmenschen‹ ließe sich vielleicht Michail Gorbatschow nennen, in dessen früherem Auftreten als Staatsmann viele sonnenhafte Züge wiedergefunden werden können. Max Stibbe ist allerdings der Auffassung, daß dieser harmonische Sonnentyp in unserer Zeit nur noch selten vorkommt. Beobachtet man jedoch junge Menschen zwischen vierzehn und einundzwanzig Jahren, so findet man darunter immer wieder Vertreter dieses Typus, der sich in diesem Alter vor allem in einem heiteren Gemüt und großer Aufgeschlossenheit ausdrückt. Im späteren Leben können diese ›sonnigen‹ Eigenschaften wieder zurücktreten. Der Sonnentypus kann sich nämlich nur dann voll entfalten, wenn er einem Umfeld angehört, in dem sich spirituelle Impulse verwirklichen können.

Der Sonnenmensch trägt in sich nämlich das Bedürfnis nach einem ›Mit-Wollen‹ mit anderen Menschen, worin sich eine höhere Form des Mit-Leidens ausdrückt. Im Idealfall gebraucht er seine eigene ›Leuchtkraft‹, um den anderen Menschen in einem günstigen Licht erscheinen zu lassen. Julius bemerkt dazu: »Es geht von dieser Wesensart ein Aufruf aus, es möge jeder sich zu seiner höchsten Höhe entfalten. Er ist erfüllt von der Bereitschaft, an allem teilzunehmen, aber auch beseelt von dem starken Willen, alles auf seinem stolzen Gang mitzuführen.«[61]

9. Sieben Komponisten

Henri Zagwijn, Komponist und Lehrer für Musik und Kunstgeschichte an der Waldorfschule von Den Haag, ist es gelungen, die sieben Planetentypen in den sieben bedeutendsten Komponisten des 18. und des beginnenden 19. Jahrhunderts nachzuweisen: Bach, Händel, Gluck, Haydn, Mozart, Beethoven und Schubert. Diese Entdeckung ist in zweierlei Hinsicht interessant. Einerseits zeigen die Komponisten – vielleicht mit Ausnahme von Gluck, bei dem der psychologische Typus vielleicht nicht ganz so deutlich in Erscheinung tritt – die verschiedenen Planetentypen in einer nahezu mustergültigen und zweifellos in ihrer interessantesten Gestalt. Sie stellen fast ideale Beispiele dieser sieben Seelenhaltungen dar. Auch in ihrem musikalischen Werk findet man Aspekte, in denen der Planetencharakter besonders deutlich und eindrucksvoll hervortritt. Ebenso kann eine Planetentypologie, wie sie in den vorausgegangenen Kapiteln dargestellt wurde, auf Werk und Persönlichkeit dieser bedeutenden Künstler ein neues Licht werfen.

Man kann nun die Frage stellen, ob es berechtigt ist, daß gerade diese sieben Persönlichkeiten herausgegriffen werden. Tut man ihnen nicht Unrecht, wenn man versucht, sie in ein solches System hineinzuzwängen.

Die unerhörte Blüte der europäischen Musik im 18. Jahrhundert kann man auch wie eine großartige Antwort der mitteleuropäischen Kultur auf die geisttötende Wirkung des aufkommenden Materialismus sehen. Dann erscheint es auch nicht verwunderlich, wenn durch einen solchen erneuernden Impuls das ganze Panorama an Seelenhaltungen zum Vorschein kommt. Es ist, als ob die Sphärenmusik, die von Pythagoras als klingende Welt der Planeten erlebt wurde, in ihrem ganzen Reichtum auf der Erde ertönen sollte. Gewiß waren mehr als nur sieben Künstler daran beteiligt. Aber unter der großen Zahl von talentierten und bisweilen wirklich genialen Musikern gab es einige besonders begnadete Vermittler dieser Sphärenmusik. Jeder von ihnen vertrat einen anderen Aspekt, eine bestimmte ›Klangfarbe‹, und doch schöpften sie alle aus der gleichen Quelle.

Ein grundlegendes Merkmal ihrer Musik ist das Fehlen jeglicher Einseitigkeiten, wie sie später bei den Romantikern auftreten. Ein ›sonnenhaftes‹ Gleichgewicht zwischen Form und Inhalt, zwischen Melodie, Takt und Harmonie, zwischen vokaler und instrumentaler Musik ist kennzeichnend für alle sieben Komponisten.

Es soll bei den nun folgenden Betrachtungen der Lebenslauf der Komponisten nach charakteristischen Planetenmerkmalen untersucht werden. Bei der Reihenfolge wollen wir uns an die Chronologie ihrer Lebensdaten halten und unsere bisherige Gruppierung nach typologischen Gegensätzen aufgeben. Es ist interessanter, die jeweiligen Zeitgenossen zu vergleichen: Bach und Händel, Haydn und Mozart sowie Beethoven und Schubert. Gluck steht dabei gleichsam als Zentralfigur ohne Gegenpart.

Johann Sebastian Bach (1685-1750)

Mit den Worten »Nicht Bach, sondern Meer sollte er heißen« deutet Beethoven auf die allumfassende Natur von Bachs Musik hin. Bach ist weniger ein erneuernder als vielmehr ein zusammenfassender Musiker. Die sich seit dem Mittelalter entwickelnde mehrstimmige kirchliche wie auch weltliche Vokal- und später auch Instrumentalmusik ebenso wie die in der Renaissance entstandene sogenannte Monodie, ein Sologesang mit instrumentaler Begleitung, hat Bach zu ungeahnter Höhe geführt.

Die musikalischen Formen, deren er sich bediente, Konzert, Oratorium, Passion und Kantate mit Sinfonie, Choral, Rezitativ und Arie sowie Sonate und Toccata usw. waren genausowenig seine Erfindungen wie die Fuge, die auf dem schon damals seit zwei Jahrhunderten angewandten Imitationsprinzip beruht.[62] Diese bereits bestehenden Formen wandte er in unvergleichlicher Meisterschaft an. Obwohl er Deutschland niemals verlassen hatte, kannte und schätzte er die englische, französische und italienische Musik, deren Stilelemente er übernahm. Auch in dieser Hinsicht war er eher als zusammenfassender Geist tätig.

Bach steht in gewissem Sinne sowohl am Ende einer Entwicklung als auch am Anfang einer neuen Epoche. Mit ihm beginnt die Blütezeit der mitteleuropäischen Musik, die bis weit ins 19. Jahrhundert andauerte. Auch Romantiker wie Felix Mendelssohn Bartholdy verehrten Bach als den Prototyp eines Musikers.

Bachs Werk, wie es innerhalb der gesamten europäischen Musikgeschichte in Erscheinung tritt, ist durch und durch ein saturnisches Phänomen. Als äußerster Planet umfaßt Saturn mit seiner Bahn die ganze Planetenwelt. Zugleich steht er aber auch an der Schwelle zur höheren Welt der Fixsterne. Er ist der himmlische Regent der Gedächtniskräfte. In seinen Tiefen bewahrt er alles Vergangene. Gegenwärtiges wird in seiner Sphäre sogleich zur Erinnerung, zur Vergangenheit.

Nicht nur in Bachs Musik, auch in seiner Wesensart und Lebenseinstellung tritt der saturnische Typus deutlich hervor. Er ist ernst und in sich gekehrt; sein unübertroffenes Improvisationstalent auf der Kirchenorgel deutet darauf hin, daß er vollkommen in sich hineinlauschend die Klänge erlebte, die er dann auf der Orgel hevorzauberte – in dieser Hinsicht hat wohl jeder Komponist etwas vom saturnischen Element in sich.

Der Kontakt zu seiner Umgebung gestaltete sich bei ihm schwierig. Daß er in der ersten Hälfte seines Lebens so oft seine Wirkungsstätte wechselte, ist weniger seinem rastlosen Wesen zuzuschreiben als fast ausnahmslos der Tatsache, daß er mit seiner Umgebung und seinen Auftraggebern, ob nun Fürsten oder Geistliche, nicht zurechtkam. Nach außen hin wirkte er verschlossen und stur, ihm fehlten im sozialen Umgang Flexibilität und Taktgefühl. Im engeren Kreis schien er dagegen sehr innige

Beziehungen zu seiner großen Familie oder zu seinen Privatschülern zu pflegen.

Es ist interessant zu sehen, wie Johann Sebastian Bach in eine weitverzweigte Familie hineingeboren wurde, aus der über Jahrhunderte hinweg Musiker – darunter namhafte Komponisten – hervorgegangen sind. Über ganz Deutschland war diese Familie verbreitet; in einigen Orten war ›Bach‹ nicht nur ein Familienname, sondern sogar die Bezeichnung für einen Beruf, nämlich für den des Stadtpfeifers. Dort war man offenbar dazu übergegangen, den Eigennamen als Berufsbezeichnung zu verwenden.

Die Verhältnisse, wie sie Bach bei seiner Geburt vorfand, enthielten bereits ein saturnisches Element: Jene außergewöhnliche Individualität, die im ausgehenden 17. Jahrhundert in diese Familie hineingeboren wurde, konnte eine großartige Vergangenheit in sich aufnehmen. Ihm fiel das seinem Volk zugehörige musikalische Gedächtnis vieler Jahrhunderte als ›Erbteil‹ zu.

Die saturnische Tugend der Treue kommt bei Johann Sebastian Bach nicht nur in seinem Verhältnis zu Ehefrau und Familie zum Ausdruck – sowohl die erste Ehe mit seiner Nichte Maria Barbara, die 1720 starb, als auch seine zweite Ehe mit Anna Magdalena Wilken waren glückliche Verbindungen, in denen eine große Anzahl Kinder geboren wurde – sondern auch in seiner Treue zu Gott. Bach stellte seine Genialität, seine unverwüstliche Arbeitslust und seinen Schaffensdrang vollkommen in den Dienst des religiösen Lebens; sein musikalisches Schaffen war ›Gottesdienst‹. Wenn er seine Kompositionen mit dem Zusatz *Soli Deo Gloria* (allein Gott zur Ehre) versah, war dies kein selbstgefälliges Zurschaustellen seiner Frömmigkeit, sondern Ausdruck einer tiefempfundenen Religiosität.

Bachs Musik zeichnet sich durch einen mathematisch strengen Aufbau aus. Oft schon wurde versucht, die Zahlensymbolik, die in seiner Musik verborgen ist, zu deuten. Zwar lebte Bach in einer Zeit, in der tatsächlich eine große Vorliebe für diese Art von Symbolsprache herrschte. Man kann aber dennoch den Eindruck gewinnen, daß Bachs ›Symbolik‹ nicht konstruiert ist, sondern der innigen Verbundenheit mit dem tiefsten Weltengrund und seinen göttlichen geometrischen und mathematischen Gesetzen entsprang.

Bachs Tiefsinn ist nie träumerischer Natur wie bei den großen romantischen Komponisten. Seine Musik ist von absoluter Klarheit. Die Meisterschaft, mit der er seine Fugen gestaltete, die trotz äußerst komplizierter Polyphonie[63] durchsichtig bleiben, machen auf den Zuhörer manchmal einen unterkühlten Eindruck. Dies resultiert aber aus einer allzu oberflächlichen Wahrnehmung. Sobald man sich ihrer saturnischen Tiefe und Kraft hingibt, spürt man eine mächtige Wärme, eine große Weite und Erhabenheit. Wenn Bach – wie in einem seiner berühmtesten Werke, der *Matthäus-Passion* – die Form der Aria verwendet, steigerte sich diese Wärme zu einer lyrisch-dramatischen Intensität, die manch eine noch so leidenschaftliche Opernarie anderer Komponisten in den Schatten stellt.

Es gehört sicherlich zu Bachs saturnischem Wesen, daß sein Genie zu Lebzeiten nur von wenigen erkannt wurde. Erst mußte einige Zeit vergehen, bevor die Menschheit seine Musik wie eine kostbare Erinnerung der Vergangenheit entriß und sich ihres Wertes bewußt wurde.

Daß Bach aber nicht nur in der Vergangenheit lebte, sondern auch einen prophetischen Sinn für Erneuerung innerhalb der Musik hatte, offenbart sich daran, daß er die Einführung der temperierten Stimmung für das Klavier begeistert aufnahm. Die Neuerung bestand darin, daß die Naturtöne um einen Bruchteil verschoben wurden – mit dem Ziel, die zwölfte Quinte mit der siebten Oktave zusammenfallen zu lassen. Somit konnten Stücke in allen Tonarten auf ein und demselben Instrument gespielt werden. Für dieses auf neue Weise gestimmte Tasteninstrument schrieb Bach eine Sammlung von meisterhaften Präludien und Fugen, das *Wohltemperierte Klavier*.

Georg Friedrich Händel (1685-1759)

Händels Schaffen zeigt zur Musik Johann Sebastian Bachs sowohl Parallelen als auch markante Unterschiede, die auf sein andersartiges Naturell und die Verschiedenheit seiner Lebensumstände zurückzuführen sind. Die Umgebung, in der Händel aufwuchs, wirkte eher feindselig als fördernd auf seine besondere Begabung. Von

Kindheit an mußte er für die Musik kämpfen, während Bach durch seine Familienzugehörigkeit in dieser Beziehung außergewöhnlich begünstigt wurde. Händels Vater, der als Wundarzt und Hofchirurg in Halle tätig war, wandte sich aus wirtschaftlichen Gründen dagegen, daß sein Sohn Musiker werde und damit das Los derer teile, die er für Hungerleider hielt. Er hatte ihn für ein Jurastudium vorgesehen. Schon als Kind zeigte Händel seine unbeugsame Natur, wenn er nachts heimlich auf einem Klavichord übte, das er auf dem Dachboden versteckt hielt.

Entzückt von der musikalischen Begabung des jungen Georg Friedrich drängte der Herzog von Weissenfels darauf, ihn Musik studieren zu lassen. Händels Vater gab dem Druck des Fürsten, in dessen Dienst er stand, schließlich nach. Nach dem Tod des Vaters ließ sich Händel aus Pietät als Jurastudent einschreiben, ohne aber seine Studien wirklich aufzunehmen. Zu diesem Zeitpunkt hatte er seine musikalische Ausbildung schon abgeschlossen und zog nach Hamburg, wo er seine ersten Opern schrieb.

Eine Auseinandersetzung mit dem Dirigenten und Komponisten Mattheson führte zum Duell mit dem Degen. Matthesons Waffe traf glücklicherweise auf einen der großen Blechknöpfe von Händels Galaanzug, sonst wäre das Leben des noch jungen Musikers vielleicht frühzeitig zu Ende gewesen. Seine Marsnatur gibt sich bereits hier zu erkennen und sollte sich auch im weiteren Verlauf seines Lebens bemerkbar machen.

Auch bei Händel ist der ständige Wechsel des Wohnsitzes und sein häufiges Reisen und Herumziehen auffallend, doch der Grund dieser lebhaften Reisetätigkeit ist ein völlig anderer als bei Bach. Händels Reisen nach Italien, nach England usw. sind Begleiterscheinungen seiner willensstarken und ehrgeizigen Lebenseinstellung. Er drängt nach vorne und erzielt großartige Erfolge. Er muß aber auch immer wieder beschämende Mißerfolge in Kauf nehmen, wonach er sich für eine Weile zurückzieht, um erneut zum Angriff überzugehen. Nach solchen Fehlschlägen, nach denen andere längst resigniert hätten, zeigt Händel eine beispiellose Fähigkeit zur Regeneration – sowohl seelisch als auch körperlich. Mit unbändiger Kraft und zähem Willen versteht er es, auch nach einem völligen Zusammenbruch immer wieder neue Erfolge zu erzielen. Sein Leben erscheint uns wie ein einziger Kampf.

In einer bekannten Anekdote aus seinem Leben wird davon berichtet, daß er selbst vor Grobheit und Gewalt nicht zurückschreckte, wenn es darum ging, seinen Willen durchzusetzen. Es wird erzählt, daß er eine eigenwillige Primadonna, als sie sich weigerte, einen Passus so zu singen, wie er ihn komponiert hatte, kurzerhand packte und ihr drohte, sie zum Fenster hinauszuwerfen.

Sein eiserner Wille spielt auch in der folgenden Geschichte eine Rolle, in der von seiner erstaunlichen Heilung in Aachen berichtet wird. Händel hatte infolge übermäßiger Arbeit, Sorgen und Strapazen im Jahre 1737 einen Schlaganfall erlitten und hatte sich eine Lähmung der rechten Körperhälfte zugezogen. Er reiste daraufhin nach Aachen zu einer Schwefelbadekur, wo er viel länger in dem heißen Wasser blieb als dies nach Meinung seiner Ärzte zuträglich war – und siehe da, bald war er wieder vollkommen gesund.

Zu seinem draufgängerischen, typisch martialischen Lebensstil gehört ebenfalls die Tatsache, daß er sich nicht scheute, fortwährend große Risiken auf sich zu nehmen. Seine unermüdlichen Versuche, in London ein Opernensemble am Leben zu erhalten, waren nur begrenzt erfolgreich und bereiteten ihm unentwegt Sorgen. Erst als er dem Opernbetrieb den Rücken kehrte und sich ganz und gar auf die Komposition und Aufführung von Oratorien verlegte, fand er eine gewisse Ruhe.

Heute sind Händels Opern beinahe völlig in Vergessenheit geraten, jedenfalls werden sie an den großen Bühnen der Welt kaum noch gespielt. Seinen bleibenden Ruhm hat er seinen Oratorien zu verdanken; auch erfreuen sich seine Orgelwerke und seine Kammermusik, die Concerti grossi und die religiösen Kompositionen immer noch großer Beliebtheit, vor allem in England, wo er als bedeutendster einheimischer Komponist gilt (Händel nahm 1727 die englische Staatsbürgerschaft an). Das Oratorium *Der Messias* mit dem Halleluja als triumphalstem Ausdruck seiner Kunst wurde zu Händels bekanntestem Werk. Seine Musik ist nach außen gewandt; so wie sein Charakter und seine Lebenseinstellung ist sie klar und kraftvoll, ohne jedoch im geringsten nach Effekten zu haschen. Auch im überwältigenden Jubelchor seines Halleluja offenbart sich Händel als Meister, der aus den Tiefen der Seele schöpft.

In seiner Musik, die leuchtend, dramatisch und manchmal mit großer Innigkeit erklingt, offenbart sich ein Marscharakter, der von einem goldenen Sonnenglanz umgeben ist. In dieser Hinsicht ist Händels Musik mit Rembrandts Malerei verwandt, obwohl bei diesem das Streben nach Verinnerlichung vielleicht noch intensiver und ergreifender zum Ausdruck kommt. Beide Meister sind die größten Gestalter biblischer Themen. In Händels Opern und Oratorien begegnen wir vielen Episoden und Gestalten aus dem Alten Testament, die mit einem Kampf oder Streit verbunden sind: Deborah, Esther, Joshua, Judas Makkabäus, Samson und Saul. Man spürt, daß sich diese kämpferische Seele von dem martialischen Verlauf der Geschichte Israels mächtig angezogen fühlte.

Christoph Willibald Gluck (1714-1787)

Es ist gewiß nicht einfach, in dem großen Reformer der italienischen Oper einen Sonnentypus zu erkennen, denn es gibt nur wenige Berichte, die etwas über sein innerstes Wesen aussagen. Wenn er im Alter der seinem Typus entsprechenden ›Sünde‹, nämlich einer schweren Melancholie verfiel, so ist dies allein natürlich noch kein Beweis für diese Typenzugehörigkeit. Es gibt aber noch weitere Anhaltspunkte. Seine Musik zeigt eine außergewöhnliche melodische Transparenz und zeichnet sich besonders in den sechs sogenannten ›Reformopern‹ durch eine verhaltene, ausgewogene Dramatik aus. Sein Leben war sehr bewegt und abwechslungsreich, ohne daß es Augenblicke übermäßigen Triumphs oder großer Enttäuschungen aufwies.

Als er nach seinen Erfolgen in Italien auch in England mit populären Opern die Gunst des Publikums gewinnen wollte, mußte er erkennen, daß ihm der dort lebende Händel überlegen war. Das wenig schmeichelhafte Urteil Händels ließ ihn jedoch weitgehend unbeeindruckt und beeinflußte ihn nur insoweit, als er von dieser Kritik profitieren konnte.

In Gluck erkennen wir einen Menschen, der seiner Umgebung

gegenüber sehr aufgeschlossen war und Anregungen dankbar aufnahm – in seinem Fall war es besonders die italienische Manier –
ohne dabei seine Eigenständigkeit zu verlieren.

Gewiß verfügte Gluck über enorme Vitalität. Wie wir aus Alfred
Einsteins Biographie über den Komponisten erfahren, hatte er von
seinem Vater außer einer gediegenen Sparsamkeit und entschlosse-
nem Auftreten auch »Streitbarkeit oder Hitzigkeit« geerbt. Es mag
sein, daß diese letzteren Eigenschaften seine Jugend prägten; in
seinen späteren Jahren tritt vor allem seine Besonnenheit in den
Vordergrund. Auffallend ist auch der sich sehr langsam vollziehen-
de künstlerische Reifungsprozeß und der Stilwandel in seinem
Schaffen. Die Uraufführung von *Orpheus und Eurydike*, seiner
ersten Reformoper, fand erst 1762 statt, als Gluck bereits achtund-
vierzig Jahre alt war.

Trotz Spontaneität und innerer Regsamkeit findet man keinerlei
fanatische Züge in seinem Wesen. Obwohl er in einem Kommentar
zu seiner Oper *Alceste* die italienische Operntradition mit ihrem
barocken Überfluß, ihrer Unnatürlichkeit und selbstgefälligen Vir-
tuosität mit scharfen Worten kritisierte, entwickelte er keinen
übermäßigen Eifer, wenn es darum ging, mit solchen Traditionen
zu brechen und seine Reformen durchzusetzen. Wenn dennoch der
Kampf entbrannte wie 1774 in Paris, als die Anhänger Glucks und
die des italienischen Komponisten Piccini, der Opern im alten Stil
komponierte, gegeneinander zu Felde zogen, änderte dies nichts an
der gegenseitigen Wertschätzung, die jeder von ihnen dem anderen
entgegenbrachte, und konnte beide nicht davon abhalten, freund-
schaftlich miteinander zu verkehren.

Selbstverständlich kam Glucks Opernreform nicht aus heiterem
Himmel. Nachdem sich die Oper als neue musikalische Gattung
etabliert hatte (um 1600), gab es immer wieder Stimmen, die das
Unnatürliche der Form und des Inhalts bemängelten. Ihr Nieder-
gang gipfelte darin, daß Librettisten und Komponisten zu willigen
Handlangern der durch das Publikum vergötterten Sänger und
Sängerinnen wurden und sich in ihrem Schaffen ausschließlich dem
Geschmack der Masse beugten. In Frankreich war mit der ›opéra-
comique‹ bereits ein Versuch unternommen worden, zu einem na-

türlichen Stil zurückzufinden. Gluck hat in seinen jungen Jahren diesen französischen Stil kennengelernt und bewundert. Jean Jacques Rousseaus Aufruf zur ›Rückkehr zur Natur‹ und das wiedererwachte Interesse für das Griechentum und seiner Ideale trugen wesentlich dazu bei, daß Glucks Streben nach Schlichtheit, Natur und Wahrheit von Erfolg gekrönt wurde. Die Zeit war reif für neue Ideen, und es bedurfte nur noch eines genialen Künstlers wie Gluck, der sie zu verwirklichen vermochte.

Glucks Reformbestrebungen drücken sich nur in einer kleinen Anzahl von Werken aus. Wenn man bedenkt, daß er kaum etwas zu anderen musikalischen Gattungen beigetragen hat, ist man geneigt, die Bedeutung seiner Leistung zu unterschätzen. Tatsächlich aber ist der von ihm ausgehende Impuls von unvorstellbarer Bedeutung für die weitere Entwicklung der Musik. Seine Sonnennatur ermöglichte es ihm, diesen musikalischen Impuls auf tolerante und harmonische Weise zu verwirklichen. Gluck versuchte nie, seine Überzeugungen mit Gewalt durchzusetzen. Vielleicht war dies der Grund, weshalb seine Größe nicht in ihrem vollen Ausmaß erkannt wurde.

Alfred Einstein beschließt sein Buch über Gluck mit folgenden Worten: »Der wahre Gluck bleibt für uns alle immer noch und vielleicht immer wieder zu entdecken. Hoffen wir, daß er von einem glücklicheren, reineren, ehrfürchtigeren Zeitalter einmal entdeckt wird.«

Franz Joseph Haydn (1732–1809)

Der Sohn eines armen Wagners wird nach dem Kaiser des österreichisch-ungarischen Reiches benannt! – Man kann dies natürlich von seiner ironischen Seite betrachten; es offenbart sich darin aber auch eine Eigentümlichkeit, die ganz und gar zu unserem Bild von Haydns Persönlichkeit paßt: Er war ein Mann aus dem einfachen Volk, doch sein Schaffen zeugt von äußerster Noblesse.

Der niederländische Musikhistoriker Bernet Kempers beschreibt Haydns Persönlichkeit folgendermaßen: »Seine Kunst bietet eine unvergleichlich große Vielfalt sowie einen großen inneren Reichtum; sie ist schlicht und kernig in ihrer Komposition. Eine seiner auffallendsten Eigenschaften ist sein Humor, seine Bonhomie, seine einfache Herzlichkeit nebst seiner ungekünstelten natürlichen Ausdrucksweise, die im besten Sinne des Wortes populär ist. Seine Musik ist auch in den langsamen Momenten lebendig; sie ist selten pathetisch und nie heroisch. Übrigens kann seine Musik sowohl kindlichen Frohsinn als auch Ernst und Schmerz, ausgelassene Heiterkeit, aber auch innige Frömmigkeit ausdrücken. Als Musiker ist er technisch interessant, nicht nur wegen seiner vortrefflichen fachlichen Kompetenz, sondern auch wegen der originellen Freiheiten, der Abwechslung in der Gestaltung, der gewagten Modulationen und Kontraste in den Tonarten und durch überraschende Harmonien.«[65]

In dieser Charakterskizze enthüllt sich Haydns merkurhaftes Wesen mit größter Deutlichkeit. Seine Beweglichkeit, sein Humor und seine Originalität, das Ungekünstelte in seinem Naturell wie auch in seiner Musik lassen ihn als Idealbild eines Merkurtypus mit all seinen möglichen Schattierungen erscheinen. In Haydns Persönlichkeit kommen diese Qualitäten auf eine Weise zur Entfaltung, die sie als Grundlage seines musikalischen Genies erscheinen lassen.

So wie der musikalische Schaffensdrang das martialische Wesen Händels verinnerlicht und veredelt hat, so war es bei Haydn die Musik selbst, die seiner lebhaften Natur eine bewundernswürdige Tiefe verlieh und dadurch seine zur Schlichtheit neigende Ausdrucksweise vor Verflachung bewahrte. Sein Tiefsinn ist ohne Pathos, seine Größe ohne Heroismus! Die einzige Gattung, für die Haydn keine Werke von bleibendem Wert hinterlassen hat, ist die Oper. Die ›herzzerreißende‹ Schönheit von Mozarts Dissonanzen, seine ergreifende Dramatik und fast magische Verklanglichung seelischer Spannungen – all das war Haydn nicht gegeben, obwohl er es zutiefst bewunderte.

Im Umgang mit seinen Mitmenschen treten Joseph Haydns Merkur-Qualitäten am deutlichsten in Erscheinung. Zweifellos hatte er das Glück, den richtigen Menschen zu begegnen, die ihn unterstützen und förderten. Er verstand es aber auch, jede günstige

Gelegenheit geschickt zu nutzen. Mit viel Einfühlungsvermögen und dank seiner ungezwungenen und aufgeschlossenen Art, seines Humors und seiner Klugheit, verstand er es immer wieder, einflußreiche Persönlichkeiten, aber auch Kollegen und ihm untergebene Orchestermitglieder für sich zu gewinnen.

Als Beispiel dieser Fähigkeit kann die bekannte Anekdote über die *Abschiedssymphonie* stehen: Der Graf Esterhazy, bei dem Haydn als Dirigent, Komponist und Musiklehrer im Dienst stand, zog jeden Sommer mit seiner Familie und dem ganzen Hofstaat, zu dem auch das Orchester gehörte, von Wien nach Ungarn aufs Land. Die Musiker, die ihre Frauen und Kinder während des ganzen Sommers in der Stadt zurücklassen mußten, sehnten sich, als sich der Aufenthalt in die Länge zog, nach Hause zurück. Keiner wagte es aber, sich mit einer Bitte um Beurlaubung an den wegen seiner Strenge gefürchteten Dienstherrn zu wenden. Haydn fand aber ein Mittel, sich und seinen Kollegen zu helfen. Er schrieb eine herrliche Symphonie, bei deren Aufführung die Musiker in einer bestimmten Reihenfolge zu spielen aufhörten, die Kerze an ihrem Pult ausbliesen und sich leise davonstahlen. Zum Schluß blieb nur noch Haydn als Dirigent übrig, der sich auf dieselbe Weise entfernte. Der Graf verstand diese unnachahmlich taktvolle und zugleich raffinierte Anspielung und ließ die Musiker schließlich nach Hause ziehen.

Haydns einziger schwerwiegender Fehler auf zwischenmenschlichem Gebiet war seine Ehe mit der ältesten Tochter des Wiener Friseurs Keller, die er heiratete, obwohl er eigentlich die jüngere Schwester liebte. Hier hat gewiß der Vater die Brautwahl beeinflußt, und so glänzend Haydn gewöhnlich auch die Künste Merkurs einzusetzen wußte, – in diesem Fall war er darin dem Friseur unterlegen. Die Schuld daran, daß diese Ehe mißglückte, lag aber sicher nicht nur bei seiner Frau, denn Haydns eheliche Treue soll nicht gerade vorbildlich gewesen sein.

Als der alte Graf Esterhazy 1790 starb, löste sein Nachfolger das Orchester auf. Haydn blieb aber Titulardirigent und bezog weiterhin sein Gehalt. Er nutzte seine neu erworbene Unabhängigkeit zu einer Konzertreise nach England (1791/92). Diese Reise wurde ein grandioser Erfolg. Obwohl er kein Wort Englisch sprach, erwarb er sich sofort große Sympathien. Die leicht verständliche musikalische Sprache seiner sechs Londoner Sinfonien verschaffte ihm große Popularität. Von seiner zweiten Reise nach England (1794/1795) brachte er zwei Schriften mit nach Wien, die die Textgrundlage für seine beiden meisterhaften Oratorien bilden sollten: *Die Schöpfung* und *Die Jahreszeiten*. Der inzwischen fünfundsechzigjährige Meister verstand es, diesen Werken unvorstellbaren Schwung und außergewöhnliche Frische zu verleihen.

Haydn schrieb eine Vielzahl geistlicher Stücke, von denen manchmal behauptet wird, sie seien zu heiter und zu weltlich, um religiöse Gemüter wirklich anzusprechen. Ihnen fehlen zwar sämtliche düsteren und allzu ernsten Züge, und doch zeugen sie von einer tief empfundenen Frömmigkeit. Haydn äußerte sich dazu: »Wenn ich an meinen Gott denke, so hüpft mir das Herz und die Töne hüpfen mit.« Seine lebensfrohe, ›merkurhafte‹ Religiosität war wahrhaftig und kam von Herzen. Eine gewisse Frivolität, die dem Charmeur Haydn natürlich auch eigen war, fehlt in seinen geistlichen Werken gänzlich.

Joseph Haydn gilt als ein großer Erneuerer, inbesondere im Bereich der Instrumentalmusik. Er vollendete, was zuvor nur ansatzweise vorhanden war, zum Beispiel die viersätzige Symphonie, das Klaviertrio und das Streichquartett. Es ist aus Haydns Naturell heraus durchaus verständlich, daß er mit besonderer Vorliebe Variationssätze komponierte.

Nicht zuletzt soll auch auf die wohltuende und entspannende Wirkung von Haydns Musik hingewiesen werden. Besonders beim Selberspielen seiner Musik spürt man ihren belebenden und aufmunternden Einfluß, von dem auch im therapeutischen Einsatz eine heilende Kraft ausgehen könnte.

Wolfgang Amadeus Mozart (1756–1791)

Wolfgang Amadeus Mozart war sicherlich einer der rätselhaftesten Menschen, die je auf Erden gelebt haben. Rätselhaft nicht nur wegen seiner überragenden musikalischen Begabung, sondern auch wegen seiner kometenhaften Erscheinung in einer gesellschaftlichen Umgebung, die seine Musik zwar mit Beifall bedachte, seine einzigartige Bedeutung aber nicht erkannte.

Auch was seine Planetenzugehörigkeit betrifft, stellt uns dieser Komponist vor ein Rätsel. Um es zu lösen, wollen wir seine Universalität als Ausgangspunkt nehmen.

Wenn wir die sieben Planeten jeweils mit ihren charakteristischen Merkmalen an unserem inneren Auge vorbeiziehen lassen, so findet sich dabei kaum ein Aspekt, den wir nicht auch bei Mozart zu entdecken glauben. Gehört er also zum Sonnentypus, der sich dadurch auszeichnet, daß er die unterschiedlichsten Planetenaspekte in einem ausgewogenen Verhältnis in sich vereint? Vieles jedoch, was über Mozarts Leben berichtet wird, widerspricht dieser Annahme, daß es sich bei ihm um eine ausgeglichene Persönlichkeit handelte. Er war vielmehr der Getriebene; er besaß etwas, das Goethe ›dämonisch‹ nannte, womit er nichts böses, sondern eine geistige Kraft meinte, die nicht mit rein menschlichen Maßstäben zu messen war.

Geht man davon aus, daß in Mozarts Musik wie auch in seinem Leben Liebe und Schönheit im Mittelpunkt standen, so darf man ihn wohl dem Venustypus zurechnen, der aber auch unverkennbare Sonnenqualitäten aufweist. Die typischen Merkmale der übrigen Planeten treten bei ihm zwar ebenfalls in Erscheinung, doch zeigen sie immer eine gewisse ›Venusfärbung‹.

In Mozarts Musik ist auch saturnische Tiefe vorhanden, aber man hat den Eindruck, daß er nicht mittels Gedankenkraft, sondern durch vollkommene seelische Hingabe aus diesem Urquell schöpfte und damit ein idealer ›Mittler‹ war, durch den die tiefsten Weltgeheimnisse an die Oberfläche gelangten.

Auch eine deutliche Jupiterfärbung ist vorhanden. Eine von Mozarts vollendetsten Schöpfungen ist als *Jupitersymphonie* (1788) bekannt geworden. Der großartige Gestus und die Souveränität, die dieses Opus kennzeichnen, begegnet uns in vielen seiner Werke. Doch die visionäre Größe, das mächtig Dahinströmende und die Plastizität in der Ausdruckskraft sind dabei immer von der unvergleichlichen Schönheit der Venus umhüllt.

Man darf nicht glauben, das Liebliche und Anmutige bei Mozart schließe die Anwesenheit des Mars-Elementes aus. Mozarts Wesen ist von Kraft und Kampfeslust erfüllt, was aber nie ins Gewaltsame geht. Durch ein starkes Freiheitsstreben bei gleichzeitiger Sympathie für revolutionäre Ideen – hier nicht im politischen Sinne gemeint – mildert Venus immer wieder den Einfluß von Mars. Die Oper *Die Hochzeit des Figaro*, deren Handlung er nicht selbst erdacht hat, mit deren Inhalt er sich aber stark identifizierte, war eine revolutionäre Anklage gegen den Adel mit seinen ungerechtfertigten Privilegien.[66] Auf der Bühne begegnet uns aber kein sich ungestüm gebärdender Figaro, der mit Gewalt seine Ehre zu verteidigen sucht. Der wollüstige Graf Almaviva wird durch weibliche List an der Nase herumgeführt und in seinem Vorhaben gestoppt.

Auch der Einfluß der innersonnigen Planeten macht sich in Mozarts Wesen bemerkbar. Merkur verleiht ihm seinen kindlichen Frohsinn und seinen Humor, seine Neigung, tiefsten Ernst mit Possenspiel zu verbinden, seine unglaubliche Leichtigkeit und das Bedürfnis nach ständiger Erneuerung und Fortentwicklung im Musikalischen, was in den konservativen Kreisen Wiens auf Unverständnis und Widerstand stieß. Mozarts Bewunderung für Haydn entstammte größtenteils auf einer durch Merkur gegebenen Seelenverwandtschaft.

Als weiterer Faktor sei hier auch der Mond genannt, der ebenfalls seinen Einfluß geltend macht. Dabei äußern sich lunare Aspekte weniger in einer sentimental-verträumten Grundstimmung seines Wesens als vielmehr in der Neigung zum geheimnisvoll-okkulten, was vor allem in Mozarts besonderer Beziehung zur Freimaurerei zum Ausdruck kommt.

Mozarts Seelenverfassung wird jedoch am meisten durch das Venuselement der Liebe und der Schönheit gekennzeichnet. Als ›Wunderkind‹ versetzte er die Menschen nicht nur durch seine übernatürliche Begabung in Erstaunen, sondern entzückte sie gleichermaßen durch seine Anmut, seinen kindlichen Liebreiz. Er ist von klein auf sehr empfänglich für weibliche Schönheit – gleichgültig, ob sie ihm in Gestalt seiner Nichte oder der Maitresse des französischen Königs begegnete. In der unnachahmlichen Gestalt

Cherubinos in der *Hochzeit des Figaro* mit seiner nicht ganz so unschuldigen Galanterie können wir ohne Frage etwas wie ein Ebenbild des jungen Mozart erkennen. Der schalkhafte Cherubino trägt bereits alle Züge eines Don Juans mit seinem mit Zynismus gepaarten Charme, für den Liebe ein dämonisches Wechselspiel von Anziehung und Zurückweisung ist. Mozart kannte die zerstörerische Seite der Liebe ebenso gut (*Don Giovanni*) wie ihr höchstes Ideal: die Caritas oder die heilende, schöpferische Liebe.

> In diesen heilgen Hallen
> kennt man die Rache nicht,
> und ist ein Mensch gefallen,
> führt Liebe ihn zur Pflicht.
> (*Die Zauberflöte*)

Das Venuselement in Mozarts Wesen offenbart sich auch in seinem großen Interesse und in seiner Empfänglichkeit für die Seelenregungen anderer Menschen. Seine Fähigkeit, diese Regungen in Musik zu verwandeln, ist von keinem anderen Komponisten übertroffen worden.

Mozarts ›hellfühlendes‹ Wissen von der Realität der geistigen Welt dürfen wir vielleicht mit der höchsten Offenbarung der ›himmlischen‹ Venus, der ›Venus Urania‹, in Zusammenhang bringen, wobei die innige Verwandtschaft zum Sonnenwesen deutlich wird.

Die Tatsache, daß der ›apokalyptische‹ Klang einer Posaune Mozart im Kindesalter einmal das Bewußtsein raubte, deutet auf seine große Durchlässigkeit für das Übersinnliche hin. In seinen späteren Kompositionen wie *Don Giovanni*, *Die Zauberflöte* und dem *Requiem* sollte ihm die Posaune dazu dienen, auf Offenbarungen aus dem Reich des Geistes hinzudeuten.

Mozarts Venusnatur bildete eine vollendete ›Schale‹, in der er Inspirationen aus der göttlichen Welt aufzufangen vermochte. Er erlebte das zutiefst Ergreifende der Nähe Gottes, von der er ergriffen und unwiderstehlich angezogen wurde. Doch der irdische Teil seines Wesens war dieser hohen Aufgabe kaum gewachsen. Vielleicht liegt darin der tiefere Grund für seinen frühzeitigen Tod.

Die Mysterien des Totenreichs sind auch diejenigen des Lichts, der Liebe und des Lebens, die in der *Zauberflöte* durch den Sonnentempel mit seinem geheimnisvollen Priester Sarastro repräsentiert werden. Drei Sonnenmotive sind in den Stoff dieser Oper hineinverwoben: Taminos Rolle zeigt Ähnlichkeit mit Orpheus, dem Sohn des Sonnengottes Apoll; neben diesem griechischen Element ist ein Bezug auf die ägyptischen Sonnenmysterien von Isis und Osiris gegeben, und der Name ›Sarastro‹ deutet unverkennbar auf Zarathustra hin, den Stifter des persischen Sonnenkults.

Durch seine Venuszugehörigkeit konnte Mozart für sein unermüdliches musikalisches Schaffen aus der Welt der geistigen Urbilder schöpfen. In seinem Werk trifft man unentwegt auf Archetypen, doch nirgendwo erscheinen diese schöner, tiefsinniger und kraftvoller als in der *Zauberflöte*.

Diese Offenheit in der Beziehung zu höheren Welten ist die eigentliche Erklärung für die dramatische Kraft Mozarts. Er erlebte zutiefst die Spannung zwischen ideeller Vollkommenheit und der Unvollkommenheit des irdischen Daseins. Diese Tragik, die auch in den eigenartigen Dissonanzen seiner Musik lebt, ist aber eine Venus-Tragik – sogar ihren Schmerz kleidet sie in leuchtende Schönheit.

Ludwig van Beethoven (1770-1827)

Als Ludwig van Beethoven starb, wütete gerade ein schweres Gewitter über der Stadt Wien. Sein Geist schied von der Erde während eines heftigen Naturgeschehens, das einst als Offenbarung des Himmelsgottes Zeus bzw. Jupiter galt. Begleitet von der erhabenen Musik des Donners holten die Götter einen ihrer größten Söhne, der seinen Auftrag auf Erden erfüllt hatte, wieder zu sich in die geistige Welt.

Beethovens Jupiternatur offenbarte sich erst in seinen späten Lebensjahren mit entsprechender Deutlichkeit. Zunächst schien es, als würde die Marskomponente sein Wesen beherrschen. Die Jahre seiner Kindheit zeigen gewisse Parallelen mit Händels Jugend. Auch Beethoven litt bei der Entwicklung seiner musikalischen Begabung sehr unter dem Einfluß seines Vaters. Zwar unterstützte dieser den Wunsch des Knaben, Musiker zu werden, doch wollte er aus ihm ein Wunderkind nach dem Vorbild Mozarts machen, was am widerspenstigen Charakter seines Sohnes scheiterte. Mit allen Mitteln versuchte der Vater, seinen Willen durchzusetzen, doch der Widerstand des jungen Ludwig van Beethoven war stärker.

Die Frühwerke Beethovens sind noch stark von Haydn und Mozart beeinflußt; doch immer wieder bricht auch darin schon, beispielsweise im vielfach auftretenden Sforzando und Fortepiano, jenes martialische Element hervor, das zu einem typischen Stilmerkmal seines späteren Schaffens werden sollte. Dieser Marscharakter zeigt sich nicht nur in diesen ›stoßenden‹ Motiven, sondern auch in vielen Eigenheiten seiner Persönlichkeit, vor allem in der Art seines Auftretens. Viele Anekdoten berichten von seinem groben Benehmen in den Salons des Wiener Adels, wenn das illustre Publikum nicht aufmerksam genug dem Meister bei seinen Klavierdarbietungen zuhörte.

Die Bewunderung für Napoleon, den er als Held der französischen Revolution verehrte, darf wohl ebenfalls seiner Marsnatur zugeschrieben werden. Als sich Napoleon jedoch 1804 zum Kaiser krönen ließ, zerriß der Komponist das Blatt, auf dem die Widmung seiner dritten Symphonie, der *Eroica*, an Napoleon geschrieben stand. Mit einem ›Tyrannen‹ mußte mit der entsprechenden Mars-Geste abgerechnet werden.

Obgleich Beethoven den Idealen der Revolution starke Sympathien entgegenbrachte – er verfolgte die politischen Entwicklungen in Frankreich mit größter Aufmerksamkeit – pflegte er zugleich gute Beziehungen zu den vornehmen Kreisen im Land, mit denen ihn sein vornehmes Wesen und sein Selbstwertgefühl verbanden. Hier manifestiert sich auf unverkennbare Weise eine Jupiterqualität. Ebenso wie bei seinem Zeitgenossen Goethe haben wir es hier eindeutig mit der Entfaltung einer dominanten Persönlichkeit zu tun. Sein Auftreten als Klaviervirtuose in der besseren Gesellschaft Wiens – das Wörtchen ›van‹ vor seinem Namen ließ manche glauben, er sei von adeliger Herkunft – verhalf ihm zu bedeutendem Ansehen und versprach eine glänzende Zukunft.

Aber das Schicksal wollte es anders. Es verhinderte, daß er, der den künstlerischen Olymp bereits erstiegen hatte, zu äußerem Ruhm und Ansehen kam. Seine fortschreitende Schwerhörigkeit zwang ihn dazu, den Weg der Verinnerlichung zu gehen. Dadurch verwandelte sich seine stürmische Marsgewalt allmählich in saturnische Zurückgezogenheit. Von nun an sehen wir Beethoven in qualvoller Einsamkeit seine grandiose Mission vollenden. Er holte die Musik erst richtig auf die Erde herab, indem er sie ganz und gar mit seiner Ich-Kraft durchdrang. Seinen bedeutenden Vorgängern wurden die musikalischen Inspirationen noch als himmlisches Geschenk zuteil. Auch Beethoven hat sie, diese göttlichen Eingebungen. Aber er ringt mit ihnen, arbeitet an ihnen, formt sie ständig um, bis sie – aus seinem individuellen Wesen heraus wie neu erschaffen – als Musik erklingen.

Nachdem Beethovens Schwerhörigkeit in völlige Taubheit übergegangen war, war es ihm nicht mehr möglich, das Ergebnis seines Schaffens äußerlich zu ›kontrollieren‹. Er mußte nun, von völliger Stille umgeben, aus innerer Kraft heraus ein reines, nach Innen gerichtetes Hören entwickeln. Richard Wagner verglich ihn mit dem aus der griechischen Sagenwelt bekannten blinden Seher Teiresias, dem die Welt der sichtbaren Erscheinungen verschlossen war, der aber mit seinem inneren Auge den Urgrund der Dinge zu schauen vermochte: »... ihm gleicht jetzt der ertäubte Musiker, der ungestört vom Geräusche des Lebens nun einzig noch den Harmonien seines Inneren lauscht, aus seiner Tiefe nur einzig noch zu jener Welt spricht, die ihm – nichts mehr zu sagen hat.«[67]

Bestimmten Passagen in Beethovens Instrumentalmusik wirken, als ›spräche‹ da ein Mensch zu uns. Nicht von ungefähr mündet sein mächtigstes Instrumentalwerk, die *Neunte Symphonie,* in die menschlichen Sprache. Das Wort ist von Ich-Kraft erfüllt; Musik, die dem menschlichen Ich entstammt, ist dem Wort verwandt.

Man gewinnt den Eindruck, als ob Beethovens Erkrankung seine Jupiterneigung verstärkte, auch dann noch, als er nicht mehr imstande war, entsprechend seinem ›dominanten‹ Typus seine Kraft nach außen hin zu entfalten. Der Dialog mit seinen Mitmenschen war nunmehr unmöglich geworden; das Leben hatte für ihn jede Freude und jeden Reiz verloren. Es blieb ihm nur der Weg nach innen, in die Welt seiner Empfindungen und Gedanken. »Schon in meinem achtundzwanzigsten Jahre [bin ich] gezwungen, Philosoph zu werden,« schrieb er in dem ergreifenden persönlichen Bekenntnis, dem *Heiligenstädter Testament* aus dem Jahre 1802, in dem er, von seinem nahen Tod überzeugt, seinen jüngeren Brüdern Karl und Johann seine bis dahin geheimgehaltene Taubheit beichtete. Er lebte aber noch fünfundzwanzig Jahre, in denen all seine Meisterwerke entstanden.

Tatsächlich hält mit Beethoven das Philosophisch-Gedankliche Schritt für Schritt Einzug in die Musik. In seinen Werken ist er jedoch nicht immer so streng und ernst, wie es ihm häufig nachgesagt wird. Seine Musik strotzt oft vor überschäumender Lebensfreude, sie ist tänzerisch und von dionysischem Übermut erfüllt, nicht selten aber auch besonders innig, leicht und heiter. Nicht die Melodie, die manchmal himmlisch schön und anrührend sein kann, ist das Wichtigste und Interessanteste an seiner Musik, sondern der Rhythmus und die Bewegung. Manchmal kann sich die Melodie sogar völlig in Rhythmus auflösen, wie im bekannten *allegretto vivace* des *Streichquartetts Op. 59,1.* Die unerhört starke und sehr variable Rhythmik gibt seinen Werken eine Plastizität, die der Gestaltungskraft des Denkens nahe kommt. Wie anders ist Haydns Bewegung, in der alles wie Atem und Herzschlag ›weiterpulsiert‹!

In seinen späten Werken – vor allem in seinen letzten *Streichquartetten* ab op. 127 und in der *Klaviersonate op. 106* – beeindruckt die erhabene Ruhe melodischer Bögen, die sich über viele Takte spannen und weit ausgreifenden Gedanken in strömender Bewegung gleichen. Hier tritt uns der thronende Jupiter entgegen, der seine allumspannende Weisheit in klingender Bewegung offenbart. Jupiters Tugend ist die ›Hoffnung‹, die ersehnte und teils schon verwirklichte künftige *Freude*, die »Tochter aus Elysium«.[68]

Beethoven war ein Wegbereiter für die Zukunft, ein Prometheus der Musik. So wie dieser der Menschheit das Feuer vom Himmel auf die Erde brachte, so schenkte Beethoven ihr eine Musik, die nun als eine vollständig aus dem menschlichen Bewußtsein hervorgegangene irdische Schaffensgabe verstanden sein will. Prometheus mußte die Vermessenheit seiner Tat büßen. Als Strafe wurde er von Jupiter an eine Felswand des Kaukasus geschmiedet. Beethoven wurde vom Schicksal mit Taubheit geschlagen. Während sich aber Prometheus mit Jupiter versöhnte, wurde Beethoven selbst zum ›Jupiterwesen‹ und überwand Zwiespalt, Fesselung und Abgeschlossenheit. Dieses innere Prometheus-Drama demonstriert den Triumph des Ich über das Schicksal; die Errungenschaft dieses Sieges ist eine unsterbliche Musik.

Franz Schubert (1797-1828)

›Schwammerl‹ wurde Schubert von seinen Freunden genannt. Seine Erscheinung war unauffällig – kleine Statur und etwas beleibt, ein blasses, etwas aufgeschwemmtes Gesicht, Brille und ›Künstlermähne‹: hohe Stirn und wild gelocktes Haar. In seinem Auftreten erschien er phlegmatisch und introvertiert. Wer ihn nicht kannte, mochte ihn wohl als schüchternen, unbedeutenden Menschen betrachten. Aber seine Freunde wußten es besser. Hinter seinem unauffälligen Äußeren, seiner etwas verträumten Erscheinung und der meist ärmlichen Kleidung verbarg sich nicht nur eines der herausragendsten musikalischen Talente, sondern auch eine vulkanische Natur, die nur selten, dann aber mit ungeahnter Kraft hervorbrach.

Noch eine andere seltsame Eigenschaft besaß dieser Sohn eines Schulmeisters. Ohne besondere Anstrengung gelang es ihm, einen Kreis von Freunden zusammenzuhalten, die zum Teil von grundverschiedener Wesensart waren und die unterschiedlichsten Berufe ausübten. Schubert trat dabei kaum in den Vordergrund; nur wenn er Klavier spielte und seine neu komponierten Lieder zu Gehör brachte, bildete er den sichtbaren und hörbaren Mittelpunkt dieser Gesellschaft. Er war die Seele dieser Gemeinschaft; schon seine schweigende Gegenwart rief das Gefühl gegenseitiger Verbundenheit hervor. So kam es, daß dieser Kreis auch unmittelbar nach Schuberts Tod wieder auseinanderfiel.

Es ist etwas an seiner Musik, das die Menschen in ihren Bann zog und uns auch heute noch fesselt. ›Musikalische Hellsichtigkeit‹

nannte einer seiner Freunde, der Opernsänger Vogl, Schuberts besondere Gabe, eine tiefere, geheimnisvolle Wirklichkeit hörbar zu machen.

Schubert brachte seine Musik aus der Nacht mit. Er begann am frühen Morgen unmittelbar nach dem Erwachen zu komponieren. Ununterbrochen schrieb er, notierte immerfort, was in ihn eingeströmt war. Es schien, als sei er noch nicht ganz erwacht und lausche, noch halb im Schlaf, was sich ihm aus der geheimnisvollen nächtlichen Welt offenbart. Diese Arbeit setzte er bis ungefähr ein Uhr mittags fort. Als dann der Strom seiner Inspiration zu versiegen begann, beendete er seine Tätigkeit und traf sich mit seinen Freunden im Café. Abends besuchte er Konzerte oder ging in die Oper. Seine Freunde verschafften ihm, der in bitterster Armut lebte, Eintrittskarten und hielten ihn zu den Mahlzeiten frei. Die meisten seiner Tage verliefen nach diesem Schema.

Schubert schöpfte aus dem Reich der Nacht, die vom Mond regiert wird. Der Mond regt zu Träumereien an, zum Visionär-Phantastischen. Sein dämmrig-glänzendes Licht hat zwar nicht die Kraft, die Farbe der Dinge zum Leuchten zu bringen, er vermag aber eine besondere Stimmung zu erzeugen. Die Schatten, die sein Schein erzeugt, erscheinen vielbedeutend. Das Licht des Mondes verjagt die Nüchternheit; es weckt eine unbestimmte Sehnsucht. Doch wonach? Ist es das Unbekannte und Verborgene, ist es Liebe – oder vielleicht der Tod? Im Mondenlicht erwacht die lyrische Stimme des Gemüts zu singender Poesie und poetischem Gesang.

Schubert ist der Meister des Liedes. Seine mondverwandte Art schenkte ihm die Gabe, einen lyrischen Text auf vollendete Weise in Klängen zu ›spiegeln‹. Merkwürdigerweise erscheint uns diese musikalische Spiegelung oft gehaltvoller, spannungsgeladener und ergreifender als das ursprüngliche Gedicht. Das gilt vor allem für jene Lieder, deren literarischer Wert weniger hoch einzuschätzen ist. Wie läßt sich dieses Phänomen erklären?

Bei der Umsetzung eines Gedichtes in Musik entfällt die intellektuell-inhaltliche Komponente, jenes Element, das am wenigsten zum poetischen Wert eines Verses beiträgt. In seinen Liedern finden Gefühlsregungen, Stimmungen und innere Spannung des

Kunstwerks zu ihrem reinsten Ausdruck und sprechen uns, befreit von ihrer inhaltlichen und begrifflichen Last, unmittelbar an. Schubert weist auch der Klavierbegleitung eine völlig neue Rolle zu. Das Klavier ›begleitete‹ nicht länger die Gesangsstimme nach dem zu dieser Zeit noch üblichen Vorbild der Monodie. Ebensowenig folgt Schubert in seinen Liedern der polyphonen Satzweise, bei der Gesangstimme und Instrument gleichwertige Rollen zugewiesen bekommen. Das Klavier gestaltet vielmehr den Stimmungsraum, es ›malt‹ die Szenerie aus, es schafft die natürliche Umgebung des lyrischen Geschehens und verleiht dieser ihr eigentümliches Kolorit. Zugleich verkörpert sie das episch-erzählerische Element, das den Hintergrund zum lyrisch-dramatischen Ausdruck des gesungenen Wortes bildet, wie zum Beispiel in der Vertonung von Goethes Ballade *Erlkönig,* in der man in der Klavierpartie das stetige Geklapper von Pferdehufen hört, das in der musikalischen Darstellung eine eindrucksvolle Spannung erzeugt. In *Das Wandern ist des Müllers Lust* aus dem Zyklus *Die schöne Müllerin* erkennt man in der Klavierbegleitung das Plätschern eines Gebirgsbachs, und aus *Der Leiermann* in der *Winterreise* glaubt man die Drehorgel des armen Spielmanns herauszuhören.

Diese Verfahrensweise macht Schuberts Lieder so unglaublich interessant. Mit dieser ›Milieuschilderung‹ im Klavierpart steigert er den dramatischen Ausdruck seiner Liedkompositionen; sie wirken deshalb so lebensecht und ergreifend, weil er ein Meister der ›schöpferischen Nachahmung‹ war. Auch in dieser Beziehung kann er seine Mondzugehörigkeit nicht verleugnen.

Das musikalische Mittel, mit dessen Hilfe es Schubert wie keinem anderen gelang, verschiedene Stimmungen einfühlsam und zugleich tief ergreifend wachzurufen, ist die *Harmonik*, und zwar insbesondere die Modulation, der Übergang von einer Tonart in eine andere. Schuberts Rhythmik ist weniger interessant; in dieser Beziehung kann er mit seinem großen Vorbild Beethoven nicht im entferntesten wetteifern. Seine melodischen Einfälle und Modulationen sind aber unübertroffen; allein Mozart ist ihm darin ebenbürtig.

Gewöhnlich wird Schubert bereits der Romantik zugerechnet, die in der Musik bereits mit Beethoven begann und in der die strenge Erhabenheit der Klassiker durch einen leidenschaftlichen Individualismus abgelöst wird, in der die Freiheit der Form und der Ausdruck innerer Leidenschaft eine bestimmende Rolle spielen sollten. Zwar mögen diese Elemente auch schon bei Schubert zu finden sein, seinem Wesen und Charakter nach gehört er aber noch ganz in den Umkreis der Wiener Klassik. Wenn er sich vor allem durch seine Liedkompositionen auszeichnete, schmälert dies in keiner Weise seine Bedeutung als Komponist von Instrumentalmusik: seine Symphonien, Streichquartette, Trios und vor allem seine Klaviermusik können sich, was Form und Inhalt betrifft, mit Beethoven, Mozart und Haydn messen. Was ihn außerdem mit der Klassik verbindet, ist neben seiner bedeutenden Produktivität vor allem die Universalität seines Werkes. Im Jahr seines ersten Mondknotens[69] (1815) zum Beispiel schrieb er vier Opern, hundertvierzig Lieder, zwei Sinfonien, zwei Messen, ein Streichquartett, zwei Klaviersonaten und noch einige geistliche Stücke.

Die Verbundenheit mit der Nachtwelt, wie wir sie auch von Novalis kennen, macht Schubert für die Realität des übersinnlichen Daseins empfänglich – jedoch auf andere Weise als Mozart. Letzterer erlebte die himmlische Venus-Sonnensphäre, während Schuberts besondere Beziehung zum Tod seine Mond- und auch Erdverbundenheit verrät.

Gedanken an den Tod waren bestimmend für Schuberts letzte Lebensphase. Sein Liederzyklus *Die Winterreise* aus dem Jahre 1827 behandelt das Thema Abschied und Sterben auf ganz besonders erschütternde Weise. Nach der Beerdigung Ludwig van Beethovens im gleichen Jahr bei einem Umtrunk zu Ehren des Verstorbenen widmete Schubert demjenigen seinen Trinkspruch, der Beethoven folgen würde. Ahnte er damals schon, daß er selbst der nächste sein sollte?

Dabei verhieß das Jahr 1828 erstmals ein gesichertes Dasein. Bei einem Konzert verdiente er achthundert Gulden, mit denen er sich nun zum ersten Mal ein eigenes Klavier kaufen und einen Teil seiner Schulden abbezahlen konnte. Am 4. November schrieb er sich als Schüler bei Simon Sechter ein, um bei ihm Kontrapunkt[70] zu studieren. Am 11. November erkrankte er an Typhus und starb am 19. nach schwerem Todeskampf.

Auf seinen Wunsch hin wurde er in unmittelbarer Nähe von Beethoven begraben, den er über alle Maßen verehrte, mit dem er aber nie in direkten Kontakt getreten war. Es war eine Gewohnheit von ihm, Beethoven während seiner Spaziergänge am Stadtwall entgegenzugehen, beim Nahen des Meisters einen Schritt zur Seite zu treten und ihn mit tiefster Ehrfurcht zu grüßen. Danach lief er quer durch die Stadt zum gegenüberliegenden Wall, um seinem Vorbild ein zweites Mal zu begegnen, wiederum den Hut zu ziehen und sich tief zu verneigen. Beethoven jedoch nahm keine Notiz von ihm.

Diesem merkwürdigen Mond-Verhalten, dem ›Kreisen um seinen Planeten‹, blieb Schubert sein Leben lang treu!

10. Weitere Beispiele für die sieben Seelentypen

Im vorangegangenen Kapitel wurde bereits deutlich, daß Kombinationen von Seelentypen möglich sind – wie bei Mozart – oder daß Akzentverschiebungen auftreten – wie bei Beethoven. Jeder Mensch ist dem Einfluß aller sieben Planeten ausgesetzt, denn bei der Rückkehr zu einer neuen Inkarnation auf der Erde durchwandert seine Seele nacheinander alle sieben Planetensphären (siehe Kapitel 4) und bringt aus jeder dieser Regionen etwas in sein irdisches Dasein mit. Das individuelle Schicksal eines Menschen kann es aber erfordern, daß sich seine Seele der Wirkung eines bestimmten Planeten durch einen längeren Aufenthalt in seiner Sphäre in verstärktem Maße aussetzt. Verweilt sie für längere Zeit im Bereich mehrerer Planeten, wird die spätere Seelenverfassung eine Kombination von verschiedenen Typen aufweisen. Am häufigsten treten Zweierkombinationen auf; dabei können sich günstige und weniger günstige Paare bilden. Im allgemeinen kann man mit einer gewissen seelischen Ausgewogenheit rechnen, wenn sich zwei entgegengesetzte Typen auf solche Weise verbinden, daß sie ihre jeweilige Einseitigkeit abschwächen.

Max Stibbe deutet in diesem Zusammenhang auf das mittelalterliche Parzival-Epos Wolframs von Eschenbach hin, dessen drei männliche Hauptfiguren, Parzival, sein Halbbruder Feirefiz und Gawan, drei mögliche Entwicklungswege der menschlichen Seele repräsentieren. In ihnen erkennen wir deutlich die Wirkung der drei äußeren Planeten: bei Parzival Saturn, bei Feirefiz Jupiter und bei Gawan Mars. Die Einseitigkeit des ich-bewußten Saturntypus bei Parzival wird durch den Einfluß der Venus ausbalanciert. Bei Feirefiz ist Jupiter mit Merkur und bei Gawan Mars mit Mond kombiniert. Dadurch wird der Haupttypus in seiner Wirksamkeit jeweils gemildert.

Die Außenplaneten werden also durch die Innenplaneten in ein Gleichgewicht gebracht. Dies geschieht aber nicht nur bei den polar entgegengesetzten Planetenpaaren (siehe Skizze S. 66). Bestimmte Kombinationen wirken sich auch ungünstig aus, wie zum Beispiel die Kombination Saturn-Mond (beide introvertiert) oder Mars-Venus (beide extravertiert). In der europäischen Geschichte finden sich viele Beispiele eines solchen ungünstigen Zusammenwirkens: Bei Königin *Elisabeth I.* von England (1533-1603) sehen wir den aggressiven (Mars-)Typus mit aller Vehemenz hervortreten. Seine Wirkung wurde aber nicht etwa durch die Verträumtheit des Mondentypus abgedämpft, sondern durch die heftige Emotionalität des ästhetischen (Venus-)Typus mit seinen ausgeprägten Sympathie- und Antipathiegefühlen noch verstärkt.

Literarische Gestalten

In Wolframs Parzivaldichtung ist die Planetentypologie als Schlüssel zur menschlichen Seelenentwicklung auf besonders eindrucksvolle Weise herausgearbeitet. Alle weiblichen Hauptfiguren, die sich mit den oben genannten männlichen Protagonisten durch die Ehe verbinden, tragen jenes Seelenelement in sich, das sich jeweils mildernd auf den Seelentypus ihres Gatten auswirkt: der ich-bewußte Parzival (Saturn) wählt Kondwiramur (Venus) zur Gemahlin, Feirefiz (Jupiter) verbindet sich mit der Jungfrau Repanse de Schoye (Merkur) und Gawan (Mars) mit Orgeluse, die als ausgesprochen erotische Frauengestalt in diesem Epos den Mondentypus vertritt.

Die Kämpfe und Widerwärtigkeiten, die von den drei Helden bestanden und erduldet werden müssen, um die Dame ihres Herzens zu ›erobern‹, zeigen sinnbildhaft, welche Seelenqualitäten sie sich während ihrer inneren Entwicklung noch aneignen müssen. Auf diesen seelischen Schulungsweg wollen wir im letzten Kapitel noch zurückkommen.

Es stellt sich nun die Frage, ob die Weltliteratur weitere Dichtungen aufweist, in denen eine Planetentypologie vielleicht auf noch prägnantere Weise als im *Parzival* entwickelt wird. Leider haben Forschungen, die sich dieser Frage widmen, bisher kaum stattgefunden. Im Rahmen dieser Arbeit ist es daher nur begrenzt möglich, entsprechende Beispiele anzuführen und zu erläutern. Der Leser möge die folgenden Betrachtungen, die keinen Anspruch auf Vollständigkeit erheben, als Anregung auffassen, sich gründlicher mit dieser Materie zu beschäftigen und alles, was sich hier auf Andeutungen beschränkt, selbst zu prüfen. Dasselbe gilt natürlich auch für Beispiele, die nicht der Literatur, sondern dem wirklichen Leben entnommen sind.

In den Werken *William Shakespeares*, einem der herausragendsten Kenner der menschlichen Seele, lassen sich die unterschiedlichen Seelenregionen, die im dritten Kapitel geschildert wurden, deutlich unterscheiden: die Regionen der ›Begierdenglut‹, der ›fließenden Reizbarkeit‹, der ›Wünsche‹, der ›Lust und Unlust‹, des ›Seelenlichtes‹, der ›tätigen Seelenkraft‹ und des ›Seelenlebens‹.

Bei den Narren in Shakespeares Dramen ist die sogenannte ›fließende Reizbarkeit‹ der bestimmende Faktor ihrer seelischen Verfassung. Bei verschiedenen Frauenfiguren sind ›Seelenlicht‹ und ›tätige Seelenkraft‹ sehr stark ausgeprägt – denken wir nur an Porzia in *Der Kaufmann von Venedig* oder Paulina in *Das Wintermärchen*. Die ›Begierdenglut‹ als alles beherrschende Leidenschaft treffen wir zum Beispiel in *Maß für Maß* in der Gestalt Angelos mit seiner wollüstigen Begierde nach der schönen Isabella an. Doch diese Form der ›Astralität‹ äußert sich in vielen Dramengestalten Shakespeares keineswegs immer nur als Sexualtrieb.

Ebenso treffen wir bei den handelnden Personen in Shakespeares Dramen auf die unterschiedlichen Seelentypen mit ihren jeweiligen Planetenmerkmalen. Eines der entzückendsten Beispiele für den Merkurtyp ist Autolycus in *Das Wintermärchen*: »Mein Vater nannte mich Autolycus, der, da er wie ich unter dem Merkur geworfen wurde, ebenfalls ein Aufschnapper von unbedeutenden Kleinigkeiten war.« (Akt IV,2)

Auch in anderen Werken des englischen Dramatikers begegnet man immer wieder Musterbeispielen für die einzelnen Planetentypen. In *Wie es euch gefällt*, dem unübertroffenen Meisterwerk der ›Seelenalchimie‹, sind sogar alle sieben vertreten. Orlando als tapferer Junker, der sich ungestüm und manchmal auch ziemlich tölpelhaft gebärdet (z.B. während seines aggressiven ›Eindringens‹ in die Gesellschaft des verbannten Herzogs im Ardenner Wald) verkörpert den Marstypus in reinster und vornehmster Weise. Im Herzog könnte man, so wie er in seinem ›Wald-Fürstentum‹ mild und weise, wahrhaftig ›jovial‹ regiert, eine Jupitergestalt erkennen.

Eine weitere Gestalt in dieser Komödie, der melancholische Jaques, ist ein echter Saturntyp: griesgrämig, halsstarrig und mit bissigem Humor. Er ist seiner melancholischen Art getreu immer nur mit sich selbst beschäftigt; seine Gedanken sind tief, aber einseitig. Der Narr Probstein ist auf eine andere Art als Autolycus ein Merkur par excellence. Er läßt Celia zwar nicht im Stich, kennt aber dennoch keine echte Treue. Mit den beiden herzöglichen Prinzessinnen zieht er nur deshalb in den Wald, weil seine ›schlingpflanzenartige‹ Natur einen Halt braucht. Sein Verhalten gegenüber der Bauernmagd Audrey ist nicht nur komisch, sondern auch skandalös, denn sie zeugt von einer echten Ganovenmentalität. Aber alles wird ihm gerne verziehen.

Rosalinde und Celia vertreten Sonne und Mond, beide mit einem leichten Anflug von Venusmentalität. Rosalinde besitzt das Königliche des Sonnentyps; sie herrscht ohne Selbstsucht, läßt jeden zur Geltung kommen und bringt alles wieder ins rechte Lot. Nur bei Jaques gelingt es ihr nicht, ihn aus seiner Erstarrung zu lösen. Sogar in ihrer sehr mädchenhaften (venushaften) Verliebtheit für Orlando bleibt sie ihrem Wesen treu und erweist sich als Herrin der Lage. Nur für einen kurzen Augenblick zeigt sie Schwäche, als sie nämlich Orlandos blutgetränktes Taschentuch erblickt – aber schließlich kann auch die Sonne einmal durch ein Wölkchen verfinstert werden. Celia ist als Venus-Mond-Typus eine anmutige Nachfolgerin ihrer stolzen Nichte, dabei aber eigenwillig und mit Fürsorge und Liebe erfüllt.

Phöbe, die launige Schäferin, die ihren schmachtenden Hirten verschmäht, die aber durch ihre unerwiderte Liebe zu der als Junge verkleideten Rosalinde selbst erfährt, was Liebesschmerz bedeutet, ist auf ihre Weise ein echter Venustyp, der in der Vermischung, Verwirrung und Auflösung der Seelenregungen eine bescheidene, aber doch wesentliche Rolle spielt.

Auch in Werken anderer großer Dichter sind die einzelnen Planetentypen deutlich zu unterscheiden, ohne daß der Künstler seinen Charakteren absichtlich eine bestimmte Seelenfärbung verliehen hätte. Dies ist auch verständlich, denn die Phantasie des Dichters wird aus der Wirklichkeit des menschlichen Seelenlebens genährt, worin die planetarischen Zusammenhänge wirksam sind.

Manchmal scheint es, als führe uns der Künstler durch die intuitive Kraft seines Schaffens Gestalten vor Augen, die unmittelbar der Sphäre der Urbilder entstammen. Als ein Beispiel dafür kann der fesselnde Roman *Ein Kampf um Rom* von Felix Dahn stehen. Er handelt im Italien des 6. Jahrhunderts und berichtet vom Untergang des von den Ostgoten errichteten Reiches. Dabei treten die sieben Planetentypen sogar in Verbindung mit den zwölf Tierkreiszeichen auf.[71]

Da es sich in diesem Werk um historische Personen handelt, stellt sich die Frage, ob das Schicksal diese Typen wirklich in dieser siebenfachen Konstellation auf dem blutigen Schauplatz der Geschichte zusammengeführt hat oder ob es sich um Archetypen handelt, aus denen der Autor vor dem Hintergrund einer idealisierten Geschichtsbetrachtung die historischen Ereignisse nachgebildet hat. Wie die Antwort auch lauten mag, die Charakterisierung der Hauptpersonen und die genaue Beschreibung zahlreicher Einzelheiten, die für den Verlauf der Handlung vielleicht weniger bedeutend, für eine Typologie aber äußerst aufschlußreich sind, läßt kein Zweifel daran aufkommen, daß dem Autor der Zusammenhang der Sterne und Planeten mit der Seelenverfassung des Menschen auf irgendeine Weise vertraut war.

Eine umfassende Betrachtung der vorhandenen Personenkonstellationen würde die genaue Kenntnis des Werkes erfordern. Wir beschränken uns daher auf einige wenige Gestalten des Romans, die hier in aller Kürze charakterisiert werden sollen: zunächst drei der männlichen Hauptpersonen, den Römer Cethegus und die Goten Totila und Teja, sodann drei Frauenfiguren, die byzantinische Kaiserin Theodora, die gotische Prinzessin Mataswintha und das jüdische Mädchen Miriam.

Cethegus, der ehrgeizige Präfekt von Rom, hat Schütze als Tierkreiszeichen und Jupiter als Planetenmerkmal. Er besitzt den vorausschauenden Blick eines Jupitermenschen, dessen Herrschernatur alles und jeden seiner Macht unterordnen will. Maßloser Ehrgeiz und Hochmut, verbunden mit scharfem, weitblickendem Denken und starkem Willen charakterisieren seine Persönlichkeit. Rücksichtslos verfolgt er nur ein einziges Ziel, nämlich die Alleinherrschaft über Rom und Italien. Dies weist ihn als typischen Schützen aus. Sein Haß ist tödlich. In seinem römischen Palast befindet sich nicht nur eine Statue Julius Caesars, sondern auch ein Jupiterstandbild!

Durch die Sprache der Symbole – manchmal in Form von steinernen oder bronzenen Statuen – verweist Felix Dahn auf die Beziehung zwischen Planeten und Seelentypen; bisweilen deutet er auf diese Weise auch auf den Tierkreiszeichen-Typus hin. Das ist zum Beispiel bei Totila und seinem Freund, dem Römer Julius Montanus, der Fall. Sie werden von einem Bildhauer als die Götterzwillinge Castor und Pollux dargestellt, die auch als Sternbild am Himmel zu sehen sind. Totila vertritt den Sonnentypus in Verbindung mit dem Tierkreiszeichen der Zwillinge. Er ist die Lichtgestalt bei diesem Paar. Mit seinem goldblonden Lockenschopf ist er in jeder Hinsicht der ideale, königliche und harmonische Mensch, tapfer und weise, brüderlich und souverän. Goten und Römer verehren ihn gleichermaßen; nicht einmal seine Gegner können ihn hassen. Sein Kriegsglück, sein mutiges Auftreten und sein Können als Feldherr und Herrscher über sein Volk erinnern uns an einen Helden aus der Sagenwelt. Dennoch schildert ihn Dahn als einfachen Menschen mit liebevollem, edlem Wesen, voller Treue und jungendlichem Optimismus.

Sein Untergang, der durch den Verrat eines Nebenbuhlers herbeigeführt wurde, bedeutet zugleich den Untergang seines Volkes.

Der Sonnenimpuls, der im Volk der Goten wirksam war, leuchtet nach dem Tod des großen Theoderich noch einmal in seiner vollen Kraft und Herrlichkeit in der Gestalt von Totila auf, um dann mit ihm zu erlöschen. Der letzte heldenhafte, verzweifelte Kampf gegen die Übermacht des byzantinischen Heeres wird von Teja angeführt. Er ist eine Verbindung von Steinbock und Saturn. Mager, blaß und mit langen schwarzen Haaren wirkt er älter, als er eigentlich ist. Die Erinnerung an einen lange zurückliegenden schmerzlichen Verlust lastet auf seinem Gemüt. Treue zu seinem Volk, aber auch Rache bestimmen sein Tun. Er kennt keine Furcht; bewaffnet mit seiner gefürchteten Streitaxt wagt er sich ins dichteste Kampfesgetümmel. Seinem Steinbock-Naturell gemäß findet man ihn bei allen Unternehmungen immer an vorderster Stelle. Düster, in sich gekehrt, aber zugleich äußerst wachsam, begleitet er sein Volk durch Höhen und Tiefen. Im letzten Kampf am Vesuv steht er Cethegus gegenüber. Dabei finden beide in einem erbitterten Zweikampf den Tod.

Die weiblichen Gestalten des Romans sind nicht minder interessant als die männlichen. Auch bei ihnen handelt es sich um Archetypen. Theodora, die Gattin des Kaisers Justinian, der über das oströmische oder byzantinische Reich herrscht, repräsentiert den Skorpiontypus in Vollendung. Sie ist von durchtriebener Klugheit, intrigant und grausam. In ihrem Haß kennt sie kein Mitleid, und selbst in ihrer Leidenschaft bleibt sie berechnend. Ihr großes Vorbild ist die ägyptische Königin Kleopatra. Wie diese versteckt sie ihre Niedertracht hinter unwiderstehlicher Schönheit. Ihr verführerischer Blick, der geschmeidige Körper einer Tänzerin (Justinianus hat sie in einem Zirkus entdeckt) kennzeichnen sie als echten, aber außergewöhnlich boshaften Venustypus.

Eine weitere tragische Venusgestalt ist die gotische Prinzessin Mataswintha, ein Enkelkind Theoderichs. Sie wird immer wieder als ein Mädchen von überragender Schönheit beschrieben und verfügt über die ganze Kraft der Hingabe, die so kennzeichnend für den Venustyp ist. Ihr Haß ist jedoch ebenso heftig und ohne jede Zurückhaltung, als ihre Liebe zurückgewiesen wird. Ihr Tierkreiszeichen dürfte das der Jungfrau sein. Dabei sind es weniger ihre

Charakterzüge, die darauf hinweisen, als vielmehr ihr unseliges Schicksal.

Auf Drängen des Volkes nimmt der Gotenkönig Witichis Mataswintha zur Frau, obwohl er bereits mit Rauthgundis verheiratet ist. Als Mataswintha bemerkt, daß Witichis ihre Liebe nicht erwidert und er weiterhin Rauthgundis die Treue hält, schlägt ihre Leidenschaft in tödlichen Haß um. Sie verrät ihr Volk und ihren Gemahl, der dadurch in die Hände des Feindes gerät. Witichis wird durch Rauthgundis aus dem Gefängnis befreit. Beide ertrinken jedoch auf der Flucht. Cethegus will nun die verwitwete Mataswintha zwingen, den byzantinischen Prinzen Germanus zu heiraten. Doch als dieser sie im Triumph heimführen will, stellt sie ihm ein Rätsel: »Was ist das? Weib und doch Mädchen? Witwe und doch nie Weib? Vermagst es nicht zu deuten? Hast recht. Der Tod nur löst alle Rätsel.« Daraufhin stößt sie sich Witichis' Schwert ins Herz und stirbt.[72]

Eine bezaubernde und rührende Gestalt in dieser Welt voller Leidenschaft, Verrat, List und Gewalt ist das jüdische Mädchen Miriam. Auch sie wird wegen ihrer Schönheit gerühmt. Die Szenerie, in der sie der Autor schildert, als sie in ihrem Garten nahe beim Stadttor von Neapolis mit ihren Blumen beschäftigt ist und weiße Tauben um sie herumflattern, erinnert an eine Darstellung der Göttin Venus. Aber ihr träumerisches Wesen, ihre Anhänglichkeit an den goldlockigen jungen Totila, die selbstlose Liebe, die sie ihm entgegenbringt und die auch seine Auserkorene, die aus Rom stammende Valeria, einschließt, läßt uns vermuten, daß wir es hier mit dem Mondentyp in seiner edelsten Gestalt zu tun haben.

Bei der ersten Begegnung des Lesers mit Miriam erklingen ›silbrige Töne eines Saiteninstruments‹ hinter einem Vorhang.[73] Sie spielt auf der Harfe und singt leise und verträumt ein melancholisches Lied aus der Tradition ihres Volkes. Am Ende des Kapitels erscheint Totila kurz bei ihr und ihrem Vater, um sich als Gärtner zu verkleiden und sich danach zu seiner Geliebten zu begeben. Nachdem ihr Vater Izak, der Turmwächter, ebenfalls das Zimmer verlassen hat, bleibt sie sinnend zurück. Während der Mond (!) sein glänzendes Licht durch das Fenster wirft, küßt sie den weißen

Mantel, den der junge Held zurückgelassen hat und setzt seinen Helm mit den silbernen Schwanenflügeln für eine kurze Weile auf ihre schwarzen Locken.

Während des Kampfes um die Stadt Neapolis rettet Miriam den Sonnenjüngling, als er gerade in die Hände der byzantinischen Feinde zu fallen droht. Dabei findet sie, von einer Speerspitze getroffen, den Tod. Das liebevolle, reine Mondenwesen opfert sich dem Sonnenhelden. Dieses wunderbare ›Gralsbild‹[74] glänzt wie eine Perle in der Finsternis des ›Kampfes um Rom‹.

Historische Persönlichkeiten

Unter den herausragenden Persönlichkeiten der europäischen Geschichte sind viele Beispiele der sieben Planetentypen anzutreffen, von denen wir aber nur einige wenige herausgreifen wollen. In den ersten vier Staatsmännern, die an der Spitze der Republik der Vereinigten Niederlande standen, kann man Repräsentanten der Außenplaneten und der Sonne erkennen.

Im Prinzen *Wilhelm von Oranien*, dem ›Vater des Vaterlands‹, begegnet uns ein Saturntyp edelster Prägung. Seine Söhne *Maurits* und *Frederik Hendrik* waren beide großartige Feldherrn und Eroberer. Sie stellen auf überzeugende Weise den Mars- bzw. den Sonnentypus dar, während sich *Johan van Oldenbarnevelt* als Jupiternatur präsentiert.

Wilhelm von Oranien mit seinen hohen Prinzipien der Menschlichkeit und Gewissensfreiheit war keine spontan handelnde und zupackende Natur. Man nannte ihn den ›Schweiger‹. Er überlegte jeden seiner Schritte lange und sorgfältig. Dies minderte seine Qualitäten als Feldherr, die bei seinem Sohn Maurits, der seine martialische Art deutlich in seinem Verhalten gegenüber Oldenbarnevelt demonstriert. Sein anderer Sohn, Frederik Hendrik, besaß einen besonders ausgewogenen und ›sonnigen‹ Charakter. Er stand aber seinem Stiefbruder Maurits als Stratege kaum nach.

Johan van Oldenbarneveldt besaß den vorausschauenden Blick und die weise Führernatur des Jupitertypus. Daß er im Kampf mit Prinz Maurits unterlag, ist seiner Haltung in der Religionsfrage zuzuschreiben. Er wollte, daß der Staat über die Religion seiner Bürger entscheide. Dadurch verletzte er den besonderen Freiheitssinn des niederländischen Volkes, das stets bereit war, für seinen Glauben zu kämpfen.

Wenn wir uns nun unter den historisch bedeutsamen Frauengestalten umschauen, begegnen wir wiederum der bereits erwähnten Königin *Elisabeth I.* von England, die deutlich den Marstyp repräsentiert (allerdings mit Venus kombiniert). Ihre große Rivalin, *Maria Stuart*, war zugleich ihr Gegenpol: ein Venustyp mit all seinen Reizen, seiner Kraft und seiner Schwäche sowie seinen emotionalen Höhen und Tiefen. In Schillers Drama *Maria Stuart* begegnen wir diesen beiden königlichen Frauengestalten mit ihren jeweiligen Planetenmerkmalen.

Monden- und Merkurtypen sind unter den Größen der Geschichte viel seltener anzutreffen als die Vertreter der Außenplaneten. Max Stibbe nennt als Mondentypen den französischen König *Ludwig XV.* mit seinem anrüchigen Lebenswandel und den gedankenlos-verträumten *Willem V.*, Statthalter der Vereinigten Niederlande.

Merkurtypen findet man natürlich insbesondere unter den berühmten Diplomaten. *Talleyrand*, der im ›ancien régime‹, dann während der französischen Revolution, danach unter Napoleon und auch später während der Restauration unter den gegensätzlichsten politischen Verhältnissen seine Position zu verteidigen wußte, kann mit Recht zu diesem Typus gezählt werden.

Die Geschichte als ein weites Forschungsgebiet der Planetenpsychologie ist noch weitgehend unerschlossen geblieben. Untersuchungen auf diesem Gebiet könnten neue und fruchtbare Erkenntnisse ans Licht bringen und Aufschlüsse darüber geben, was als die eigentliche Triebfeder historischer Ereignisse den Lauf der Geschichte entscheidend mitbestimmt hat. Ähnliches gilt auch für die Entwicklung des kulturellen Lebens. Unsere Betrachtung soll daher mit einigen markanten Planetentypen aus der Literaturgeschichte abgeschlossen werden. Die Auswahl der Beispiele erklärt sich aus persönlichen Vorlieben und kann daher nicht als repräsentativ betrachtet werden. Der Leser möge dies als Aufforderung verstehen, sie aus seinem Erfahrungsschatz heraus zu erweitern und zu vervollständigen.

Zu Beginn wollen wir den französischen Dichter *Paul Verlaine* als Vertreter des Mondentypus betrachten. Auf einem Gemälde von Henri Fantin-Latour, auf dem er zusammen mit Rimbaud und anderen französischen Dichtern dargestellt ist, fallen seine satyrhaften Züge nicht ganz so ins Auge wie auf späteren Porträts. Dieses Bild befindet sich heute in der berühmten Sammlung impressionistischer Gemälde im *Musée d'Orsay* in Paris. Wir sehen darauf ein blasses Gesicht mit hoher Stirn, schütterem Haar und Bart, ziemlich scheuem Blick und dichten Augenbrauen. Auf späteren Porträts wirkt sein Blick ausgesprochen mißtrauisch.

Verlaine war in seinen jungen Jahren ein Meister des ›Pastiche‹, der Imitation. Er konnte ›à la manière de plusieurs‹[75] den Stil sämtlicher Poeten seiner Zeit perfekt nachahmen. Als er seine eigene dichterische Stimme erhob, sprach daraus eine seltsame musikalisch-verträumte Wesensart. Seine Mondenzugehörigkeit offenbart sich auch in seinem Bedürfnis nach Geborgenheit und häuslichem Glück. Aber das Schicksal führte ihn mit Arthur Rimbaud zusammen. Dieser verführte Verlaine zu einem Leben als Bohemien, das ihn von seiner Gattin und seinem Söhnchen wegführte und keine sichere bürgerliche Existenz zuließ.

Verlaines Anlehnung an seinen zehn Jahre jüngeren Freund Rimbaud endet mit einer Verzweiflungstat. Nach gemeinsamem Herumvagabundieren in Belgien will ihn Rimbaud verlassen, weil er ihn als zu ›bürgerlich‹ empfindet. In seiner Verzweiflung droht Verlaine mit Selbstmord; er feuert einen Pistolenschuß ab, und Rimbaud wird leicht verwundet. Letzterer ruft in seiner Bestürzung einen Polizisten herbei. Dieser Zwischenfall führt zu einem Gerichtsverfahren und Verlaine wird zu zwei Jahren Kerker verurteilt. Im Gefängnis von Mons findet er zum katholischen Glauben zurück; aus tief bewegter Seele heraus ›spiegeln‹ sich nun die wiedergefundenen Glaubensinhalte auf sublimste Weise in seiner Dichtkunst.

Nach einem Jahr im Gefängnis versucht er vergebens, sein Leben zu ändern. Seine seelische Talfahrt beginnt aufs neue und setzt sich unaufhaltsam fort. Je älter er wird und je mehr sein Ruhm als Dichter wächst, desto mehr verfällt er dem Alkohol und der sexuellen Ausschweifung. Die Dichtkunst fällt der Krankheit und Sucht zum Opfer; seine späteren Verse sind nur noch kraftlos-laszives Gestammel. Die Gedichtsammlung *Fêtes galantes*,[76] eines seiner bewundernswürdigsten Werke, ist vom Mondenelement durchdrungen und von perlenähnlicher Feinheit und geheimnisvollem Zauber durchwoben.

Als interessanten Gegenpol zu Verlaine läßt sich eine weitere Größe der französischen Literatur anführen, nämlich *Victor Hugo*. Obwohl er viele Jupiterzüge aufweist, überwiegen seine Saturnmerkmale. Er betrachtet sich selbst als ›Denker‹, und tatsächlich ist seine Poesie fast nie träumerisch wie die Verlaines, vielmehr hat der reiche Strom der Bilder in seinen Versen einen stark gedanklichen Einschlag. Hugo ist zugleich aber auch ein genauer Beobachter, was auf den ersten Blick seiner saturnhaften Veranlagung zu widersprechen scheint. Bei ihm jedoch verwandeln sich äußere Wahrnehmungen in ein inneres Schauen und werden zu ›Visionen‹. Er ist, bei all seiner Leichtlebigkeit auf erotischem Gebiet, die er zumal in älteren Jahren zeigt, der personifizierte Tiefsinn. Sein Buch *La Légende des Siècles* – eine lebendige poetische Szenenfolge aus der Menschheitsgeschichte – atmet Saturnqualität par excellence. Sein ganzes Werk zeugt von seiner Verbundenheit mit dem ›Urgrund der Dinge‹ – ein Wesenszug, der zum wiederholt skizzierten Bild des saturnischen Wesens paßt.

Mit dem Meer, mit dem er sich während seiner Jahre im Exil (1853-1871) auf den Inseln Jersey und Guernsey anfreundete, fühlte er sich aufs innigste verbunden.[77] In der Vorstellungswelt antiker Adepten verkörperte der ›Okeanos‹ die geistige Welt – Hugo empfand dies ähnlich.

Das saturnisches Gedächtnis dieses Dichters reichte weit über alles Stofflich-Sinnliche hinaus. Offenbarungen aus uralten keltischen Mysterienquellen stiegen während seiner Meditationen bei einem verwitterten Steinhaufen, dem *Dolmen qui domine Rozel*,[78] in ihm auf. Das grandiose Gedicht *Saturne* (in *Les Contemplations*) zeigt uns, daß er sogar Erinnerungen an die kosmische Saturnsphäre in sich trug. In der allumfassenden Größe seiner schriftstellerischen Arbeit offenbart er sich abermals als ein unter dem Zeichen des Saturn geborener Mensch.

Unter den berühmten Repräsentanten der französischen Literatur findet man auch das Idealbild eines Marstypus in der Person von *François-Marie Arouet*, bekannt unter dem Pseudonym *Voltaire*. Dieser streitbare Philosoph, scharfzüngige Spötter und unversöhnliche Feind der Kirche und des Priestertums ist sowohl als mutiger Kämpfer wie auch als notorischer Feigling in die Geschichte eingegangen. Meist schoß er mit seinen giftigen Pfeilen gegen Menschen und Zustände über das Ziel hinaus. Um sich vor den Konsequenzen zu schützen, war er anschließend oft zu einem Rückzieher gezwungen, indem er seine Autorenschaft leugnete oder zeitweise untertauchte.

Voltaire war nicht nur ein Meister der Feder – obwohl sein literarisches Werk von vielen nicht besonders hoch eingeschätzt wird –, er besaß auch eine gewaltige Rednergabe – ein Geschenk des Planeten Mars. Als er sich in England in der Verbannung aufhielt, lernte er innerhalb von drei Monaten fließend die Landessprache, so daß er eine öffentliche Ansprache auf Englisch halten konnte.

Die Freundschaft, die ihn mit *Friedrich dem Großen* von Preußen verband, ist ein eigenartiges Phänomen: zwei Marstypen, die sich gegenseitig schmeicheln. Als sich ein Zerwürfnis unausweichlich anbahnte, wollte Voltaire sich wie gewohnt heimlich davonstehlen. Das gelang ihm aber nicht ohne weiteres. Er wurde in Gewahrsam genommen, bis er ein Büchlein mit obszönen französischen Gedichten von Friedrichs Hand zurückgegeben hatte. Wäre er damit entkommen, hätten ihn seine Rachegelüste möglicherweise dazu bewegt, es zu veröffentlichen – allerdings nicht, um die Frivolität seines Inhalts an den Pranger zu stellen (denn welcher Franzose hätte daran wohl Anstoß genommen), sondern um den preußischen König wegen seines fehlerhaften Französisch lächerlich zu machen.

Voltaire zeigte sich von seiner sympathischsten Seite, wenn er mutig für diejenigen eintrat, die wegen ihres Glaubens verfolgt wurden. Er kämpfte für Religionsfreiheit, obwohl man ihn selbst kaum als religiösen Menschen bezeichnen kann. Gegen die Kirche als Institution hegte er jedoch einen lebenslangen Haß. Seine martialische Wirksamkeit war zweifelsohne eine der treibenden Kräfte, die das Zustandekommen der französischen Revolution ermöglicht haben.

Diese Reihe von Beispielen wollen wir nun mit einem Charakterbild des englischen Dichters *Percy Bysshe Shelley* beschließen.

In Shelley können wir ohne große Mühe einen Venustyp erkennen, der hier mit ›Saturn‹ und einem Anflug von ›Mars‹ kombiniert ist. Auch in seiner äußeren Erscheinung kamen diese seelischen Qualitäten zur Geltung. Hochgewachsen mit leicht gebeugter Haltung erinnert er an Schiller. Sein Gesicht war aber ›venushaft‹ sanft, beinahe mädchenhaft, mit leuchtenden Augen, die vor allem in Augenblicken der Erregung einen wunderbaren und starken Glanz bekamen. Das Venuselement kommt deutlich in seinem Drang nach Schönheit und in seinem Liebesleben zum Vorschein. Er war zwar kein Schürzenjäger wie Lord Byron, aber doch besonders empfänglich für weibliche und und dabei vor allem für jugendliche Schönheit. Außerdem propagierte er die freie Liebe und folgte diesem leidenschaftlich vertretenen Grundsatz auch in seinem eigenen Leben.

Bei Shelley sehen wir Saturn und Venus auf eine recht eigentümliche Weise einander die Hand reichen. In seinem Inneren wohnte die typische Venuskraft der Zuwendung und der Hingabe an das Höhere und an ein Ideal, auch an das Idealbild einer Frau. Oft glaubte er, es gefunden zu haben, aber immer wieder sah er sich getäuscht. Er war nicht der Typ eines Naturliebhabers, der der Natur bewundernd gegenübersteht, vielmehr fühlte er sich eins mit ihr – wie ein Ariel oder Luftgeist. Seine Marsseite trat nicht nur in seinem Mut zum Vorschein, sondern auch in seiner virtuosen Fähigkeit als Dichter und Übersetzer im Umgang mit der Sprache. Außerdem war er ein überzeugender Redner. In dieses Spektrum typischer Mars-Eigenschaften gehört auch seine Waghalsigkeit. In Oxford schrieb er ein herausforderndes Pamphlet über die Notwendigkeit des Atheismus und wurde daraufhin von der Universität verwiesen. Zweimal erregte er Aufsehen durch die Entführung noch minderjähriger Mädchen; er stürzte sich in politische Abenteuer (Irland), schrieb revolutionäre Gedichte und wechselte ständig seinen Aufenthaltsort, was anfangs im Stil eines martialischen Vorstoßes stattfand, später eher einem Rückzugsmanöver glich. Dabei verabscheute er aber den Krieg und jede andere Form der Gewalt, wodurch sich auch seine Abneigung gegen Napoleon erklären läßt. Trotzdem war er ein trefflicher Schütze; auf diesem Gebiet stand er seinem Freund Byron in nichts nach.

Die saturnische Seite von Shelleys Wesensart findet ihren Ausdruck in seinen starren Prinzipien, denen ein unerschütterlicher Atheismus und eine engstirnige antichristliche Einstellung zugrunde liegen, sowie in seinen sozialen und revolutionären Theorien. Die andere Seite seiner Saturn-Natur zeigt sich in seinem Tiefsinn, in seiner Treue zu den höchsten Idealen der Menschheit, welche damals die Gemüter bewegten, die Ideale der Freiheit, Gleichheit und Brüderlichkeit. Shelley betrachtete sie als die verschiedenen Aspekte der Liebe.

In Shelleys Weltanschauung durchdringen sich materialistische und spirituelle Elemente, was die Widersprüchlichkeit seines Wesens erklärt. Er bestreitete die Existenz Gottes, und doch schien ihm alles von Geist erfüllt. Die Elektrizität betrachtete er als befreiende Kraft der Zukunft (*Prometheus Unbound*). Dennoch ist der Erlösungsgedanke, zu dem er sich am deutlichsten in seinem Prometheus-Drama bekennt, gnostisch und nicht naturwissenschaftlich gefärbt. Seine Venusnatur, die ihm sowohl heftige Sympathien als auch Antipathien einbrachte, gab ihm die Möglichkeit, die Einseitigkeit seiner saturnischen Wesensmerkmale durch die Schönheit der Dichtkunst auszugleichen. Seine Verse sind unvergleichlich wohlklingend und farbig, feurig und innig zugleich, sie glühen vor Idealismus und sind zugleich von erstaunlicher Natürlichkeit, was seiner Einfühlsamkeit zu verdanken ist, die ihm das Wesen der Natur offenbarte. Der niederländische Dichter Adriaan Roland Holst bezeichnet Shelley als den »poetischsten« unter allen Poeten.[79]

11. Planetentypologie in der Praxis

Nun stellt sich die Frage, ob die in diesem Buch dargestellte ›Planetenpsychologie‹ auch in der Erziehung und in der sozialtherapeuti-
schen und pädagogischen Praxis angewandt werden kann. Welche
sozialen Techniken müßten im Zusammenhang mit der hier beschriebenen Unterscheidung von sieben Planetentypen entwickelt
werden?

Selbstverständlich darf man keine fertigen Rezepte erwarten, die
allgemeingültige Richtlinien für den Umgang mit den einzelnen
Typen enthalten. Vielmehr soll gezeigt werden, auf welche Weise
man junge Menschen und Erwachsene auf ihrem Entwicklungsweg
führen, begleiten oder ihnen helfend zur Seite stehen kann. Es versteht sich von selbst, daß diese Hilfeleistung nur fruchtbar sein
kann, wenn man als Pädagoge oder Betreuer bereit ist, selbst eine
Entwicklung oder eine Schulung durchzumachen.

In der Pädagogik Rudolf Steiners, wo die Temperamentenlehre
eine wichtige Rolle spielt, wird das extreme Hervortreten eines
bestimmten Temperaments niemals dadurch gemildert, daß man es
in sein Gegenteil zu verwandeln versucht. Eine Harmonisierung
muß hier auf einem anderen Weg erreicht werden. Ein Melancholiker zum Beispiel, der zu tief in seine trübselige Art und in ›tragische‹ Erlebnisse eintaucht, kann man nicht dadurch aus seinem
Trübsinn befreien, daß man aufmunternde Worte zu ihm spricht,
ihn zur Heiterkeit bewegt oder ihn zur Tätigkeit antreibt. Man
sollte statt dessen versuchen, seine Aufmerksamkeit durch Erzählen einer traurigen Geschichte zu gewinnen. Er wird den Schmerz

des anderen mitempfinden und dadurch ein wenig das eigene Unglück vergessen. Hierbei wird Gleiches mit Gleichem geheilt – eine wirksame Methode, die eine Harmonisierung bei dem betreffenden Menschen bewirkt.

Bei der Planetentypologie liegt die Sache anders: Das Prinzip, Gleiches mit Gleichem zu behandeln, scheint hier nicht auf dieselbe Weise zu wirken. Dies dürfte damit zusammenhängen, daß wir es bei den Planetentypen mit der Seelenwelt zu tun haben, während das Temperament in einer tieferen Schicht unseres Wesens, nämlich in den Lebensprozessen verankert ist. Bei den Temperamenten befinden wir uns in einer viel weniger beeinflußbaren Region der Seele. Die Seelentypen weisen zwar, ähnlich wie das Temperament, eine gewisse ›Festlegung‹ auf (sonst könnten wir nicht von einem ›Typus‹ sprechen), doch Typenkombinationen, Übergangsformen und Wandlungen in seelischen Zusammenhängen bilden ein flexibleres, formbareres Muster als die Temperaments-Strukturen.

Darum ist es schwieriger, einen Typus zu bestimmen als ein Temperament. Andererseits ist es aber relativ einfach, bei sich selbst oder bei anderen durch bewußtes Eingreifen eine ausgleichende, d.h. entgegengesetzte Qualität anzuerziehen. Eine tiefgreifende Veränderung des Temperaments herbeizuführen, ist wesentlich problematischer.

Um sich ein Bild von den Planetentypen zu machen, sollte man die sieben Planetenwirkungen nicht so sehr als feste Kategorien betrachten; man sollte statt dessen die Vielfalt unterschiedlicher Lebenshaltungen als Möglichkeiten ansehen, auf eine von außen gegebene Situation angemessen zu reagieren.

Würde sich der Mensch in jeder Lebenslage seiner Veranlagung entsprechend verhalten, so würde er häufig auf die Nase fallen und andere verärgern. Durch Erfahrungen dieser Art lernt er, auf bestimmte Lebensumständen differenziert zu reagieren und sein Verhalten zu korrigieren. Er kann sich zum Beispiel fragen, in welcher Situation eine ›spiegelnde‹ (Monden)-Haltung gerechtfertigt und angemessen ist, oder in welcher Lage es richtig ist, ein ›martialisches‹ Auftreten oder vielleicht eine merkurhafte Geschmeidigkeit zu entwickeln. Ist es der passende Moment, sich lautstark – mit Marsgewalt – zu Wort zu melden, oder ist vielmehr die lauschende Qualität der Venus am Platz?

Durch diese differenzierte Annäherungsweise läßt sich die alte Lehre von den Tugenden auf zeitgemäße Art erneuern. Ausgangspunkt ist dabei nicht mehr das mittelalterliche Ideal der Askese, die zur Weltverneinung führt, um dabei der Seele den Zugang zur göttlichen Welt zu erleichtern. Es geht vielmehr um eine innere Schulung, die den Menschen befähigt, in der Welt tätig zu werden. Die Seele muß von allen erstarrenden, isolierenden Tendenzen befreit werden.

In dem schon mehrfach erwähnten Buch *Metamorphose* beschreibt Frits Julius eine solche innere Schulung, bei der man versucht, jeder Situation mit einem ihr entsprechenden Verhalten zu begegnen, das in Übereinstimmung mit den sieben Planetenwirkungen steht. Zu Beginn des Abschnitts ›Die Planeten als Inspiratoren zu einer echten Lebenskunst‹ heißt es dort:

»Um im wahren Sinne des Wortes Lebenskunst zu üben, muß man nicht nur die Welt bis zu einem gewissen Grade zu durchschauen vermögen, sondern vor allem auch begreifen, wie bestimmte Handlungsweisen zum Schlüssel werden können für bestimmte Situationen. Kennt man erst einmal die hier behandelten Zusammenhänge, dann ist es sehr gut möglich, sich ganz beliebig im Stile der verschiedenen Planeten zu verhalten.«

Anschließend spricht Julius von den sieben *Planetenstilen* als Schlüssel zu einer ›Lebenskunst‹. Im folgenden soll eine Zusammenfassung wichtiger Lebenssituationen gegeben werden, bei denen ein bestimmter Planetenstil empfohlen wird:

Mondenstil in folgenden Situationen:
- Wecken und Gedeihenlassen der Lebenskräfte
- das gewöhnliche, alltägliche, sich wiederholende Tun
- Berufsleben, Routinearbeit, Ernährung und Familienleben
- innere Entwicklung auf der Grundlage sich wiederholender Übungen (z.B. Meditation)
- gründliches, systematisches Studium

Saturnstil in folgenden Situationen:
- im täglichen Leben seinen Überzeugungen treu bleiben; alles, was einem als wahrhaftig und wesentlich erscheint, in seiner Lebenshaltung verwirklichen
- nicht von diesem Ziel abweichen, auch wenn man dieselbe Wahrhaftigkeit bei anderen vergeblich sucht
- durch regelmäßigen Rückblick eigene Taten und Gedanken an diesem Ideal messen
- die Verbindung mit dem ursprünglichen Zustand, mit dem göttlichen Ursprung, bewahren

Merkurstil in folgenden Situationen:
- Situationen, die festgefahren sind, wieder in Bewegung bringen
- vermitteln
- nie davon ausgehen, ein Problem sei unlösbar
- alle Schwere, alles Lastende überwinden
- wenn sich zwei Parteien uneinig sind, die positiven Aspekte in ihren unterschiedlichen Standpunkten verbinden
- Wechselbeziehungen anregen
- als ›Händler‹ wirken, d.h. was einer zuviel hat, einem anderen vermitteln, dem es fehlt

Jupiterstil in folgenden Situationen:
- wo es nötig ist, tätig eingreifen und die Führung übernehmen
- aus einem Ideal heraus handeln und dabei stets das Ganze im Auge behalten
- Systematik und Ordnung, unbeirrbare Zielstrebigkeit
- das Ganze (z.B. eine Arbeitsgemeinschaft) so organisieren, daß sich jeder am richtigen Platz befindet und dennoch seine Selbständigkeit bewahrt

Marsstil in folgenden Situationen:
- die Kraft entwickeln, trotz Widerstände neue Wege zu bahnen
- mit fester Überzeugung und mit vollem Einsatz der eigenen Persönlichkeit sich einem höheren Ziel unterordnen

- sich sowohl streitbar als auch dienstbar zeigen
- Aufgaben übernehmen, die schnelles Handeln und gewaltige Anstrengung erfordern

Venusstil in folgenden Situationen:
- Höhepunkte im Leben durch vollkommene Hingabe erreichen
- Empfänglichkeit für das Höchste (Religion, Kunst)
- in sich selbst Begeisterung entfachen, um sich für Inspirationen zu öffnen

Sonnenstil in folgenden Situationen:
- dem Mitmenschen helfen, den Sinn seines Lebens zu finden und seine Ziele zu verwirklichen
- den anderen in seinem Schicksal begleiten
- die eigene Kraft in den Dienst des fremden Wollens stellen
- innere Wege gehen und neue Möglichkeiten suchen, um anderen weiterzuhelfen
- ideale Haltung für Erzieher, Hilfeleistende, Seelsorger und Ärzte nach dem Vorbild Christi

Dies sind die wichtigsten Elemente der Selbstschulung vom Gesichtspunkt der Planetenpsychologie. Als ›Schlüssel‹ zu einer Lebenskunst können sie jedem von großem Nutzen sein, der sich von einer bestimmten typologischen Einseitigkeit befreien möchte. Natürlich wird sich kaum jemand konkret fragen: ›Auf welche Weise bringe ich meine einseitige Venus- oder Saturnnatur in Harmonie?‹ Die Lebensfragen aber, mit denen die Menschen ringen und für deren Lösung sie nach Hilfe suchen, empfangen ihre besondere ›Eigenfarbe‹ ausnahmslos aus dem eigenen Temperament und dem eigenen Seelentypus.

Wie kann man sich nun darin üben, sich ganz beliebig im Stile der verschiedenen Planeten zu verhalten?

Das vorliegende Buch kann dem Leser nur die Hintergründe einer solchen Lebenskunst vermitteln. Es muß jedem einzelnen selbst überlassen bleiben, die hier erworbenen Kenntnisse auf sich selbst anzuwenden und sich die notwendigen Fähigkeiten anzueignen. Die Schulung der Seelenqualitäten muß in unserer Zeit immer mehr von der eigenen Gedankentätigkeit ausgehen. Dabei ist nicht nur der Intellekt angesprochen, es ist eine Art von Denken gefordert, das auch den Willen und das Gefühl kräftig anspricht und sich erst auf diese Weise Wirksamkeit verschafft.

Der nächste Schritt besteht darin, *imaginative* Vorstellungskräfte auszubilden, die Fähigkeit zu entwickeln, Begriffe in einem Bild (Imagination) zusammenzufassen. Die Pflanzenwachstumsformen eignen sich hierbei vorzüglich als Übungsgegenstand. In einer ersten Phase sind wir vom Bild zum Begriff aufgestiegen. Nun muß der Begriff in ein inneres Bild verwandelt werden: Die Wachstumsform von z.B. einem Nadelbaum, einem Kaktus, einem Laubbaum oder einer Schlingpflanze nimmt man zuerst mit den äußeren Augen wahr, um sie sich danach, in einer zweiten Phase, als Vorstellung vor das innere Auge zu holen. Hierbei ist hauptsächlich auf die Gebärde zu achten, auf die Sprache der Physiognomie eines Naturgebildes. Diese Übung kann sogar einen meditativen Charakter annehmen. Nachdem man innerlich das betreffende Vorstellungsbild gewonnen und die ›Gebärdensprache‹ mit der Empfindung wahrgenommen hat, muß man sich eine gewisse Zeit mit voller Aufmerksamkeit hingebungsvoll in dieses selbstgeschaffene Bild versenken und dabei die Gefühle, die sich mit diesem inneren Bild verbinden, in sich nachklingen lassen. Die dafür erforderliche Zeit kann unterschiedlich sein; manchmal genügen dafür schon wenige Minuten.
    Der Verlauf dieser Übung, bei dem eine lebendige Verbindung mit dem Wesen der Planeten und den damit verbundenen Typen zustande kommen soll, kann durch Wahrnehmungsübungen sowie durch künstlerische Aktivitäten unterstützt werden, etwa durch Malen, Plastizieren, Rezitieren, Theaterspiel und Musizieren.
    Auch für den hilfesuchenden Menschen oder den Jugendlichen ist künstlerische Tätigkeit als harmonisierende und zur Selbsterkenntnis führende Aktivität unentbehrlich. Die entscheidenden Impulse werden dabei zunächst jedenfalls noch nicht aus der Kraft des eigenen Denkens resultieren. Der Betreuer, Ratgeber oder Erzieher wird zunächst einen Weg vorgeben müssen, die Einseitigkeit

eines bestimmten Typus, die sich störend auf Entwicklung oder Persönlichkeitsentfaltung auswirkt, auszugleichen.

Für die pädagogische Praxis gibt Max Stibbe in seinem Buch *Mensentypen* äußerst nützliche Anweisungen. Er geht nicht von Naturbildern aus, sondern setzt direkt bei den psychologischen Typen an. Dabei verweist er auf die Planetengötter, wie sie von griechischen Künstlern der Antike als Statuen und Reliefs verewigt wurden. Auch diese mythologischen Figuren können als Meditationsgrundlage dienen. Anstelle einer Saturndarstellung, die man nur selten vorfindet, kann dazu auch die ägyptisch-griechische Serapis dienen, die nach Wesen und Aussehen der Saturngottheit am nächsten kommt.

Bei allen sieben Planetentypen treten die jeweiligen Seelenfunktionen (vgl. Kapitel 1) auf unterschiedlichste Weise und mit verschiedenartiger Akzentuierung hervor. Dies birgt immer auch die Gefahr von Einseitigkeiten in sich. Bereits im achten Kapitel wurde das wechselseitige Verhältnis von Wahrnehmen, Denken, Fühlen und Wollen bei den verschiedenen Typen beleuchtet. Für die pädagogische Praxis ist es wichtig, für jeden einzelnen Planetentyp zuerst die unterschiedlichen Funktionen der Seele ins Auge zu fassen. Der Umgang mit jungen Menschen, der Unterricht, den sie empfangen, und die helfende Betreuung, die der Erzieher ihnen in der Phase zwischen dem vierzehnten und achtzehnten Lebensjahr geben kann, hat schließlich das Ziel, sie zu stärken und zu harmonisieren.

Im folgenden wollen wir versuchen, die wichtigsten Aspekte in einer Übersicht zusammenzufassen, obwohl dabei die Gefahr besteht, durch Verallgemeinerung das Individuelle im Menschen zu vernachlässigen. Die beigefügten erzieherischen Ratschläge beziehen sich in erster Linie auf den Umgang mit Schülern; sie können aber auch beim Umgang mit Erwachsenen hilfreich sein.

Ich-bewußter Typ oder Saturntyp

Wahrnehmung: schwach
Denken: stark, aber nach innen gekehrt; Neigung zur Starrheit
Fühlen: nicht heftig, eher von Strenge geprägt

Wollen: vom Denken bestimmt, daher nicht leicht auf die Außenwelt zu lenken; sucht Kraft in der Vergangenheit; es kann nur tätig sein, indem es ›zurückblickt‹.

Hinweis für die Erziehung: Wahrnehmung schärfen durch mitreißende Experimente und Betrachtung interessanter Phänomene in den naturwissenschaftlichen Fächern. An die gründliche Beobachtung sollen sich immer vertiefte Kenntnisse der Naturerscheinungen anschließen. Bei (schulischen oder anderen) Aufgaben darf kein Zeitdruck entstehen, man sollte keine sofortige und schnelle Ausführung fordern, sondern Zeit zur rückblickenden Verarbeitung des Erlebten geben. Das gilt auch für künstlerische Aktivitäten.

Grundsätzlicher Rat: Erst wenn man selbst den Weg der Verinnerlichung geht, wenn man sich mit dem Geistigen in sich selbst und beim Mitmenschen befaßt, kann man den Kontakt zum ich-bewußten Menschen knüpfen, denn dieser spürt, ob jemand wirkliches, d.h. inneres Interesse für ihn hat.

Verträumter Typ oder Mondentyp

Wahrnehmung: gut in der Spiegelung, aber echte Wahr-Nehmung ist schwach; Aufgenommenes wird kaum innerlich aktiv verarbeitet

Denken: schwach, insoweit es sich um kreatives Denken handelt; gut in bezug auf intellektuell gespiegeltes Fachwissen

Fühlen: nicht heftig, eher verträumt

Wollen: empfängt keine starken Impulse aus aktiver Gedankentätigkeit; in dieser Hinsicht ist das Wollen also eher schwach; als ›Mitläufer‹ sucht es nach einem Vorbild; in seinem Handeln folgt es Konventionen, die Motivation geht aus einer vorhandenen Lebenssituation hervor oder wird vom Triebleben angefacht. Dabei kann ein starker Wille entfaltet werden.

Hinweis für die Erziehung: Wahrnehmung ebenso wie beim ichbewußten Typus verstärken. Denken, Fühlen und Wollen durch künstlerische Arbeit aktivieren. Indem die Verträumtheit sublimiert und künstlerisch veredelt wird, kann man verhindern, daß dieser Typus den Zivilisationskrankheiten unserer Zeit verfällt:

der Hypertrophie der sexuellen Ausschweifung, der Herdenmentalität und einem Dahinvegetieren der Seele in der Beschäftigung mit Geistlos-Banalem.

Grundsätzlicher Rat: Man sollte versuchen, durch lange und liebevolle Beschäftigung mit dem betreffenden Menschen hinter die spiegelnde Oberfläche vorzudringen. Sein eigentliches Wesen hat sich hinter einer ›lunaren‹ Fassade verschanzt. Möglicherweise verbirgt sich dahinter jemand, der über einen großen seelischen Reichtum verfügt oder mit Problemen belastet ist. Daher gilt: Tiefenwirkung erzielen durch verstärktes Interesse und Liebeskraft.

Aggressiver Typ oder Marstyp

Wahrnehmung: ist bei diesem extravertierten Typus meistens gut, es fehlt aber die ruhige, innere Verarbeitung des Wahrgenommenen.

Denken: scharfsinnig, dafür aber weniger gründlich und abwägend; schießt sofort ins Handeln.

Fühlen: wird durch unbändigen Willen mitgerissen

Wollen: ist dominant; es ist stark, aber meist impulsiv, stoßweise verlaufend; ihm fehlt der lange Atem; es kann zerstörerisch, auch selbstzerstörerisch wirken.

Hinweis für die Erziehung: Jede pädagogische Maßnahme muß darauf ausgerichtet sein, eine Verinnerlichung herbeizuführen. Das martialische Kampfprinzip muß nach innen gewandt werden, es sollte zur Bekämpfung von inneren Anfechtungen, Trieben und Leidenschaften eingesetzt werden.

Vor allem bei Jungen, die in ihrer Pubertät und Adoleszenz häufig von einem bestimmten Machttrieb ergriffen werden, ist es wichtig, an dieser seelischen Verwandlung zu arbeiten. Stibbe deutet in diesem Zusammenhang auf die Rolle des Geschichtsunterrichts hin, in dem der Lehrer Persönlichkeiten betrachten kann, die eine solche Verinnerlichung zustande gebracht haben, die den Weg von gewalttätigem Auftreten im äußeren Leben zur inneren Kämpferhaltung gegangen sind. Brutalität sowie sinnloser Geltungs- und Zerstörungsdrang, wie sie heute bereits beunruhigende Ausmaße angenommen haben und die durch eine kommerzielle Unkultur mittels mächtiger ›Begierdenerreger‹ angefacht werden, muß in Erziehung und Schule durch einen kräftigen Impuls zur Verinnerlichung entgegengewirkt werden.

Der Erzieher oder Hilfeleistende, der sich vor die Aufgabe gestellt sieht, die Marsgewalt in einem Schüler oder hilfesuchenden Erwachsenen einzudämmen, wird gründliche Erfahrungen mit Selbsterziehung und Beherrschung von Trieben als Grundlage für ein gesundes, ausgewogenes Seelenleben haben müssen.

Ästhetischer Typ oder Venustyp

Wahrnehmung: gut, soweit es die Seelenregungen anderer Menschen betrifft. Dagegen schwache Wahrnehmung der Erscheinungen, die nicht unmittelbar Emotionen hervorrufen oder das Schönheitsempfinden ansprechen.

Denken: in der Regel nicht stark; wird durch das Gefühl bestimmt; Venustyp hat Ideale, aber nur wenige Ideen.

Fühlen: wird stark durch Sympathie und Antipathie beherrscht; starke Emotionalität nicht nur im negativen Sinne, sondern auch aus der positiven Begeisterung für ein Ideal.

Wollen: wird vom Gefühl beherrscht; Willenskraft ist von der Intensität des Gefühls abhängig.

Hinweis für die Erziehung: Der Venustyp sollte nach dem Prinzip ›Gleiches mit Gleichem‹ behandelt werden. Bei einem Schüler, dessen Schulleistungen unter einem einseitigen Venuscharakter leiden, kann man Denken und Wollen anregen, indem man von einem ästhetischen Ansatz ausgeht und ihm hilft, eine gefühlsmäßige Verbindung zu einem bestimmten Wissensgebiet zu finden. Im Gespräch kann man versuchen, sein Interesse für alles, wofür er Liebe und Haß empfindet, in ein Interesse für naturwissenschaftlichen, mathematischen oder historischen Unterrichtsstoff zu verwandeln. Künstlerische Betätigung ist für diesen Typus absolut notwendig, um ihm eine gewisse Führung zu geben. Schöpferische Tätigkeit und Herstellung schöner Dinge estärken sein Selbstvertrauen. Dabei lernt er neue Interessengebiete kennen, die tiefer reichen als Verliebtheitsfragen oder Beziehungsprobleme.

Dominanter Typ oder Jupitertyp

Wahrnehmung: ist gut; das Wahrgenommene wird unmittelbar vom Denken verarbeitet und verinnerlicht.

Denken: ist stark; der Jupitermensch ist imstande, selbständig Ideen zu entwickeln und sich einen weiten Überblick zu verschaffen; das Denken beherrscht die anderen Seelentätigkeiten und hat die Neigung, auch diejenigen der Mitmenschen zu beherrschen.

Fühlen: befindet sich im Gleichgewicht und wird niemals heftig; es kann sich kaum zu glühendem Enthusiasmus steigern.

Wille: stark, wird durch das dominante Denken gelenkt.

Hinweis für die Erziehung: Dem Jupitertyp sollten während des Unterrichts umfassende ›Denkinhalte‹ dargereicht werden. Im übrigen lassen sich solche Menschen eigentlich nicht so ohne weiteres erziehen. Wer als Lehrer erreichen möchte, daß der junge Mensch seinen Rat und eine gewisse Führung akzeptiert, muß ihn mit selbst durchlebten großen Ideen und ordnenden Gedanken beeindrucken. Wenn ein Jupitertypus spürt, daß er es mit einem Ebenbürtigen zu tun hat, wird er sicher der Aufforderung, seinen Hochmut selbst zu korrigieren, Gehör schenken und sich einen guten Rat zu Herzen nehmen.

Beweglicher Typ oder Merkurtyp

Wahrnehmen: erfolgt rasch; das Wahrgenommene wird innerlich jedoch nicht wirklich verarbeitet, das Verhalten wird aber in geschickter Weise an den Wahrnehmungen ausgerichtet.

Denken: ist beweglich und kombinierend; es dringt weder in die Tiefe noch vermag es, große Gedankengebäude zu errichten; es zielt nicht auf Wahrheit, sondern auf Nützlichkeit.

Fühlen: ist weder heftig noch tief; es sympathisiert mit seiner Umgebung, behält aber seine freibleibende *Leichtigkeit*.

Wollen: ist nicht wirklich aktiv und zielstrebig, es wird durch die

Umstände bestimmt; es besitzt keine tragende Kraft und ist immer bereit, sich auf Details einzulassen.

Hinweis für die Erziehung: Die verschiedenen Seelenfunktionen, allem voran die Wahrnehmung, müssen durch längeres, aber nicht zu hartes Training zur ›Besinnung‹ gebracht werden. Hilfreich dabei sind tägliche kurze, systematische Wahrnehmungsübungen, bei denen ein Objekt, das betrachtet und dann entfernt wird, sorgfältig und so ausführlich wie möglich beschrieben wird.

Viel kann erreicht werden, wenn man mit dieser Art von Übung frühzeitig beginnt, also bereits mit beginnender Pubertät. Am besten kann das im Rahmen des Unterrichts stattfinden. Nach der Beobachtung von Gegenständen sollte man zur Wahrnehmung von Pflanzen und Tieren übergehen. Durch die Wahrnehmung der lebendigen Natur ›erwärmt‹ das Herz, und genau das ist es, was ›Merkur‹ braucht. Denken und Wollen werden durch das wachsende gefühlsmäßige Interesse für die Welt immer stärker angeregt. Als Erzieher muß man darauf achten, daß die Beobachtungsbeschreibungen auch wirklich den reinen Bildern der Wahrnehmung entsprechen und nicht aus allgemeinen Phrasen bestehen, die geschickt zusammengefügt werden.

Will man einem erwachsenen ›Merkur‹ helfen, sind Wahrnehmungsübungen ebenfalls unentbehrlich. Ziel ist dabei, die Neigung zu voreiligen Schlüssen, die meist Ausdruck eines chaotischen Seelenlebens sind, durch solche Übungen – auch auf künstlerischem Gebiet – entgegenzuwirken, die die nur allzu bekannten ›geschickten Manöver‹ unmöglich machen und ein eher besinnliches Element enthalten. Der alltägliche Umgang mit diesem beweglichen Typus ist unproblematisch; Erziehung oder Betreuung dagegen erfordert um so mehr Durchhaltevermögen und liebevolle Einsicht.

Strahlender Typ oder Sonnentyp

Bei diesem Typus sind alle Seelenfunktionen gut entwickelt und befinden sich in Harmonie. Aus pädagogischer Sicht braucht man hier, da selten Probleme vorliegen, kaum Ratschläge zu erteilen.

Wenn aber im Mittelalter diesem Typus die Sünde der ›acedia‹ oder ›Trägheit des Herzens‹ zugeordnet wurde, deutet dies darauf hin, daß bei diesem fast ›idealen‹ Typ doch auch Probleme auftreten können. Tatsächlich lassen sich zwei negative Tendenzen beim Sonnentypus feststellen. Er kann nämlich ›zu hell strahlen‹, oder er kann sich auch ›verfinstern‹. Ersteres bedeutet, daß sich in die so charakteristische altruistische Haltung ein selbstsüchtiges Element eingeschlichen hat. Verstärkt sich dieses Phänomen, dann beginnt die ›Sonne‹, den anderen zu blenden anstatt ihn liebevoll zu beleuchten.

Die entgegengesetzte Entwicklung ist die allmähliche Verfinsterung. Die ›Sonne‹ verliert ihre Strahlkraft. Tiefe Melancholie kann diese einst so harmonische und heiter gestimmte Seele verdüstern. Sie wird zunehmend von einer gewissen Schwere niedergedrückt.

In der Praxis bin ich extremen ›Sonnenabweichungen‹ nur selten begegnet, allenfalls leichten Tendenzen nach beiden Richtungen hin. Ein Heilmittel ist schwer zu finden. Wahrscheinlich können wir diesen Menschen nur helfen, indem wir ihnen selbst aus einer ›Sonnenhaltung‹ heraus entgegentreten. Im ersteren Fall, bei dem der Sonnenmensch selbst keine Nachteile zu spüren scheint und nur die anderen seinen ›luziferischen Glanz‹ bemerken und sich daran stören, kann vielleicht im Gespräch versucht werden, ihm die Augen dafür zu öffnen. Im Falle einer ›Trägheit des Herzens‹ wird die betreffende Person sich durchaus des eigenen Zustandes bewußt und vielleicht nach Hilfe suchen. Wenn sie im Mitmenschen der Haltung des ›Mit-Wollens‹, des ›Mit-Tragens‹ am Schicksal anderer begegnet, wird sie wahrscheinlich ihre ›Leuchtkraft‹ wiederfinden. Ich vermute, daß eine Verfinsterung selten nur das Seelenleben allein betrifft; meist stellen sich auch nachweisbare körperliche Störungen ein, die auf medikamentösem Weg behandelt werden müssen.

Durch die Betrachtungen Stibbes zum Parzivalepos Wolframs von Eschenbach haben wir einen Übungs- und Schulungsweg kennengelernt, der zu einem harmonisierenden Zusammenwirken der Planetenkräfte führen kann, die im Spannungsfeld zwischen Saturn und Venus, Jupiter und Merkur sowie Mars und Mond wirken. In diesem höfischen Roman stehen die Heldentaten und Abenteuer der Ritter als Sinnbild für den Kampf gegen widerstrebende Mächte innerhalb der Seele sowie für den schmerzlichen Gang durch innere Prüfungen, die notwendig sind, um die ›saelde‹, den Zustand geistiger Erfüllung, zu erlangen. Eine in diese Richtung zielende gründliche Analyse dieser Dichtung könnte für die Erweiterung der hier vorgelegten ›kosmischen Psychologie‹ außergewöhnlich fruchtbar sein.

Die vorliegende Arbeit will zu weiteren Untersuchungen dieser Art und vor allem auch zur praktischen Anwendung der Planetentypologie anregen. Für eine solche kosmische Psychologie bedeutet die anthroposophische Geisteswissenschaft Rudolf Steiners eine kaum auszuschöpfende Inspirationsquelle.

Eine Seelenlehre kann sich nur dann im praktischen Leben bewähren, wenn man die Seele als Wesenheit anerkennt, die sowohl an der irdischen Wirklichkeit als auch an der Wirklichkeit des Geistes Anteil hat. Ihrer doppelten Natur entsprechend erscheint es gerechtfertigt, die Ergebnisse beider Forschungsgebiete, dem des Geistes und dem der irdischen Phänomene, zu verbinden. Die Seele bildet ein Begegnungsfeld für das Sinnliche und das Übersinnliche. Sie gehört beiden Wirklichkeiten an, weil sie ein Wahrnehmungsorgan für beide Regionen besitzt.

Diese Doppelnatur der Seele wird in schönster Weise in den Worten des Mystikers Angelus Silesius dargestellt:

> Zwey Augen hat die Seel'
> Eins schauet in die Zeit,
> Das andre richtet sich
> Hin in die Ewigkeit.

Anmerkungen

1 Eine Lehre, die Erscheinungsformen wie die des Seelenlebens untersucht und beschreibt, nennt man Typologie. Sie nimmt eine Gruppenzuordnung von Phänomenen aufgrund spezifischer Merkmale vor, die ihre Stellung im Gesamtspektrum der einzelnen Erscheinungsformen und den Grad ihrer Annäherung an einen Idealtypus bestimmen. Solche Gruppenzuordnungen sind seit dem Altertum üblich. Die im Laufe der Zeit entwickelten und in der Psychiatrie angewandten Typologien sind jedoch verschiedenartig, obwohl sie durchaus auch gemeinsame Züge aufweisen. Ansatz und Betrachtungsweise sowie das zugrunde liegende Menschenbild bestimmen die Merkmale einer Typologie.

2 Von den Erscheinungen ausgehend, wobei die Wahrnehmung nicht unbedingt sinnlicher Art sein muß.

3 Von den Sterneneinflüssen auf das Schicksal und die Charakteranlagung des Menschen ausgehend.

4 Siehe W.F. Zeylmans van Emmichoven, *Die menschliche Seele,* Stuttgart 1995

5 Siehe Max Stibbe, *Mensentypen,* Rotterdam [3]1978

6 Siehe Frits H. Julius, *Metamorphose. Ein Schlüssel zum Verständnis von Pflanzenwuchs und Menschenleben,* Stuttgart 1969

7 Diese Aussage Heraklits ist überliefert durch Diogenes Laertios IX, 7

8 Altägyptische Spruchsammlung, die den Verstorbenen mit ins Grab gegeben wurde. Die Texte stammen aus der Zeit des Neuen Reiches (1550–1070 v. Chr.). Nach schrecklichen Erfahrungen, die der Tote durchmachen muß, kann seine Seele (Ba) zum Totenreich von Osiris aufsteigen, das man als geistige Sphäre der Sonne betrachten kann. Siehe *Ägyptisches Totenbuch,* München [10]1991

9 J.J. Bachofen, *Mutterrecht und Urreligion,* Stuttgart [6]1984, S. 47f.

10 F.W. Zeylmans van Emmichoven, *Die menschliche Seele*, Stuttgart 1995, S. 26f.

11 Der betreffende Vers lautet: »Was kann der Mensch im Leben mehr gewinnen, / Als daß sich Gott-Natur ihm offenbare?«

12 Die Begriffe ›Begierde‹ und ›Begehren‹ werden hier nicht im Sinne des heute üblichen Wortgebrauchs verwendet, bei dem sie überwiegend im Zusammenhang mit dem Sexuellen verstanden werden. ›Begehren‹ bezeichnet hier eine allgemeine, nicht auf eine spezielle Begierde beschränkte Seelenfunktion.

13 Rudolf Steiner skizziert die Hauptlinien einer solchen Psychosophie in vier 1909, 1910 und 1911 in Berlin gehaltenen Vorträgen, siehe *Anthroposophie – Psychosophie – Pneumatosophie* (GA 115), Dornach ³1980

14 Siehe Anmerkung 4

15 Rudolf Steiner, *Von Seelenrätseln* (GA 21), Dornach ⁵1983

16 Nach Hippokrates (460-377 v. Chr.), dem griechischen Arzt und Begründer einer wissenschaftlichen Heilkunde. Seine medizinischen Kenntnisse wurzelten noch in der Weisheit der Mysterien des Asklepios.

17 Siehe Rudolf Steiner, *Das Geheimnis der menschlichen Temperamente*, Basel ⁷1985 und *Erziehungskunst. Seminarbesprechungen und Lehrplanvorträge (III)* (GA 295), Dornach ⁴1984

18 Eine solche Tierkreispsychologie und Typologie wurde bereits von Frits Julius in *Die Bildersprache des Tierkreises* (Stuttgart ⁴1984) sowie in *Die zwölf Triebe in Tier und Mensch*, Stuttgart 1996, meisterhaft dargestellt. Wie sich diese kosmisch orientierte Psychologie zur Astrologie verhält, wird im sechsten Kapitel dieses Buches ausführlich dargestellt.

19 Im Sanskrit bedeutet dies ›Rad‹ oder ›Lotosblume‹. Damit werden geistige Organe bezeichnet, die im Astralleib eines jeden Menschen vorhanden sind, sich aber in der Regel in einem ruhenden Zustand befinden. Durch okkulte Schulung werden diese übersinnlichen ›Sinnesorgane‹ erweckt und beginnen sich zu drehen – daher die Bezeichnung ›Rad‹.

20 Johann Wolfgang von Goethe, *Farbenlehre*, Bd. I., Stuttgart 1979, S. 46

21 Rudolf Steiner hat auch einen methodischen Schulungsweg beschrieben, der zur Wahrnehmung der höheren Welten führen kann; siehe *Wie erlangt man Erkenntnisse der höheren Welten?* (GA 10), Dornach ²⁴1993

22 Die herkömmliche Geschichtsschreibung weiß von der Existenz einer christlichen (oder esoterischen) Mysterienschule in Athen nichts

oder nur wenig zu berichten. Sie wurde vom Apostel Paulus begründet und von dessen Schüler und Freund, dem griechischen Eingeweihten Dionysius Areopagita, geführt. Siehe u.a. Robert Spörri, *Vom Geiste des Urchristentums*, Basel 1941

23 Rudolf Steiner, *Theosophie. Einführung in übersinnliche Welterkenntnis und Menschenbestimmung* (GA 9), Dornach [31]1987

24 Siehe Rudolf Steiner, *Das Leben zwischen dem Tode und der neuen Geburt im Verhältnis zu den kosmischen Tatsachen* (GA 141), Dornach [4]1983

25 Die psychedelische Kunst versucht in ihrer Darstellungsweise das Bilderleben in tranceartigen Zuständen und Halluzinationen wiederzugeben, wie es auch in Rauschzuständen unter dem Einfluß von Drogen erfahrbar ist.

26 Rudolf Steiner, *Theosophie* (GA 9), Kapitel ›Die Seelenwelt‹

27 Rudolf Steiner spricht darüber in einer großen Anzahl von Vorträgen, von denen hier nur einige genannt werden sollen: *Okkulte Untersuchungen über das Leben zwischen Tod und neuer Geburt* (GA 140), Dornach [4]1990; *Das Leben zwischen dem Tode und der neuen Geburt im Verhältnis zu den kosmischen Tatsachen*, (GA 141), Dornach [4]1983; *Menschenwesen, Menschenschicksal und Welt-Entwickelung* (GA 226), Dornach [5]1988; *Der übersinnliche Mensch, anthroposophisch erfaßt* (GA 231), Dornach [3]1982; *Esoterische Betrachtungen karmischer Zusammenhänge*, Bd. II (GA 236), Dornach [6]1988 sowie Bd. V (GA 239), Dornach [3]1985

28 Siehe J.W. von Goethe, *Sprüche in Prosa.*, 1. Abt. Nr. 3

29 Man muß allerdings über gute Abbildungen von den Planetenbahnen verfügen, um diese Übung durchführen zu können. Julius empfiehlt dazu von Hermann von Baravalle *Erscheinungen am Sternenhimmel*, Freiburg 1951; sowie von Joachim Schultz *Rhythmen der Sterne*, Dornach [2]1977

30 Siehe Rudolf Steiner, *Das Initiaten-Bewußtsein. Die wahren und falschen Wege der geistigen Forschung* (GA 243), Dornach [5]1993

31 Siehe Anmerkung 27

32 Siehe Rudolf Steiner, *Esoterische Betrachtungen karmischer Zusammenhänge*, Bd. V (GA 239), Dornach [3]1985, S. 86

33 Siehe Rudolf Steiner, *Eine okkulte Physiologie*, (GA 128), Dornach [5]1991

34 Die folgenden Ausführungen beruhen auf der Darstellung von Frits Julius, *Grundlagen der phänomenologischen Chemie II*, Stuttgart [2]1988

35 Siehe Julius, *Grundlagen der phänomenologischen Chemie, II*, S. 264

36 Lili Kolisko, *Sternenwirken in Erdenstoffen*, Stuttgart, Den Haag, London 1927, sowie *Metalle und Planeten*, in: ›Mitteilungen des Biologischen Instituts am Goetheanum‹, Stuttgart 1934/35; siehe auch Frits Julius, *Grundlagen der phänomenologischen Chemie II*, S. 264

37 Rudolf Steiner, *Eine okkulte Physiologie*, (GA 128), Dornach ⁵1991

38 Siehe Bernard Lievegoed, *Der Mensch an der Schwelle*, Stuttgart 1985, S. 112ff.

39 Siehe Elisabeth Vreede, *Astronomie und Anthroposophie*, Dornach 1980, S. 141ff.

40 Jan van Ruusbroec, *Van den XII beghinen*, in: Werken IV, Tielt ²1948, blz. 67–166 (88, 27-31)

41 Ebd., 73, 28–74,1

42 Siehe P.W.M. Wackers, *Wat duikers vent is dit! Opstellen voor W.M.H. Hummele*, Wijhe 1989

43 Siehe Rudolf Steiner, *Mysterienstätten des Mittelalters. Rosenkreuzertum und modernes Einweihungsprinzip* (GA 233), Dornach 1962

44 Siehe Rudolf Steiner, *Mein Lebensgang*, (GA 28), Dornach ⁸1982

45 Den Rosenkreuzern gehörten ursprünglich meist Alchimisten und Heilkundige an. Sie bildeten eine Bruderschaft, die in der Tradition des johanneischen oder esoterischen Christentums stehen. Am Anfang des 17. Jahrhunderts traten sie ins Rampenlicht der Geschichte, u.a. durch die Veröffentlichung bestimmter Schriften wie *Chymische Hochzeit des Christiani Rosencreutz* (1616) von J.V. Andrae.

46 Thorwald Dethlefsen, *Schicksal als Chance. Esoterische Psychologie - das Urwissen zur Vollkommenheit des Menschen*. Stuttgart, München 1991, S.126

47 Ebd., S. 127

48 Rudolf Steiner, ›Menschheitszukunft und Michael-Tätigkeit‹ (25. Oktober 1924), in *Anthroposophische Leitsätze. Der Erkenntnisweg der Anthroposophie. Das Michael-Mysterium* (GA 26), Dornach 1954, S. 94ff.

49 Siehe Rudolf Steiner, *Die geistige Führung des Menschen und der Menschheit*, (GA 15), Dornach 1974, S. 73

50 Julius, *Metamorphose*, S. 7

51 Ebd., S. 8

52 J.W. von Goethe, ›Über die Spiraltendenz der Vegetation‹, in *Naturwissenschaftliche Schriften*, hrsg. von Rudolf Steiner, Bd. I (GA 1), S. 217; siehe auch Julius, *Metamorphose*, S.18ff.

53 Goethe selbst hat in seinen Werken keine erkenntnistheoretische Begründung dieser Ansicht geliefert; man findet sie aber ausführlich

in den Werken Rudolf Steiners dargelegt. Siehe Rudolf Steiner, *Grundlinien einer Erkenntnistheorie der Goetheschen Weltanschauung, mit besonderer Rücksicht auf Schiller* (GA 2); sowie *Goethes Weltanschauung* (GA 6)

54 Julius, *Metamorphose*, S. 9

55 Ebd., S. 9f.

56 Siehe J. W. von Goethe, ›Die Metamorphose der Pflanzen‹, in *Naturwissenschaftliche Schriften*, hrsg. von Rudolf Steiner, Bd. I

57 Siehe W.F. Veltman, *Chartres*, Zeist ²1991

58 Siehe W.F. Veltman, *Dantes Weltmission*, Stuttgart 1979

59 Julius, *Metamorphose*, S. 76

60 Ebd., S. 81

61 Ebd., S. 80

62 In der Satztechnik das Wiederholen eines bestimmten Motivs in einer anderen Stimme.

63 Vielstimmigkeit, bei der jede Stimme mehr oder weniger selbständig ist, mit den anderen Stimmen aber harmonisch zusammenklingt.

64 Alfred Einstein, *Gluck. Sein Leben, seine Werke*, Kassel 1987

65 Karel Philip Bernet Kempers, *Meesters der muziek.*

66 Graf Almaviva tritt in *Die Hochzeit des Figaro* als autoritärer adliger Herr auf, für den seine Frau Rosine jeglichen Reiz verloren hat und der nun das hübsche Zimmermädchen Susanne mit gierigen Blicken verfolgt. Der Graf wird zum mächtigen Rivalen seines Dieners Figaro, dessen Hochzeit mit Susanne für den nächsten Tag geplant ist.

67 Richard Wagner, *Gesammelte Schriften*, Bd. IX, Leipzig 1912, S. 175

68 Siehe Friedrich Schillers *Ode an die Freude* , deren Verse Beethoven im Schlußsatz seiner neunten Symphonie vertont hat.

69 Als ›Mondknoten‹ bezeichnet man die Schnittpunkte der Mondbahn mit der scheinbaren Sonnenbahn durch den Tierkreis. Wenn man die Geburtsstunde eines Menschen nimmt und für diesen Moment die beiden Schnittpunkte von Mond- und Sonnenbahn bestimmt, dann befinden sich diese Knoten nach achtzehn Jahren, sieben Monaten und einigen Tagen wieder an den gleichen Punkten des Zodiakus. Die zyklische Wiederkehr der Mondknoten geht oft mit meist halbbewußten Erfahrungen, Träumen und einer bestimmten Durchlässigkeit für Inspirationen einher.

70 Polyphone mehrstimmige Kompositionsweise; ›Punktum‹ ist das lateinische Wort für Musiknote.

71 Siehe F.H. Julius, *Die Bildersprache des Tierkreises und der Aufbau eines neuen Gemeinschaftslebens*, Stuttgart ⁴1984

72 Felix Dahn, *Ein Kampf um Rom*, V. Buch, 29. Kapitel

73 Ebd., III. Buch, 22. Kapitel

74 Die silberne Mondsichel, die die Sonnenscheibe trägt, war als okkultes Zeichen bereits den alten Ägyptern bekannt. Als Gralssymbol steht sie für das Opfer Christi.

75 Zyklus in Verlaines Gedichtsammlung *Jadis et naguère;* was ›nach der Art vieler‹ bedeutet. In einigen dieser Gedichte imitiert er den Stil anderer zeitgenössischer Dichter.

76 Gedichtsammlung, von zahlreichen französischen Komponisten (u.a. Claude Debussy) vertont. Verlaine ließ sich beim Schreiben dieser Verse u.a. durch die Gemälde von Antoine Watteau, einem französischen Maler des 18. Jahrhunderts, inspirieren.

77 Victor Hugo war ein politischer Gegner von Louis Bonaparte, der sich 1853 nach einem Staatsstreich als Napoleon III. zum Kaiser ausrufen ließ. Von 1859 bis 1871 lebte Hugo auf den englischen Kanalinseln Jersey und Guernsey in unmittelbarer Nähe der französischen Küste.

78 ›Der Dolmen, der Rozel überragt.‹ An dieser alten keltischen Stätte (ein Dolmen war Grab und Einweihungsstätte zugleich) saß Victor Hugo häufig in Gedanken versunken. Eines seiner ergreifendsten Gedichte *Ce que dit la bouche d'ombre* (in *Les Contemplations*) ist an diesem Ort entstanden.

79 *Shelley. Een Afscheid,* in A. Roland Holst, *Verzameld werk. Proza I,* Amsterdam 1983

Glossar

Die mit * markierten Namen sind mythologische Figuren oder Personen aus einem Theaterstück oder einem Roman.
Die hier aufgeführten Figuren aus dem Roman *Ein Kampf um Rom* von Felix Dahn sind auch historische Personen.

Alanus ab Insulis (1120–1203) Lehrer der Klosterschule von Chartres, der den Beinamen ›Doctor Universalis‹ erhielt. (In seinen Werken *Die Klage der Natura* und *Anticlaudian* nimmt die Göttin Natura einen zentralen Platz ein.)

Angelo* Person in William Shakespeares *Maß für Maß*, die ihre Macht mißbraucht, um ein Mädchen zu entehren, was ihr übrigens nicht gelingt.

Angelus Silesius (1624–1677) Pseudonym von Johannes Scheffler, deutscher Mystiker und Dichter, Autor u.a. vom *Cherubinischen Wandersmann*.

Apuleius (ca. 125–ca. 185) Römischer Dichter und Philosoph. Sein bekanntestes Werk ist der Goldene Esel, in dem unter anderem die Geschichte *Amor und Psyche* vorkommt.

Ariel* Luftgeist in William Shakespeares *Sturm*.

Aristoteles (384–322 v. Chr.) Griechischer Philosoph, Begründer der europäischen Wissenschaft.

Artus* Legendärer König der Briten im 6. Jahrhundert. Seine Ritter bildeten die ›Tafelrunde‹.

Audrey* Bauernmagd, Person in William Shakespeares *Wie es euch gefällt*.

Autolycus* Schalk in William Shakespeares *Ein Wintermärchen*.

Bach, Maria Barbara (1684–1720) Nichte und erste Frau von Johann Sebastian Bach.

Bachofen, Johann Jacob (1815–1887) Schweizer Altertumsforscher. Sein aufsehenerregendes Werk über das ›Mutterrecht‹ öffnete den Blick für das weibliche (matriarchale) Element in den Kulturen des Altertums.

Baravalle, Hermann von (1898–1973) Mathematiker, Lehrer an der ersten Freien Waldorfschule in Stuttgart.

Beaumarchais, Pierre Augustin Caron (1732–1799) Revolutionär gesinnter Verfasser von zwei Theaterstücken, die als Opern bearbeitet wurden: *Der Barbier von Sevilla* und *Die Hochzeit des Figaro.*

Bernardus Silvestris (12. Jahrhundert) Lehrer der platonisch-christlichen Klosterakademie in Chartres. (In seinem Werk *De universitate mundi* tritt ›Natura‹ als zentrale Figur auf.)

Bernet Kempers, Karel Philippus (1897–1974) Niederländischer Musikologe.

Byron, George Gordon Noel Lord (1788–1824) Einer der bedeutendsten englischen Dichter der Romantik.

Castor und Pollux* Halbgöttliches Zwillingspaar, Söhne des Zeus und der Leda. Nach ihrem Tod wurden sie als Sternbild an den Himmel gesetzt.

Celia* Person in William Shakespeares *Wie es euch gefällt.*

Cetegus* Präfekt von Rom, Person in Felix Dahns Roman *Ein Kampf um Rom.*

Cherubino* Schmeichlerischer Knabe, Person in Mozarts Oper *Die Hochzeit des Figaro.*

Chladni, Ernst Friedrich (1756–1827) Deutscher Physiker, der die sogenannten Klangfiguren entdeckte: Die Klangvibrationen korrespondieren mit Formen, die man sichtbar machen kann.

Churchill, Winston (1874–1965) Britischer Premierminister während des Zweiten Weltkriegs.

Condwiramur* Figur im Parzivalepos des Wolfram von Eschenbach. Heiratet Parzival.

Dahn, Felix (1834–1912) Deutscher Historiker und Schriftsteller, unter anderem von *Ein Kampf um Rom* (1876).

Dante Alighieri (1265–1321) Bedeutender italienischer Dichter. Sein Hauptwerk ist *Die göttliche Komödie.*

Dionysius Areopagita Griechischer Weiser aus dem ersten Jahrhundert n. Chr., Freund und Schüler des Apostel Paulus. Begründer einer esoterisch-christlichen Schule in Athen, wo unter anderem die Lehre von den neun Hierarchien vermittelt wurde.

Don Juan* oder **Don Giovanni*** Hauptfigur in Mozarts gleichnamiger Oper und sprichwörtlich gewordener Frauenverführer.

Einstein, Alfred (1880–1952) Deutsch-amerikanischer Musikforscher.

Elisabeth I. (1558–1603) Königin von England, Tochter Heinrichs VIII. und Anna Boleyn.

Esterhazy, Graf Nicolaus Joseph (1714–1790) Feldmarschall und einflußreicher Fürst im österreichisch-ungarischen Kaiserreich.

Fantin-Latour, Henri (1836–1904) Französischer Maler.

Feirefiz* Halbbruder Parzivals, Gestalt aus Wolframs gleichnamigem Epos.

Figaro* Diener des Grafen Almavira, Figur in *Die Hochzeit des Figaro* von W.A. Mozart.

Frederik Hendrik (1584–1647) Prinz von Oranien, jüngster Sohn Wilhelms von Oranien, großer Feldherr und ›Städtebezwinger‹.

Friedrich II. ›der Große‹ (1712–1786) König von Preußen.

Gaulle, Charles de (1890–1970) Französischer General und Staatsmann.

Gawan* Person im *Parzival* von Wolfram von Eschenbach. Er gehört zur Tafelrunde des Königs Artus. Seine Abenteuer machen einen großen Teil des Epos aus.

Groote, Geert (1340–1384) Stifter der Laienbrüderschaft ›Broeders des gemenen levens‹ in Deventer. Er war als Prediger berühmt, aber die Kirche legte ihm das Schweigen auf. Die Bewegung der ›devotio moderna‹, die von ihm ausging, fand große Verbreitung. Er gab Impulse zur Erneuerung des Schulwesens.

Godwin, Mary (1797–1851) Zweite Frau des Dichters Shelley und Herausgeberin seiner Werke. Tochter des Philosophen William Godwin und der Schriftstellerin Mary Wolstonecraft.

Goebbels, Joseph (1897–1945) Reichspropagandaminister unter Adolf Hitler im nationalsozialistischen Deutschland.

Goethe, Johann Wolfgang von (1749-1832) Deutscher Dichter und Naturforscher.

Heraklit (ca. 550–480 v. Chr.) Griechischer Philosoph, wohnte beim Artemistempel in Ephesos.

Herzog* Verbannter Fürst in William Shakespeares *Wie es euch gefällt.* Er hält sich mit seinem Gefolge im Ardenner Wald auf.

Heymans Gerard (1857–1930) Niederländischer Philosoph und Psychologe.

Hugo, Victor Marie (1802–1885) Französischer Dichter und Staatsmann, der von Napoleon III. in die Verbannung geschickt wurde.

Isis* Ägyptische Göttin.

Izak* Jüdischer Torwächter, Gestalt aus Dahns Roman *Ein Kampf um Rom.* Er ist der Vater von Miriam.

Jaques* Melancholische Figur aus William Shakespeares *Wie es euch gefällt.*

Johannes ›der Jünger, den Jesus liebhatte‹. Verfasser des vierten Evangeliums und der Apokalypse.

Julius, Frits Hendrik (1902–1970) Niederländischer Biologe, Lehrer für Biologie und Chemie an der ersten niederländischen Freien Waldorfschule in Den Haag.

Julius Caesar (100–44 v. Chr.) Römischer Feldherr und Staatsmann.

Julius Montanus* Person in *Ein Kampf um Rom*. Römischer Jüngling, befreundet mit *Totila*, wird als sein ›Zwillingsbruder‹ beschrieben.

Jung, Carl Gustav (1875–1961) Schweizer Psychiater.

Justinianus (482–565) Kaiser des oströmischen Reiches. Kommt auch in *Ein Kampf um Rom* vor.

Keller, Maria Anna (1728–1800) Älteste Tochter des Wiener Perükkenmachers Keller, Gattin Joseph Haydns.

Kleopatra (69–31 v. Chr.) Letzte Königin von Ägypten aus dem Geschlecht der Ptolemäer. Ihre Machtgier war so groß wie ihre Verführungskunst.

Koguzki, Felix (1833–1909) Österreichischer Kräutersammler; er begegnet dem jungen Rudolf Steiner in Wien.

Kolisko, Lili (1889–1976) Naturwissenschaftlerin, entwickelte die sogenannte Steigbildmethode, durch die der Einfluß der Planeten auf irdische Stoffe nachgewiesen werden kann.

Kopernikus, Nicolaus (1473–1543) Polnischer Kleriker und Astronom, dessen Werk über die Bewegung der Himmelskörper das damalige Weltbild revolutionierte.

Kretschmer, Ernst (1888–1964) Deutscher Psychiater.

Künkel, Fritz (1889–1956) Deutscher Psychiater.

Latini, Brunetto (1220–1294) Florentinischer Philosoph und Staatsmann, Lehrer von Dante Alighieri.

Leopold I. (1747–1792) Herzog von Toskana

Lievegoed, Bernard C.J. (1908–1992) Niederländischer Arzt und Heilpädagoge.

Ludwig XV. (1715–1774) König von Frankreich.

Lombroso, Cesare (1836–1909) Italienischer Psychiater.

Madonna, (*1959) Louise Veronica Ciccone. Amerikanische Popsängerin und Filmstar.

Maria Stuart (1542–1587) Königin von Schottland, erhob Anspruch auf den englischen Thron, wurde aber durch Elisabeth I. gestürzt.

Mataswintha* Königin der Ostgoten, Enkelin Theoderichs des Großen. Figur in *Ein Kampf um Rom*.

Matteson, Johann (1681–1764) Komponist, Musiktheoretiker und Dirigent.

Maurits, Prinz von Oranien (1567–1625) Sohn Willems von Oranien. Bedeutendster Feldherr seiner Zeit.

Mendelssohn Bartholdy, Felix (1809–1847) Deutscher Komponist.

Michael* Erzengel der Sonnensphäre.

Miriam* Jüdisches Mädchen, Person in *Ein Kampf um Rom*.

Napoléon Bonaparte (1769–1821) General der französischen Revolution, krönte sich 1804 zum Kaiser der Franzosen.

Natura* Kein allegorisches, sondern ein konkretes geistiges Wesen, Regentin der Lebenskräfte; sie wird bei den alten Griechen ›Persephoneia‹ genannt.

Newton, Isaac (1642–1725) Englischer Mathematiker und Naturwissenschaftler.

Novalis (Friedrich von Hardenberg) (1772–1801) Deutscher Dichter und Philosoph.

Orgeluse* Gestalt im Parzivalepos, heiratet Gawan.

Orlando* Figur in William Shakespeares *Wie es euch gefällt*.

Orpheus* Sohn des Sonnengotts Apollo, kann mit seiner Musik wilde Tiere bezwingen und Erstarrtes in Bewegung bringen. Wird als mythische Figur betrachtet, geht aber auf die reale Figur eines großen Eingeweihten zurück (ca. 1300 v. Chr.).

Osiris* Ägyptischer Sonnengott.

Parzival* Der Gralsucher, Hauptperson in Wolframs Epos.

Paulina* Hofdame am sizilianischen Hof, Figur in William Shakespeares *Ein Wintermärchen.*

Paulus (ca. 10–64) Apostel des Jesus Christus, der die Botschaft des Christentums nach Europa brachte.

Phebe* Schnippische Hirtin aus William Shakespeares *Wie es euch gefällt.*

Piccini, Nicola (1728–1806) Italienischer Opernkomponist.

Platon (427–347 v. Chr.) Griechischer Philosoph.

Portia* Gestalt in William Shakespeares *Der Kaufmann von Venedig.*

Prometheus* Figur der griechischen Mythologie. Titan, der den Menschen das Himmelsfeuer schenkt, wird von Zeus bestraft und an eine Felswand im Kaukasus gekettet.

Psyche* Figur im Märchen von *Amor und Psyche* aus dem *Goldenen Esel* von Apuleius. Sie ist die leidende und schließlich erlöste menschliche Seele.

Ptolemäus, Claudius (gest. nach 161) Griechischer Astronom, dessen Bild des Weltalls auch von der Kirche akzeptiert wurde.

Pythagoras (ca. 580– ca. 500 v. Chr.) Griechischer Philosoph und Eingeweihter, Stifter einer esoterischen Schule in Süditalien.

Repanse de Schoie* trägt den Gral in der Prozession in der Gralsburg. Sie heiratet Feirefiz; Figur in Wolframs *Parzival.*

Rimbaud, Arthur (1854–1891) Französischer Dichter.

Roland Holst, Adriaan (1888–1976) Niederländischer Dichter.

Rosalinde* Verbannte Prinzessin, Figur in William Shakespeares *Wie es euch gefällt.*

Rousseau, Jean Jacques (1712–1778) Französischer Philosoph und Schriftsteller.

Ruisbroeck, Johannes (1293–1381) Flämischer Mystiker.

Sarastro* Priester des Sonnentempels, Person in Mozarts *Die Zauberflöte.*

Schiller, Friedrich (1759–1805) Deutscher Dichter und Philosoph.

Sechter, Simon (1788–1867) Österreichischer Komponist und Theoretiker.

Serapis* Griechisch-ägyptische Gottheit. Entspricht Saturn.

Shakespeare, William (1564–1616) Engl. Dichter und Dramatiker.

Shelley, Percy Bysshe (1792–1822) Englischer Dichter.

Sothis* Der Stern Sirius, der ›Wächter‹, der bei seinem ersten Erscheinen die kommende Überschwemmung des Nils ankündigt.

Stibbe, Max (1898–1973) Niederländischer Pädagoge, Lehrer an Waldorfschulen in den Niederlanden und Südafrika.

Swieten, Gottfried Baron van (1733–1803) Diplomat und Amateurkomponist.

Talleyrand, Charles Maurice (1754–1838) Staatsmann, der unter ganz entgegengesetzten Regimes seine hohe Position zu wahren wußte.

Tamino* Männliche Hauptperson in Mozarts *Die Zauberflöte*.

Teiresias* Seher in den homerischen Heldensagen.

Teja* Letzter König der Ostgoten in Italien. Gestalt in *Ein Kampf um Rom*.

Theoderich der Große (456–526) König der Ostgoten und Begründer des ostgotischen Reiches in Italien mit Ravenna als Hauptstadt.

Theodora* (ca. 508–548) Kaiserin des oströmischen Reiches, zweite Gattin des Justinianus. Kommt auch in *Ein Kampf um Rom* vor.

Totila* König der Ostgoten. Einer der Hauptpersonen in *Ein Kampf um Rom*.

Valeria* Römische Verlobte des Totilas. Person in *Ein Kampf um Rom*.

Venus* Lateinischer Name Aphrodites, der Göttin der Liebe und Schönheit.

Verlaine, Paul Marie (1844–1896) Französischer Dichter.

Vogl, Johann Michael (1768–1840) Opernsänger in Wien, Freund des Komponisten Schubert.

Voltaire, François Arouet (1694-1778) Französischer Schriftsteller und Philosoph, einflußreicher ›Herold‹ der materialistischen Naturwissenschaft.

Wagner, Richard (1813-1883) Deutscher Komponist, Dichter und Schriftsteller.

Wilhelm V. (1748-1806) Statthalter der Republik der Vereinigten Niederlande.

Wilhelm von Oranien (1533-1584) Nahm den Kampf gegen den spanischen Besatzer auf und legte den Keim für die Freie Republik der Niederlande.

Witichis* König der Ostgoten. Person in *Ein Kampf um Rom.*

Wolfram von Eschenbach (ca. 1170-ca. 1220) Deutscher Dichter, verfaßte unter anderem das Gralsepos *Parzival.*

Wilken, Anna Magdalena (1701-1760) Zweite Frau von Johann Sebastian Bach.

Zagwijn, Henri (1878-1954) Niederländischer Komponist und Lehrer an der Freien Waldorfschule in Den Haag.

Zarathustra Großer Lehrer und Begründer des Sonnenkults im alten Persien.

Zeylmans van Emmichoven, Frederik Willem (1893-1961) Niederländischer Arzt und Psychiater, erster Vorsitzender der Anthroposophischen Gesellschaft in den Niederlanden; veröffentlichte verschiedene Werke, unter anderem *Die menschliche Seele.*